Die großen Rätsel der Vorzeit

FELIX R. PATURI

Die großen Rätsel der Vorzeit

Legendäre Völker, versunkene Reiche, magische Symbole

Weltbild

Genehmigte Lizenzausgabe für Verlagsgruppe Weltbild GmbH,
Steinerne Furt, 86167 Augsburg, Juni 2008

Einbandgestaltung: Atelier Seidel, Teising
Umschlagmotiv: Goldscheibe © akg-images / Erich Lessing;
Megalithen © istockphoto / Rajinder Mudjar
Gesamtherstellung: Freiburger Graphische Betriebe GmbH & Co. KG, Freiburg
Printed in the EU

ISBN: 978-3-8289-0859-8

INHALT

Petroglyphen – Heilige Zeichen und magische Symbole

Die großen Bilder – Rätsel um gigantische Erdzeichen

Die anderen Pyramiden – Tatsachen und Spekulationen

Das Mittelmeer – Schauplatz der Vorzeit

Vor Kelten und Germanen – Unbekanntes Alteuropa

EINLEITUNG

Wovon die Rede ist

Dieses Buch handelt von Rätseln der Vorzeit. »Vorzeit« ist ein etwas verschwommener Begriff. Ich habe ihn bewusst gewählt, denn damit kann ich mich der wissenschaftlichen Einteilung in Prähistorie, Protohistorie und eigentliche Historie ebenso entziehen wie der Klassifikation Steinzeit, Bronzezeit, Eisenzeit und frühe Hochkulturen. Klassische Einteilungen würden hier bei der Auswahl der Themen ein unliebsames Korsett darstellen. Der Archäologe, der irgendwo auf der Welt die bisher unbekannten Überreste alter Gemäuer oder die Scherben irgendwelcher Artefakte entdeckt, kann meist auch nicht auf Anhieb sagen, ob sein Fund nun in die eine oder in die andere Epoche fällt. Zu allererst steht er vor einer Fülle offener Fragen. Die sind es, die primär interessieren.

Ganz ähnlich greife ich in diesem Buch thematisch Fragen von allgemeinem Interesse auf, die sich aus historischer Sicht nicht oder nicht eindeutig beantworten lassen oder die zumindest kontrovers diskutiert werden. Solchen »Rätseln« begegnen wir in der schriftlosen Ära von der Stein- bis zur Eisenzeit ebenso wie in bisher wenig erforschten und deshalb noch weitgehend unbekannten frühen Hochkulturen. Und auch Einzelfälle, die in die historische Zeit gehören, aber von manchen Forschern in die Vorzeit zurückdatiert werden – wie etwa die chinesischen Pyramiden –, habe ich nicht ausgespart.

Auch der Begriff »Rätsel« ist unscharf. Ein Kreuzworträtsel heißt »Rätsel«, obwohl es eigentlich gar kein »Rätsel« ist. Alle abgefragten Lösungsworte sind schließlich bekannt. Von solchen »unechten« Rätseln ist hier natürlich nicht die Rede.

Bei »echten« Rätseln kennen wir die Antwort dagegen nicht. Aber dafür kann es sehr verschiedene Gründe geben.

Rätselhaft ist zunächst, was noch nicht gründlich genug erforscht ist. Es gleicht einem Mosaik, von dem noch zu viele Steine fehlen, um schon das Gesamtbild erkennen zu können. Solche Rätsel lassen sich manchmal durch weitere Arbeit lösen – manchmal aber auch nicht, wenn sich das zum Puzzle fehlende Material nicht finden lässt oder gar unwiederbringlich verloren ging.

Um »Rätsel« handelt es sich auch, wenn wir Artefakte aus unserer modernen Sicht nicht sinnvoll erklären können. Hier kann es nützlich sein, sich mit dem spirituellen Weltbild der Urheber auseinanderzusetzen und dieses selbst nachzuvollziehen. Ein solches Vorgehen ist derzeit unter den Archäologen leider völlig unüblich, die meisten versuchen vielmehr, alles sachlich nicht Erklärbare kurzerhand als religiös oder magisch motiviert einzuordnen.

»Rätsel« können auch auf Streitigkeiten unter den Fachgelehrten zurückzuführen sein, etwa dann, wenn sich hinsichtlich eines Befundes Archäologen und Geologen uneins sind.

Ein Rätsel bleibt auch, wenn wir zwar genau wissen, was ein archäologischer Fund darstellt und aus welcher Zeit er stammt, aber trotzdem nicht begreifen können, aus welchen Motiven heraus er geschaffen wurde. Ein Archäologe, der in einigen Jahrtausenden unsere christlichen Kirchen ausgräbt, wird in ihnen natürlich religiöse Kultstätten erkennen und herausfinden, dass hier ein Gekreuzigter als Gott verehrt wurde. Es wird für ihn aber rätselhaft bleiben, warum Menschen in einer ihm nur schwer verständlichen, aber offenbar hoch wissenschaftlichen, aufgeklärten Zeit einen Leichnam angebetet haben.

Und schließlich werden »Rätsel« auch von Pseudowissenschaftlern als solche definiert. So irrelevant sie archäologisch sind, so groß ist das Echo in den Massenmedien und damit die Resonanz in der Öffentlichkeit. Von »Rätseln« dieser Art, die sich um Astronautengötter oder untergegangene Hightech-

Kulturen drehen, will ich hier lieber schweigen. Sie gehören in den Bereich der Fantasy, nicht der Wissenschaft.

Das vorliegende Buch befasst sich mit »Rätseln« all der anderen genannten Kategorien. Es folgt dabei streng den naturwissenschaftlich erfassbaren Fakten. Lässt sich eine Unterwasserfelsformation rein geologisch erklären, dann folge ich nicht der Auffassung, Lemurier hätten hier vielleicht während der Eiszeit eine Pyramidenstadt errichtet, auch wenn irgendein »Experte« mit akademischem Grad das behauptet.

Soweit es um archäologische Fakten geht, liegt das Rätsel meist in der Schwierigkeit, sie sinnvoll und nicht nur rein spekulativ zu interpretieren. Hier folge ich so weit wie möglich zunächst einmal naturwissenschaftlichen Erkenntnissen, etwa solchen der Astroarchäologie oder der Geologie. Gibt es dergleichen nicht, zum Beispiel, wenn die Baumeister spirituell motiviert waren, versuche ich, auf das Weltbild zurückzugreifen, das höchstwahrscheinlich zur Zeit der Errichtung herrschte – nicht selten war es ein schamanisches!

Je mehr sich die Archäologie heute zu einem rein naturwissenschaftlichen Vorgehen bekennt, umso mehr verliert sie die Fähigkeit, die psychischen Motivationen der Urheber der von ihnen untersuchten Artefakte herauszufinden. Wer wissen möchte, warum ein Tempel wie gebaut wurde, muss versuchen, die Religion zu begreifen, in der er wurzelt. Wer die in Felsen gravierten steinzeitlichen Symbole und abstrakten Figuren wirklich verstehen will, muss selbst lernen, schamanisch zu denken und zu handeln.

Schamanisch denken und handeln heißt nicht, sich in wilden Fantasien zu ergehen, wie die Pseudoarchäologen unserer heutigen Esoterikszene es tun. Schamanismus lässt keinen Spielraum für Fantastereien und Spekulationen. Er hat ein ebenso stringentes Weltbild wie die modernen Naturwissenschaften, das diese nicht einmal ausschließt, sondern als Teilbereich mit umfasst.

Aber bei Weitem nicht alle Vorzeiträtsel lassen sich lösen,

indem wir nur versuchen, etwas über die spirituelle Motivation der Urheber herauszufinden. Dass es in der archäologischen Forschung »Missing Links« gibt, macht eine schlüssige Interpretation schwer. Immer, wenn ein neuer Fund von grundlegender Bedeutung gemacht wird, müssen wir große Bereiche der bisher als etabliert geltenden wissenschaftlichen Lehrmeinung neu überdenken. Und dabei tauchen natürlich neue Fragen auf. Ein Spatenstich in der Wüste kann eine gewaltige Erschütterung auslösen und die gesamte Wiege der Kultur um Tausende von Kilometern oder um einige Jahrtausende verlagern. Und genau das ist innerhalb der letzten zwei bis drei Jahrzehnte mehrfach geschehen.

Man könnte sagen, dass unsere Vergangenheit heute in heftigster Bewegung ist. Und es bleibt spannend, in welche Richtung diese Bewegung unser Bild, das wir von den vor- und frühzeitlichen Kulturen haben, noch führen wird.

LEGENDÄRE REICHE – GAB ES SIE WIRKLICH?

Gilgamesch – Mythischer Halbgott oder Despot?

Vor rund 1000 Jahren herrschte in Mitteleuropa Heinrich II. als ostfränkischer König und später als letzter Ottonenkaiser des Heiligen Römischen Reichs. Zu dieser Zeit war er der mächtigste Mann in Europa. Doch wer außer ein paar Geschichtslehrern kennt ihn heute noch und weiß, wie er regierte, welche Kriege er führte und wie er innenpolitisch wirkte? Unvorstellbar, dass irgendein Literat unserer Tage auf die Idee verfallen würde, dem alten Monarchen ein Ruhmeswerk zu widmen. Der Staub vieler Jahrhunderte überlagert die historische Gestalt, und heute lässt sich nicht einmal mehr mit Gewissheit sagen, wo Heinrich geboren wurde. Dabei hatte er seinen Auftritt in historischer Zeit, also einer Zeit, in der die schriftliche Überlieferung gang und gäbe war.

Viereinhalb Jahrtausende alte Schriften

Versetzen wir uns weitere 3700 Jahre zurück ins alte Sumerische Reich in Mesopotamien. Damals, um 2700 v. Chr., gab es zwar schon eine erste Schrift, aber sie war mit rund 2000 verschiedenen Zeichen noch recht kompliziert und musste mühsam mit Sticheln in Tontafeln geritzt werden, die man danach brannte. Lange Texte ließen sich auf diese Weise nur mit großer Anstrengung verfassen, und des Schreibens waren auch nur sehr wenige Menschen mächtig. Zu dieser Zeit hielt man in schriftlicher Form nur das Allerwichtigste fest, und das beschränkte sich weitgehend auf religiöse und gewerbliche Inhalte.

Eine der Aufzeichnungen in dieser akkadischen Keilschrift enthält eine Sammlung von Götternamen. Und an Göttern fehlte es den alten Sumerern beileibe nicht: Neben Ano, dem Himmelsgott, und Ischtar, der Mutter- und Liebesgöttin, gab es zum Beispiel den Wettergott Adad, Marduk, den Gott der Weisheit und Führungskunst, und Enlil, den göttlichen Herrn der Länder. Die gesamte Liste war allerdings viel, viel länger. Neben »echten« Göttern enthielt sie auch Halbgötter, also Wesen, die von einem Gott und einem Menschen abstammten.

Einer von ihnen war Gilgamesch, der Sohn einer göttlichen Mutter und eines irdischen Vaters. Er galt zu zwei Dritteln als göttlich und zu einem Drittel als menschlich. Viel mehr als sein Name geht aber aus der alten Götterliste nicht hervor.

Erst ein Jahrtausend später, um 1700 v. Chr., berichten ein Dutzend dicht mit Keilschrift beschriebene Tontafeln ausführlich von den großen Taten Gilgameschs. Der langen Zeitspange wegen hielten die frühen Übersetzer das *Gilgameschepos* für eine Fiktion, denn in den tausend Jahren vor 1700 v. Chr. hatte im alten Zweistromland eine Kultur die nächste abgelöst. Den Sumerern und Akkadern waren semitische Stämme gefolgt und hatten das Babylonische Reich begründet. Hethiter waren eingewandert, und aus einem Konglomerat verschiedener Völker war schließlich das Reich der Assyrer hervorgegangen. Auch die Keilschrift hatte sich inzwischen mehrfach drastisch verändert, und die Zeichen auf den zwölf Tontafeln hatten nicht mehr viel mit der Schrift der alten Götterliste gemeinsam. Warum hatte also um 1700 v. Chr. irgendjemand das *Gilgameschepos* verfasst?

Heldenepos auf zwölf Tontafeln

Zunächst scheinen die zwölf Tontafeln auch nicht gerade berühmt geworden zu sein, denn schon im alten Griechenland kannte niemand mehr Gilgamesch. Erst nachdem europäische Archäologen 1842 die alte Stadt Ninive wiederentdeckten, förderten sie bei Ausgrabungen auch Abertausende von Keilschriftfragmenten zu Tage. Die weitaus meisten enthielten wirtschaftliche Daten des alten Reiches. 1872 gelangte dann aber das Bruchstück einer Tontafel ins Britische Museum in London und der Altertumsforscher George Smith übersetzte den Text. Die Entzifferung der Keilschrift war schon in der ersten Hälfte des 19. Jahrhunderts gelungen. Smith staunte nicht schlecht, als er auf dem Fragment einen Bericht über Utanapischtim fand, der der Sintflutlegende aus dem Alten Testament entsprach, aber viel älter war als diese. Utanapischtim nahm darin die Position des biblischen Noah ein. Nur war dieser Bericht leider unvollständig.

Smith war fasziniert von seiner Entdeckung, und wirkliche Faszination geht bekanntlich leicht in Fanatismus über. Der Wissenschaftler war besessen von der Idee, auch die restlichen Tafeln zu finden und zu übersetzen. Er reiste von London nach Kujundschik im heutigen Irak und suchte dort in einem riesigen Ausgrabungshügel einige ganz bestimmte Keilschrifttafeln. Insgesamt brachte er 384 in Ton gebrannte Dokumente mit nach England. Es grenzt schon an ein Wunder, dass sich darunter genau jene Tafeln befanden, auf die Smith gehofft hatte: Der altmesopotamische Sintflutbericht lag nun als Ganzes vor ihm. Mehr noch: Er entpuppte sich als Teil eines längeren Textes – und dieser Text war das *Gilgameschepos*! Elf Keilschrifttafeln umfasst dieses erste epische Werk der Weltliteratur. Eine zwölfte Tafel liefert dazu noch eine Art Nachtrag. Leider sind nicht alle Tafeln vollständig erhalten, von einigen gibt es nur Bruchstücke.

Legende von einem Halbgott

Der Inhalt der Erzählung lässt sich so zusammenfassen:

Gilgamesch wird als Halbgott und König vorgestellt und als überaus schön, intelligent, mutig und stark gepriesen. Er regierte mit harter Hand und stellte auch an seine Untertanen die höchsten Forderungen. Der Klagen seiner Untertanen nahm sich der Himmelsgott Anu an. Er bat die Schöpfergöttin Aruru, den wilden Steppenmenschen Enkidu zu schaffen, der stark und mutig genug war, Gilgamesch entgegenzutreten. In Uruk, der Hauptstadt des Sumerer-Reiches, kam es zu einem Zweikampf zwischen ihm und Gilgamesch, den keiner der beiden für sich entscheiden konnte. Aus gegenseitiger Achtung wurden die beiden Helden erst Freunde und durch göttliche Vermittlung schließlich Brüder.

Gilgamesch gewann Enkidu als Mitstreiter für seine selbstgestellte Aufgabe, das Ungeheuer Chumbaba, das in einem riesigen Zedernwald hauste und von dem alles Böse und alles Unheil in der Welt ausging, zu vernichten.

Als die glänzenden Helden nach Uruk zurückgekehrt waren, buhlte die Liebesgöttin Ischtar um Gilgamesch. Doch der hielt ihr Untreue gegenüber all ihren bisherigen Ehemännern vor und wies ihr Werben zurück. Ischtar beklagte sich darüber bei ihrem Vater, dem Himmelsgott Anu, der ihr als Helfer den Verwüstung bringenden himmlischen Stier zur Seite stellte. Dieser machte zunächst Enkidu kampfunfähig und tötete Hunderte Bewohner der Stadt Uruk. Schließlich gelang es Gilgamesch und dem wieder erstarkten Enkidu, den Stier zu besiegen. Die wütende Ischtar berief daraufhin den Götterrat ein und klagte vor ihm die beiden Helden an.

Gilgamesch – ein Spielball ungerechter Götter

Das Epos zeichnet die Götter als äußerst selbstherrlich, machtgierig und ungerecht. Sie verurteilten Enkidu zum qualvollen Tod durch eine schreckliche Krankheit und verstießen ihn danach in die Unterwelt. Als Gilgamesch seinen Freund und Bruder von dort zurückholen wollte, gelang ihm dies nicht, aber er begegnete der Seele des toten Enkidu an der Höllenpforte und bekam von ihm einen ausführlichen Bericht über die Schrecken und Qualen der Unterwelt. Zugleich erfuhr er, dass dort einstige irdische Macht nichts mehr bedeute: Allenthalben liegen sinnlos gewordene Königskronen und -throne in den höllischen Gefilden herum. Das führte Gilgamesch zu tiefen Gedanken über sich selbst, den Wert des Menschen und über den unvermeidlich bevorstehenden eigenen Tod. Als der Held wenig später anlässlich einer Pestepidemie in Uruk erneut mit dem Tod konfrontiert wurde, machte er sich auf die Suche nach einem Weg, Unsterblichkeit zu erlangen. Aus einer Legende wusste er um den alten König Utanapischtim und dessen Gemahlin, denen die Götter das ewige Leben geschenkt hatten. Diese beiden Unsterblichen suchte Gilgamesch im Lande Dilum am Ende der Welt auf. Seine gefahrvolle Reise dorthin war mit zahlreichen Abenteuern verbunden, die später zum literarischen Vorbild der Odyssee wurden. An dieser Stelle ist in das *Gilgameschepos* auch die Sintflut-Legende eingeflochten, die später die Autoren des Alten Testaments übernahmen. Utanapischtim selbst spielt dabei die Rolle des biblischen Noah. Als Gilgamesch Utanapischtim endlich begegnete, erklärte ihm der unsterblich Gewordene: »Der Schlaf ist der Bruder des Todes. Schlafende und Tote ähneln einander. Gelingt es dir, den Bruder des Todes zu überwinden, so wird es dir vielleicht gelingen, auch den Tod zu überwinden, doch der Bruder des Todes ist unvergleichlich schwächer. Also versuche es: Sechs Tage und sieben Nächte lang lege dich nicht schlafen!« Gilgamesch versuchte es wirklich, schlief aber, ermüdet von der langen Reise zum Ende der Welt, bald ein. Da gab ihm Utanapischtims Frau eine zweite Chance, unsterblich zu werden. Er müsse die Pflanze der ewigen Jugend suchen. Sie wachse im Wasser und habe Wurzeln wie eine Distel und Dornen wie eine Rose. Tatsächlich fand der Halbgott diese Pflanze am Meeresgrund und nahm sie mit nach Uruk. Doch als er sie vor der Stadtmauer kurz ablegte, um sich an einem Brunnen zu erfrischen, fraß eine Schlange das wertvolle Gewächs.

Das Epos schließt mit den Worten Gilgameschs: »Das Leben, das ich suchte, habe ich nicht gefunden. Ich habe mehr als andere Menschen vollbracht, doch vergebens; ich habe auch mehr gelitten, doch vergebens. Der, der aus dem Menschengeschlecht stammt, kann das ewige Leben nicht finden.« Dies kommentiert schließlich noch der Jenseitsfährmann Ur-Schanabi: »Der Mensch findet das ewige Leben nicht, doch er kann sich einen unsterblichen Namen machen. Durch dein Werk hast du dich unsterblich gemacht, Gilgamesch, du Held.«

Hat das Epos einen realen Hintergrund?

Das alles klingt sehr legendenhaft und es verwundert nicht weiter, dass bis ins 20. Jahrhundert hinein die meisten Altertumsforscher Gilgamesch als eine reine Sagenfigur betrachteten. Aber irgendeinen realen Hintergrund schien das Epos wohl doch zu haben. 1849 entdeckte nämlich der Brite William Kenneth Loftus die Ruinenstadt Uruk in Mesopotamien, die völlig unter einem riesigen Erdhügel begraben war. 1854 unternahmen britische Archäologen erste bescheidene Grabungen und bestätigten den Fund. Dann, ab 1912, kümmerte sich die Deutsche Orient-Gesellschaft um die verschütteten Ruinen, und seit 1954 gräbt dort das Deutsche Archäologische Institut.

In 40 Grabungskampagnen wurden zahlreiche Bauwerke dieser offenbar riesigen antiken Stadt freigelegt: mehrere Tempelanlagen, die sich eindeutig sumerischen Göttern zuordnen lassen, ein Königspalast und eine mächtige, 11,5 Kilometer lange Stadtmauer.

Mehrere frühhistorische Schichten liegen hier übereinander, wobei die älteren der Funde exakt mit Beschreibungen der Gebäude korrespondieren, die Gilgamesch in seiner sumerischen Hauptstadt in harter Fronarbeit errichten ließ. Die alte Metropole Uruk muss nach heutigen Erkenntnissen innerhalb der Stadtmauer 5,5 Quadratkilometer groß gewesen sein. In ihr könnten bis zu 50 000 Menschen gelebt haben. Auch das entspricht gut den Angaben im *Gilgameschepos*: »3 600 Morgen sind Häuser, 3 600 die Palmgärten, 3 600 die Lehmgruben und halb so viel Ischtars Tempel. 10 800 und 1 800 Morgen Land umfasst die Stadt Uruk.«

Heute glauben die deutschen Archäologen, dass trotz aller bisherigen bedeutenden Funde erst etwa ein Prozent der alten Metropole Uruk ausgegraben wurde. Die federführende Wissenschaftlerin Margarethe van Ess äußerte sogar einmal in einem Interview, dass es noch 500 000 Mannjahre Arbeit bereiten würde, Uruk völlig zu rekonstruieren.

Nur: Archäologische Arbeiten sind in Uruk heute – als Folge des Irakkrieges – gar nicht möglich. Viele wertvolle archäologische Funde, die in den Museen Bagdads lagen, sind zudem in allerjüngster Zeit Plünderern zum Opfer gefallen und wohl für immer verloren.

Immerhin steht heute fest: Die Erzählung von Gilgamesch hat reale Wurzeln. Der darin beschriebene Schauplatz existierte tatsächlich. Und die Frage, ob auch Gilgamesch selbst eine historische Figur war und irgendwann zwischen 2750 und 2600 v. Chr. über Uruk herrschte, lässt sich wohl vorsichtig mit ja beantworten.

Dafür tat sich in den letzten Jahren vor dem Einmarsch von US-Truppen in den Irak ein anderes Rätsel auf. Im Ruinenhügel Tell Haddad bei Mà-Turan in der irakischen Wüste fanden sich zwei fragmentarische Tontafeln mit rund 300 Zeilen Keilschrifttext. Sie erzählen vom Tod des Helden Gilgamesch. Auf dem Sterbebett schickt ihm Gott Enki einen Traum, der ihm zeigt, dass ihn die Götterversammlung in der Unterwelt zum Richter über die Toten erheben wird. In dieser Funktion wird er neben den Unterweltherrschern Ningizzida und Dumuzi sitzen. Nach dem Erwachen aus diesem Traum, der ihm zugleich sein baldiges Ableben ankündigt, gibt Gilgamesch Anweisungen zum Bau seines Grabes und beruft sich dabei auf eine Vorgabe durch Gott Enki: Der Fluss soll umgeleitet und sein Grab aus Stein im Flussbett angelegt werden. Nach Gilgameschs Tod sollen sich seine Frauen und Bediensteten in das Grab begeben, um ihn ins Jenseits zu begleiten. Dem solle eine Opfergabe an den Gott Ereschkigal folgen, dann solle das Grab verschlossen und anschließend der Fluss wieder darübergeleitet werden.

Ein Grab unter den Fluten des Euphrat?

Spannend ist in diesem Zusammenhang, dass kurz vor dem Ausbruch des Irakkrieges Geophysiker im Auftrag des Deutschen Archäologischen Instituts mit moderner Technik durch Magnetogramme (fotografische Aufzeichnungen von lokalen Störungen im Erdmagnetfeld) etwas südlich der Ruinenstadt Uruk im Flussbett des Euphrat eine 8 Meter lange Struktur entdeckt haben, die durchaus Ähnlichkeiten mit einem Grab hat. Haben sie wirklich die letzte Ruhestätte Gilgameschs entdeckt? Margarethe van Ess äußerte sich dazu vorsichtig: »Erstens wissen wir nicht, ob da wirklich ein Grab ist, und zweitens müssten Grab und Fluss aus derselben Zeit stammen.« Es bleibt also spannend. Ganz offenbar fußt das ein Jahrtausend nach Gilgamesch verfasste Epos zu seinem Ruhm jedenfalls auf realen Fakten.

Unter den Fluten des Euphrat südlich von Uruk soll der Legende nach Gilgameschs Grab liegen.

Wer war die Königin von Saba?

»Und als die Königin von Saba die Kunde von Salomo vernahm, kam sie, um Salomo mit Rätselfragen zu prüfen. Und sie kam nach Jerusalem mit einem sehr großen Gefolge, mit Kamelen, die Spezereien trugen und viel Gold und Edelsteine. Und als sie zum König Salomo kam, redete sie mit ihm alles, was sie sich vorgenommen hatte. Und Salomo gab ihr Antwort auf alles, und es war dem König nichts verborgen, was er ihr nicht hätte sagen können. ... Und der König Salomo gab der Königin von Saba alles, was ihr gefiel und was sie erbat, außer dem, was er ihr von sich aus gab. Und sie wandte sich und zog in ihr Land mit ihrem Gefolge.«

So steht es im 1. Buch der Könige im Alten Testament. Das 2. Buch der Chronik wiederholt diesen Text fast wortgenau. Auch an anderen Stellen der Bibel wird die Königin von Saba erwähnt, sogar im Neuen Testament. Aber Genaues weiß die heilige Schrift der Christenheit über die rätselhafte Monarchin nicht zu berichten, ausgenommen vielleicht die Andeutung, dass sie mit dem jüdischen Herrscher Geschlechtsverkehr gehabt haben könnte. »Und als sie zum König Salomo kam ...« wird von manchen jüdischen Interpreten des Alten Testaments so gedeutet.

Doch nicht nur die Bibel erzählt von der Königin von Saba, auch der Koran, das heilige Buch des Islam, schreibt über sie in Sure 27. König Salomo, der die Sprache der Tiere beherrscht, vermisst bei einer Versammlung den Wiedehopf, der als besonders weise und als unverletzlich gilt. Als Salomo ihn ruft, kommt der Vogel und berichtet von einer Frau, die über die Sabäer herrscht und die Sonne anbetet. Darauf schickte Salomo den Wiedehopf mit einem Brief zur Königin von Saba: »Im Namen Allahs, des Barmherzigen, seid mir gegenüber nicht überheblich, sondern kommt gottergeben zu mir.«

Die Königin ließ sich nicht lange bitten und folgte der Einladung. An dieser Stelle schließt in etwa der biblische Bericht an, doch geht der Koran weiter und erzählt, das Bilqis – so wird hier die Königin von Saba genannt – von Salomos Weisheit und seinem Glauben an den einen wahren Gott derart beeindruckt ist, dass sie zum Monotheismus konvertiert: »Oh mein Herr! Siehe, ich sündigte wider mich selbst. Doch ich ergebe mich jetzt mit Salomo Allah, dem Herrn der Welt.«

Dieses Halbrelief auf einer Tür des Domkomplexes zu Florenz stellt den Besuch der Königin von Saba bei König Salomo dar.

Nun darf man nicht vergessen, dass der Koran im 7. Jahrhundert n. Chr. aufgezeichnet wurde, während die alttestamentarischen Schriften vorchristliche Überlieferungen wiedergeben. Das heißt, im Koran werden legendäre Inhalte in einen neuen religiösen Kontext gestellt. Die zentrale Frage aber bleibt davon unberührt: Wer war diese rätselhafte Königin, die über viele Jahrhunderte und Kulturkreise hinweg in den Erzählungen der Menschen lebendig blieb?

Diese Tradition hört mit dem Koran auch keineswegs auf. Shakespeare rühmt die Königin von Saba in seinem Drama *Heinrich VIII.* Händel machte sie zur zentralen Figur eines Oratoriums, Gounod widmete ihr sogar eine ganze Oper, und Chagall wurde durch sie zu einer Buchillustration inspiriert.

Aber bleiben wir bei den alten Quellen. Die Königin von Saba geistert auch durch das *Targum*, eine Sammlung früher jüdischer Texte in aramäischer Sprache. In der jüdischen Tradition kommt sie allerdings weit schlechter weg als in der christlichen und muslimischen, und das hat gute Gründe. Denn hier wird sie nicht von Salomo zum jüdischen Glauben bekehrt, der König erweist sich vielmehr als Frauenheld und tritt die strengen moralischen Grundsätze seines Glaubens regelrecht mit Füßen. Die Königin von Saba wird hier zur Hexe, ja Dämonin, der Salomo verfällt.

Salomo sucht internationale Kontakte

Zu diesem Thema hat sich im alten Orient ein ganzes Arsenal von Mythen entwickelt. König Salomo, der von der Königin von Saba gehört hatte und sie einlud, hatte von Anfang an die schlechtere Position, denn im Verhältnis zu der überaus reichen und mächtigen Frau war er nachgerade ein schwächlicher kleiner Emporkömmling, der das Reich seines Vaters David in einem miserablen, innerlich zerrissenen Zustand übernommen hatte und nun mühsam versuchte, es zu konsolidieren. Zudem bekämpfte damals – es war die Zeit um 950 v. Chr. – im Umfeld von Israel ein Volk das andere. Um sein eigenes Reich außenpolitisch zu sichern, suchte Salomo politische Kontakte über die Grenzen Israels hinaus und heiratete die älteste Tochter des ägyptischen Pharao, um sich durch diese Verbindung bei der Ausbreitung seines Reiches die Unterstützung des mächtigen Monarchen zu sichern. Er freundete sich mit Hiram an, dem König von Zor, dem heutigen Libanon, weil er Zugang zur wichtigsten Holzquelle weit und breit suchte, um mit den Zedern den Tempel und die Schiffe seiner Flotte zu bauen. Und er suchte freundschaftliche Verbindungen zum Imperium von Saba, das durch seine begehrten Exportartikel – Myrrhe, Weihrauch und beachtliche Goldvorkommen – über alle Maßen reich war. Zudem war zu dieser Zeit bereits Fernhandel gang und gäbe. Die alte Weihrauchstraße hatte eine Länge von über 3400 Kilometer und verlief von Marib, der Hauptstadt Sabas, bis nach Palästina.

Was die rätselhafte Königin von Saba betrifft, gibt es allerdings einige Ungereimtheiten. Zum einen lebten zur Zeit Salomos, also um 950 v. Chr., in Saba noch die Minäer. Die Sabäer tauchten historisch eigentlich erst rund ein Jahrhundert nach Salomos Tod auf, man sollte daher statt von Saba besser vom Minäischen Reich sprechen. Zum anderen betonen nicht wenige Legenden, die Königin von Saba sei gar nicht im südlichen Arabien zu Hause gewesen, sondern jenseits des Roten Meers in Äthiopien. Falls sie wirklich gelebt haben sollte, wäre das nicht völlig auszuschließen, denn das Imperium von Saba reichte geografisch über das »Schilfmeer«, also das Rote Meer, hinaus auf den afrikanischen Kontinent. Und so kommt es auch, dass die umfangreichsten Quellen über die Königin von Saba, die hier Makeda heißt, nicht die Bibel oder der Koran sind, sondern Legenden aus dem alten Abessinien.

Salomo gewinnt Bilqis durch eine List

Erst im 14. Jahrhundert, also sehr spät, flossen die verschiedenen alten Überlieferungen in einem großen Werk zusammen, dem äthiopischen Nationalepos *Kebra Nagast* (»Herrlichkeit der Könige«). Hier kommt Salomo zwar eine bedeutende Position in der äthiopischen Geschichte zu, er wird aber so geschildert, dass er für das Judentum moralisch untragbar ist.

Zunächst hat er die Königin von Saba gleich in mehrfacher Hinsicht »ausgetrickst«. Er hatte gehört, ihre Beine seien behaart – worüber auch der Koran berichtet –, und wollte das nachprüfen. So ließ er vor ihrem Besuch den Fußboden seines Thronsaals mit Spiegeln auslegen. In Saba waren Spiegel unbekannt und die Königin hielt den glänzenden Belag für Wasser. Sie schürzte deshalb ihren Rock, als sie sich Salomo näherte. Dabei entblößte sie natürlich ihre Beine. Trotz der Haare, die bei einer Frau als dämonisches Merkmal galten, schien Salomo Gefallen an der Königin zu finden. Als er um ihre Gunst buhlte, gab sie ihm jedoch einen Korb. Er versprach ihr denn auch, sie nicht zu berühren, stellte aber eine Gegenforderung: Makeda dürfe keinen Gegenstand in seinem Palast anfassen.

Sie willigte in dieses Bündnis ein. Der trickreiche Salomo ließ nun aber die Speisen des Gastmahls derart kräftig würzen, dass die Königin nachts Durst bekam und sich einen Krug Wasser genehmigte. Darauf hatte ihr listiger Gastgeber nur gewartet. Er bezichtigte sie des Vertragsbruches und forderte sein vereinbartes Recht.

Wie es heißt, sei aus dieser Liebesnacht neun Monate später in Äthiopien Menelik hervorgegangen, der zum ersten männlichen Herrscher seines Landes avancierte. Die Äthiopier betrachteten bis zum blutigen Sturz ihres Kaiserhauses im Jahre 1974 Menelik als ihren eigentlichen Staatsgründer. Noch der nach dem politischen Umbruch ermordete Haile Selassie hatte in einer von ihm 1955 vorgelegten Staatsdoktrin betont: »Ich stamme ab von König Salomo und der Königin von Saba. Ich bin der 225. Nachkomme dieser Königin.«

Das äthiopische Nationalepos betont zugleich, dass auf göttliches Geheiß Menelik das wahre Zion nach Äthiopien, nämlich in seine damalige Hauptstadt Aksun, verlegt und auch die jüdische Bundeslade mit den Gebotstafeln vom Berg Sinai dorthin transportiert habe.

Die Israeliten gaben die Schuld ihrem dekadenten König Salomo, wollten aber andererseits nicht zugeben, dass dieser zusammen mit der Königin von Saba den Gründer des äthiopischen Reiches gezeugt haben soll. Zwar wurde der durch List erschlichene Beischlaf Salomos mit seiner königlichen Besucherin nicht geleugnet, aber man verbreitete, aus dieser Verbindung sei kein anderer als Nebukadnezar hervorgegangen, jener wie seine Mutter dämonische spätere König von Babylon, der in Jerusalem den einst von Salomo gebauten Tempel zerstörte. Hier geht die Willkür beim Basteln der Legenden denn doch zu weit: Nebukadnezar zerstörte den Tempel im Jahre 586 v. Chr., müsste also recht lange gelebt haben, wenn seine Mutter ihn um 950 v. Chr. geboren haben sollte.

Bilqis – mehr als die Heldin einer Legende?

Lange waren sich die Archäologen angesichts der Ungereimtheiten um die Figur der Königin von Saba einig und ordneten sie als mythologische Gestalt ein. Heute sieht die Situation anders aus. Nachdem für nicht wenige Legenden – vom Kampf um Troja bis zum *Gilgameschepos* – ein realer Hintergrund erkennbar wurde, sind mehr und mehr Experten bereit, auch die historische Existenz der Bilqis oder Makeda nicht mehr auszuschließen. Mehr noch: Heute suchen sie gezielt nach ihrem einstigen Palast – und es scheint, als könnte diese Suche erfolgreich sein.

Die Jemeniten glauben sogar schon zu wissen, wo die große Königin einst residierte: Sie sehen den »arsch-Bilqis«, den »Thron der Bilqis«, im 3 Kilometer von der Ruinenstadt Marib entfernten Baran-Tempel, von dem heute noch sechs gewaltige, 8 Meter hohe Steinsäulen aus dem Wüstenboden ragen, einige davon freilich reichlich ramponiert. Aber das ist vermutlich nicht der Palast, der Sitz der Königin von Saba war. Seit den 1990er Jahren suchen Mitarbeiter des Deutschen Archäologischen Instituts unter Leitung von Iris Gerlach ernsthaft nach der einstigen Residenz oder sogar der letzten Ruhestätte der legendären königlichen Frau.

Suche nach dem königlichen Palast

Das archäologische Abenteuer begann in der Nähe des Awam-Tempels in der heutigen Ruinenstadt Marib. Hier liegt ein ausgedehntes Gräberfeld mit über 50 wie Türme aufragenden Mausoleen. Doch unter einigen hundert in Tücher gehüllten Toten fand sich Bilqis nicht: Die Archäologen hätten ihr Grab an den königlichen Beigaben erkannt. Auch bei Grabungen in Sirwah, einem dem Gott Almaqah geweihten Heiligtum, das rund 50 Kilometer westlich von Marib liegt, ergab sich kein Hinweis auf die reale Existenz der Königin. Jetzt setzen Iris Gerlach und ihr Team auf einen 22 Meter hohen Schutthügel in der Nähe Maribs. Verschiedene Quellen deuten darauf hin, dass darunter der einstige Palast der Königin gelegen haben könnte. Doch bisher kam es nur zu Probebohrungen, die aber immerhin in 12 Meter Tiefe auf zahlreiche sabäische Keramiken stießen.

Leider verbietet die islamische Regierung des Jemen heute umfangreiche Grabungen an dieser Stelle, da damit ein Ruinendorf aus frühmuslimischer Zeit zerstört werden könnte, das auf dem Hügel liegt und ebenfalls Marib hieß. Es gibt Überlieferungen, nach denen das Dorf an der Stelle des alten sabäischen Palastes errichtet worden ist, der zur Zeit des Propheten Mohammed angeblich noch weithin sichtbar war. Niemand weiß heute, ob und wann es zu Ausgrabungen kommen wird.

Das Rätsel um die Königin von Saba ist also noch nicht gelöst, und ob es jemals eine Antwort auf alle damit verbundenen Fragen geben wird, kann heute wohl niemand sagen.

Lag die Wiege der Kultur nicht in Mesopotamien?

Wenn es in der Schule darum geht, wo die menschliche Kultur und Zivilisation ihren Ausgang nahm, ist meist von Mesopotamien, also dem Zweistromland um Euphrat und Tigris die Rede, wo das Reich Sumer lag. Hier entstand nach heutiger Auffassung das erste Schriftsystem, hier entwickelten sich in einem bedeutenden Königreich systematisch geplante Städte mit einer hierarchisch strukturierten Bürgerschaft. Hier gediehen auch Handwerk, Kunst und Handel.

Doch im *Gilgameschepos*, einer der frühesten Überlieferungen aus diesem alten Kulturkreis, heißt es, dass sich der sumerische König Enmerkar, der um 2500 v. Chr. regierte und in Sumers Hauptstadt Uruk der Fruchtbarkeits- und Kriegsgöttin Inanna einen Tempel errichten ließ, an eben diese Göttin mit folgendem Gebet wandte: »Oh meine Schwester, lass Aratta, zum Segen Uruks, kunstvoll Gold und Silber für mich arbeiten! Lass (seine Handwerker für mich) durchscheinende Blöcke von Lapislazuli schneiden, Elektrum (Bernstein) und durchscheinenden Lapis!« Aratta wird im gleichen Text als großes Reich genannt, allerdings ohne eine nähere Angabe, wo es liegt. Klar ist nur, dass es sehr weit entfernt war.

Madjidzadeh – ein ambitionierter Archäologe

Wenn man sich bewusst macht, dass Sumer selbst ein bedeutendes Reich und Enmerkar ein mächtiger König war, drängt sich die Frage auf, wie bedeutend wohl Aratta gewesen sein muss, dass sogar Sumers Herrscher sich nichts mehr wünscht, als dass Arattas Kunsthandwerker mit ihren Arbeiten seine Reichshauptstadt Uruk verschönern.

1976 verfasste ein Archäologiestudent an der Universität von Chicago, Yousef Madjidzadeh, eine Doktorarbeit, in der er anhand alter sumerischer Texte nachzuweisen versuchte, dass Aratta auf dem Boden des heutigen Iran gelegen haben müsse. Die etablierten Wissenschaftler kümmerten sich nicht um die Ergebnisse des jungen Mannes, der gerade mal sein Studium abgeschlossen hatte und zudem aus dem Iran stammte und damit vielleicht voreingenommen war. Dazu kam, dass er seine Theorie nur auf Mythen und Legenden gründete und nicht auf Funde. Zwar hatte Heinrich Schliemann allein aufgrund der *Ilias* 1873 die Überreste der antiken Stadt Troja gefunden, aber auch das hatte heftige Streitigkeiten unter den Gelehrten ausgelöst, die bis heute noch nicht völlig verklungen sind. Erst seit wenigen Jahren bürgert es sich langsam ein, geologisch-archäologische Feldarbeit aufgrund mythologischer Überlieferungen nicht mehr gänzlich abzulehnen. Immerhin schaffte es der ambitionierte junge Wissenschaftler, in seiner Heimat Iran unter dem US-freundlichen Schah Reza Pahlewi zum Direktor der archäologischen Abteilung der Universität von Teheran zu avancieren. Doch die Freude hielt nicht lange an. Die radikalislamische Revolution im Jahre 1979 zwang ihn, nach Nizza zu emigrieren, wo er bis heute lebt. Erst nachdem 1997 der gemäßigte Mohammad Khatami die Regierung im Iran übernahm, konnte Madjidzadeh seine Heimat wieder besuchen.

Hochwasser legt unbekannte Ruinenstadt frei

Drei Jahre später kam ihm ein Zufall zu Hilfe. Der Halil-Fluss führte nach heftigen Regenfällen ungewöhnlich starkes Hochwasser und seine Fluten legten völlig unerwartet Tausende zuvor gänzlich unbekannte alte Gräber frei. In der Fachwelt wurde diese archäologische Stätte, die sich gleichsam selbst »ausgrub«, schnell als Jiroft bekannt.

Madjidzadeh vermutete von Anfang an, hier Spuren des Reiches Aratta vor sich zu haben und bekam von der iranischen Regierung die Genehmigung, systematische archäologische Untersuchungen vorzunehmen. Was dabei schon in wenigen Jahren zutage kam, gleicht einer Sensation. Zunächst fanden sich – als Grabbeigaben – Abertausende kunstvoll gefertigte Vasen, Schalen und andere Gefäße, die meisten davon in graugrünem Chloritstein. Dass sich viele von ihnen heute bereits im Besitz von Museen zahlreicher westlicher Länder und auch in Privatsammlungen befinden, ist den iranischen Archäologen nicht anzulasten. Tausende von Grabräubern aus der lokalen Bevölkerung hatten sich umgehend ans Werk gemacht und unter anderem ein besonders reich ausgestattetes Grab mit über 200 Artefakten geplündert. In diesem Grab soll sich neben 30 hochwertigen Chloritgefäßen auch eine Fischfigurine aus massivem Gold befunden haben. Madjidzadeh befürchtet, es könnte sich möglicherweise um das Grab eines Königs von Aratta gehandelt haben, dessen Beigaben nun wahrscheinlich unwiederbringlich verloren sind.

Das Kunsthandwerk von Jiroft

Bald setzten planvolle Grabungsarbeiten ein, die noch mehr Erstaunliches ergaben. Zunächst einmal ist festzuhalten, dass die in Jiroft gefertigten Pokale, Vasen und anderen Gefäße aus Chlorit, Alabaster und zum Teil auch aus Kupfer genau mit jenen übereinstimmen, die schon länger aus dem 2000 Kilometer entfernten alten Sumer und von frühhistorischen Plätzen in Usbekistan und auf der Arabischen Halbinsel bekannt waren, von denen die Archäologen bisher aber nicht wussten, wo sie gefertigt worden waren. Nicht nur das Material und die Art der Bearbeitung sind gleich, sondern auch die künstlerischen Motive: mystische Figuren, wie etwa Gestalten mit menschlichem Kopf und Leib und den Beinen von Stieren, die an ihren ausgestreckten Händen die Schwänze senkrecht herabhängender Panther halten. Andere Figuren zeigen Skorpionmänner und -frauen, und auch im sumerischen *Gilgameschepos* ist von Skorpionmännern die Rede! Dass es zwischen den beiden weit voneinander entfernten Reichen Verkehrswege gegeben haben muss, belegt auch eine Ausgrabung in Jiroft, die Muscheln und Haifischkiefer aus dem Arabischen Meer zutage förderte.

Aber nicht nur das Kunsthandwerk hatte in Jiroft eine offenbar höhere Blüte erreicht als im alten Mesopotamien. Auch die bisher ausgegrabene Architektur nimmt es mit den Bauwerken des Zweistromlandes zur Zeit Uruks durchaus auf. Madjidzadehs Team stieß unter anderem auf einen Tempelturm, einen Zikkurat, der weitgehend den mesopotamischen Anlagen gleicht, aber mit 17 Metern Höhe und einem 400 mal 400 Meter großen Fundament wesentlich größer war als diese. Der Monumentalbau

Die Pokale aus Jirofter Manufakturen zeigen bereits in der Mitte des 3. vorchristlichen Jahrtausends hohes kunsthandwerkliches Können.

bestand aus nicht weniger als 4 bis 5 Millionen Backsteinen. Er ist das erste einer Reihe mächtiger architektonischer Überbleibsel, das in Jiroft ausgegraben wurde. Fassaden anderer Gebäude wurden bereits entdeckt und die Freilegungsarbeiten sind heute in vollem Gange.

Forschung mit Hindernissen

Allerdings schreitet die archäologische Forschung vor Ort leider nur langsam voran. Das liegt zum Teil an den lokalen Bodenverhältnissen: Alle Funde sind vom Schwemmwasser in kompakten feinkörnigen Lehm eingebettet, der heute so hart wie Stein ist. Zum Zweiten fehlt es an geschultem Personal für die archäologische Feldarbeit. Der Iran braucht dringend gut ausgebildete Experten, hat aber selbst nicht die Möglichkeit, sie nach dem neuesten Stand der Technik zu unterrichten. Zwar hat sich die Universität von Pennsylvania in den USA massiv dafür eingesetzt, iranische Forscher auszubilden, doch die US-Regierung verweigert den zukünftigen Wissenschaftlern die Einreise!

Bis heute, so schätzt die US-Kunsthistorikerin Holly Pittman von der Pennsylvania-Universität, haben in Mesopotamien in etwa 100 Jahren rund 500 Archäologenteams Ausgrabungen durchgeführt, während in Jiroft bis jetzt nur ein einziges Team mit weniger als 30 Forschern einige wenige Jahre graben konnte. Es gibt also noch viel zu entdecken. Nach vorsichtigen Einschätzungen weist das archäologisch interessante Gebiet dieses unbekannten Kulturkreises um Jiroft auf ein großes vorgeschichtliches Reich hin, denn es erstreckt sich über eine Gesamtregion von der Größe Österreichs. Es handelt sich also nicht nur um eine antike Stadt, sondern um einen ganzen Staat! Das verstärkte die Überzeugung Madjidzadehs, das legendäre Aratta vor sich zu haben.

Neben der Ausdehnung des Gebiets spricht noch dreierlei dafür: Die Größe der Kultbauten und/oder Palastanlagen und die hoch entwickelte Kunst können nur das Ergebnis einer Entwicklung über einige Jahrhunderte gewesen sein. Das Gleiche gilt für die Religion dieses Reiches, denn auch die immer wiederkehrende künstlerische Darstellung mythischer Gestalten deutet auf eine längere religiöse Vorgeschichte hin. Und schließlich wurde noch eine Reihe von Rollsiegeln entdeckt, die neben Tierfiguren alte Schriftzeichen aufweisen, Zeichen einer Schrift, die wir nicht kennen und heute noch nicht lesen können, die aber völlig anders aussieht als die mesopotamischen Keilschriftarten.

Ist Jiroft das legendäre Reich Aratta?

Schon jetzt sind sich die Archäologen weltweit einig, dass Jiroft eine der wichtigsten archäologischen Entdeckungen überhaupt darstellt. Heftig umstritten sind aber derzeit noch zwei Aspekte, nämlich ob Jiroft identisch mit dem legendären Reich Aratta ist und ob Jiroft oder Aratta am Ende älter als Sumer ist.

Madjidzadeh ist von beidem fest überzeugt und findet inzwischen auch in der Fachwelt nicht wenige Anhänger. Aber es fehlt auch nicht an entschiedenen Widersachern, die betonen, dass die Artefakte von Jiroft jünger seien als jene aus dem alten Mesopotamien. Hier gibt es in der Tat Datierungsprobleme: Bisher ist es nicht gelungen, das Alter der iranischen Gebäude und Kunstobjekte auf technisch-wissenschaftlichem Wege genau zu bestimmen, denn es fand sich kein Material, das einer Kohlenstoff-14-Messung (s. S. 147) zugänglich gewesen wäre. Die Gegner Madjidzadehs können also leicht behaupten, Jiroft sei jünger als Sumer. Madjidzadeh hält dagegen: Wenn Jiroft Aratta ist und bereits um 2500 v. Chr. der sumerische König Enmerkar darum betete, Arattas Kunsthandwerker mögen seiner Hauptstadt Uruk Glanz verleihen, dann muss die Kultur Arattas zu dieser Zeit jener von Sumer bereits überlegen gewesen sein, und um diesen hohen Standard zu erreichen, muss sie schon damals viele Jahrhunderte alt gewesen sein. Aber das ist ein Indizienbeweis, der nicht wissenschaftlich abgesichert ist.

Sollte sich allerdings herausstellen, dass Aratta älter ist als die frühen Hochkulturen Mesopotamiens, müssen wir die gesamte Frühgeschichte umschreiben, denn dann lag die Wiege der Kultur nicht im Zweistromland.

Es bleibt also spannend und wir können nur hoffen, dass internationale Konflikte das zügige Fortschreiten der aufregenden archäologischen Arbeiten im Iran nicht behindern oder ganz lahm legen.

Vor 5 500 Jahren: Krieg in Nahost

Im Kapitel über Jiroft/Aratta (s. S. 27 ff.) stand die Frage im Mittelpunkt, ob die Wiege unserer Kultur in Mesopotamien lag. Aber selbst wenn das der Fall war, ist es an der Zeit, unser Schulwissen zu korrigieren, denn wie sich nach bisheriger Lehrmeinung die frühen Kulturen im Land von Euphrat und Tigris entwickelt haben sollen, steht im Widerspruch zu neuen Erkenntnissen über die Frühgeschichte.

Diese neuen Erkenntnisse gehen eigentlich auf Ereignisse in den Jahren 1959 bis 1972 zurück. Die US-Raumfahrt war gerade erst ein reichliches Jahr alt, als die Regierung des Landes der unbegrenzten Möglichkeiten bereits ihre ersten Spionagesatelliten der »Corona«-Serie ins All schickte. 13 Jahre lang machten sie hochauflösende Fotografien von militärisch für die USA interessanten Gebieten, darunter auch von Syrien. Natürlich hielten die US-Behörden das Material geheim. Erst 1995 gab es die Regierung frei, und heute kann jedermann für relativ wenig Geld Kopien davon erwerben.

Das nutzten auch die Archäologen. Zum einen bot sich ihnen hier rund 30 Jahre altes Bildmaterial, das viele Regionen noch ohne die im Mittleren Osten inzwischen rasch gewucherte Bebauung zeigt. Zum anderen geben die Fotos das Gelände in Echtfarben wieder, was für eine archäologische Auswertung besonders vorteilhaft ist.

Auch der Archäologe McGuire Gibson vom Orientalischen Institut der Universität von Chicago war an den Bildern aus dem Norden Syriens sehr interessiert. 1998 fielen ihm auf den Fotos mehrere Geländestrukturen auf, die antike Siedlungsreste zeigen konnten. Schon im April des folgenden Jahres reiste er nach Damaskus und fuhr zusammen mit einem syrischen Kollegen in das fragliche Gebiet im äußersten Nordosten Syriens, nur wenige Kilometer von der irakischen Grenze entfernt und unweit des Dreiländerecks Syrien/Irak/Iran. Dort, im oberen Khaburtal, entdeckten die Archäologen eine Reihe von Plätzen, wo sich Grabungen zu lohnen schienen. Insbesondere ein Platz in der Nähe des Ortes Hamoukar erregte die Aufmerksamkeit Gibsons. Sein geschultes Auge vermutete hier ein besonders großes archäologisches Terrain, das heute teilweise unter den Neubauten von Hamoukar liegt.

In einem Brief an den Generaldirektor der Syrischen Antiken und Museen, Professor Sultan Muhesen, schilderte er die Dringlichkeit der archäologischen Untersuchungen von Alt-Hamoukar, da durch die weitere moderne Besiedlung seiner Meinung nach Gefahr im Verzug war. Wider Erwarten stimmte die syrische Regierung seinem Antrag auf Grabungen sofort zu, und kurz darauf, im September 1999, starteten die Archäologen der Universität von Chicago zusammen mit syrischen Kollegen ein großes archäologisches Gemeinschaftsprojekt.

Mindestens so alt wie Sumer

Die völlig verschüttete Ruinenstadt war einigen Archäologen bereits in den 1920er Jahren aufgefallen. Sie hielten sie damals für die bisher nicht lokalisierten Überreste von Washshukanni, der Hauptstadt des Mitannischen Reiches, das nach alten Quellen um 1500 v. Chr. im nördlichen Mesopotamien existiert haben soll. Bei den Grabungen im Spätherbst 1999 stellte

Deutlich zeigt die Luftaufnahme die beiden großen Zentralräume und die umliegenden kleinen Zimmer.

sich aber schnell heraus, dass die Ruinen von Hamoukar aus der Mitte des 4. vorchristlichen Jahrtausends stammen. Das war aufregend, denn damit waren sie mindestens so alt wie das Reich Sumer im Süden Mesopotamiens mit seiner Hauptstadt Uruk. Nachgerade eine Sensation war es aber, als sich zeigte, dass es sich bei den alten Ruinen nicht nur um Überreste einfacher Lehmziegelbehausungen von Halbnomaden handelte, sondern um Bauwerke einer großen urbanen Siedlung mit klaren sozialen Strukturen, wie sie typisch für eine Hochkultur sind. Derart alte Grabungshorizonte lassen sich in Uruk nur sehr schwer erschließen, da sie dort von vielen jüngeren Kulturschichten überlagert sind. Hier, in Hamoukar, liegen sie dagegen gut erreichbar direkt unter der Erdoberfläche.

Zunächst legten die Archäologen bis 2001 in mühsamer Arbeit Gebäude um Gebäude frei. Dabei fanden sie unter anderem zwei Lehmziegelkomplexe, die jeweils aus einem langen Zentralraum und mehreren umliegenden kleineren Räumen bestehen und kaum private Wohngebäude gewesen sein können. Die Funde in diesen Lehmziegelhäusern deuten darauf hin, dass es sich um eine Art von Lebensmittelzentrale gehandelt haben könnte. So entdeckten die Forscher regelrechte Großküchen mit riesigen Getreidemahlsteinen und einen Backofen, der einen Raum völlig ausfüllte. Auch an größeren Getreidevorratsbehältern fehlte es nicht. Die vorhandenen Kochtöpfe sprachen eindeutig für eine halbindustrielle Speisenzubereitung. Offensichtlich buk man auch in größerem Umfang Brot und braute Bier.

Benachbarte Töpferwerkstätten lassen auf ein hohes Maß an handwerklichem Können schließen. Die vorgefundene Feinkeramik ist zum Teil so filigran, dass Gibson die Wandstärke mit jener von Straußeneiern verglich.

Hunderte von kleinen Tonsiegeln und einige wenige große und komplexere Tonsiegel zeugen davon, dass die gesamten Anlagen hierarchisch verwaltet wurden, und belegen damit eine ausgeprägte soziale Struktur. Die Siegel zeigen durchweg Tiere, darunter Rotwild, Bären und Enten. Ein besonders fein gearbeitetes Stück gibt einen Leoparden mit dreizehn Flecken im Fell wieder. Schriftzeichen fehlen indes auf den Siegeln völlig: Die Kultur von Hamoukar kannte noch keine Schrift.

Hamoukar – eine Handelsstadt

Die Ausgrabungen lassen inzwischen Schlüsse auf die zeitliche Entwicklung des alten Hamoukar zu. Danach reichen die Anfänge bis ins 5. Jahrtausend v. Chr. zurück. Schon damals dehnte sich Hamoukar über ein Gebiet von rund 2 Quadratkilometern aus, das allerdings zu keiner Zeit völlig besiedelt war. Es scheint, dass im Laufe der Zeit mal der eine und mal ein anderer Bereich bewohnt war. Die Anfänge Hamoukars reichen also in jene Epoche der Steinzeit zurück, die unter Archäologen als Chalcolithicum bekannt ist. Zu dieser Zeit lebte Hamoukar offensichtlich von der Produktion von Obsidian-Werkzeugen und -Waffen. Tausende von Werkstücken und Bearbeitungsabfällen fanden die Archäologen auf einem Terrain von einigen

Quadratkilometern. Das ist insofern erstaunlich, als das schwarze vulkanische Glas Obsidian im Gebiet von Hamoukar gar nicht vorkommt. Um es dort in großem Umfang zu Werkzeugen verarbeiten zu können, musste es aus wenigstens hundert Kilometer Entfernung herbeigeschafft werden, denn die nächsten Vulkane mit Strömen von Obsidian liegen weit entfernt in der Türkei.

Hamoukar muss als Handelsstadt entstanden sein. Man bezog Rohobsidian aus der Türkei, und man lieferte die daraus gefertigten Werkzeuge und Waffen vermutlich nach Südmesopotamien. Das erklärt auch die Lage von Hamoukar in einem kargen Gebiet mit mageren Böden. Große Flüsse fehlten, der Khabur war schon damals während des größten Teils des Jahres ein ausgetrocknetes Wadi. Für die häusliche Brauchwasserversorgung hatten die Bewohner von Hamoukar tiefe, gemauerte Brunnen angelegt. Für eine Handelsstadt war die geografische Lage indes optimal, denn die Stadt lag genau am Reiseweg zwischen Anatolien und der großen Kulturregion im Süden Mesopotamiens.

Warum wir die Geschichtsbücher umschreiben müssen

Diese Erkenntnisse zwingen uns dazu, die herrschende Auffassung von der Entwicklung der ersten Hochkultur in Mesopotamien zu überdenken. Bisher suchte man ihre Entstehung im Übergang vom altsteinzeitlichen Jäger- und Sammlerdasein zum sesshaften Bauern, weshalb sich denn auch frühe Hochkulturen nur in sehr fruchtbaren Ackerbauregionen entwickeln konnten. Bauern errichteten größere Siedlungen, betrieben Vorratswirtschaft, schufen Verwaltungsstrukturen und entwickelten eine arbeitsteilige Gesellschaft. Das alles ist nach bisherigen Auffassungen nicht ohne die Entwicklung einer eigenen Schrift möglich, die von den Experten bis heute für eines der wichtigsten Merkmale jeder Hochkultur gehalten wird.

Für Mesopotamien nahm man an, dass Ackerbaugesellschaften im Süden des Zweistromlandes sukzessive den Norden des Landes kolonialisierten, wobei sie die dort vermeintlich lebenden Nomaden assimilierten und ihnen ihre eigene Kultur aufdrängten.

Dieses Geschichtsbild muss nach den Forschungsergebnissen in Hamoukar gleich in drei Punkten revidiert werden:

- Es handelte sich im alten Hamoukar zweifellos um eine Hochkultur. Es gab zumindest *eine* befestigte Stadt mit einer Infrastruktur, Arbeitsteilung und hoch entwickeltem Handwerk. Es gab eine Verwaltung und – wie der Gebrauch der zahlreichen Siegel belegt – auch eine rechtliche Ordnung. Eine eigene Religion hatten die Bewohner von Hamoukar ebenfalls, wie die Funde zahlreicher Idolfiguren belegen, die oft als Grabbeigaben verwendet wurden. Die archäologischen Funde in Hamoukar, vor allem die kunsthandwerklich meisterhaften Keramiken, beweisen, dass die Kultur eigenständig war und eigene künstlerische Stilelemente hervorbrachte, die sich deutlich von den südmesopotamischen unterscheiden, aber auf einer vergleichbaren Höhe stehen. Doch diese Kultur kannte keine Schrift. Hamoukar ist der erste Beweis, dass sich eine Hochkultur auch ohne Schrift entwickeln konnte.

- Entgegen der allgemein akzeptieren Lehrmeinung, dass alle frühen Hochkulturen durch Sesshaftwerden infolge von Ackerbau entstanden, hat sich Hamoukar nicht aus der Landwirtschaft entwickelt, sondern von Anfang an als reine Handelskultur auf dem Fundament produktiven Handwerks.

- Die Auffassung, dass die kulturelle Entwicklung Mesopotamiens ihren alleinigen Ursprung im Süden des Gebietes hatte und dass städtische Siedlungen im Norden erst sekundär durch die sumerische Kultur und ihre Folgekulturen als eine Art von Kolonien angelegt wurden, trifft nicht zu. Vielmehr entstand im Norden des heutigen Syrien unabhängig von Sumer eine völlig eigenständige Kultur, die mindestens ebenso alt ist wie die sumerische.

Der Vater aller Kriege

Nach den Ausgrabungen von 1999 bis 2001 kam die archäologische Arbeit in Hamoukar zunächst durch die immer angespannter werdenden Beziehungen zwischen den USA und dem Irak und dann dem offenen Krieg zum Erliegen. Die irakische Grenze verläuft nur wenige Kilometer von Hamoukar entfernt, die Wissenschaftler der Universität von Chicago wollten aber ihre Ausgrabungen fortsetzen. Das gelang schließlich 2005, diesmal unter der Federführung von Clemens Reichel, der schon bei den ersten Grabungskampagnen mit von der Partie war.

Natürlich ist man auch in Syrien nicht allzu gut auf die USA zu sprechen. Umso überraschender erscheint es, dass die Feindseligkeiten zwischen den Politikern das Verhältnis der Archäologen untereinander ganz offensichtlich nicht tangieren. Als die Chicagoer Wissenschaftler 2005 ihre Arbeiten im Rahmen des US-amerikanisch-syrischen Gemeinschaftsprojekts wieder aufnahmen, erklärte Reichel in einer Publikation: »Sie hießen uns willkommen wie alte Freunde.« Und der syrische Minister für Kultur, Abdal-Razzaq Moaz, ließ verlautbaren: »Die Ausgrabungen in Hamoukar haben eine wichtige Rolle bei der Neudefinition des Gelehrtenverständnisses bezüglich der Entstehung und Entwicklung der Zivilisation in der Welt gespielt. Die Wiederaufnahme eines syrisch-amerikanischen archäologischen Gemeinschaftsprojekts zu diesem Zeitpunkt zeigt, wie sehr die Syrer an einer solchen Zusammenarbeit auf dem Gebiet der Archäologie interessiert sind, die kulturellen Austausch und gegenseitiges Verständnis zwischen zwei Völkern ermöglicht und die es gestattet, ein Welterbe, das der gesamten Menschheit gehört, zu teilen.«

Fatalerweise folgte auf die Zeit der unter einem derart

friedvollen Stern stehenden Ausgrabungen in den Jahren 2005/2006 der zweite Irakkrieg. Ein Krieg spielte sich aber in Hamoukar bereits zwischen 3500 und 3200 v. Chr. ab! Die Wissenschaftler sprechen vom ersten bekannten großen Krieg der gesamten Menschheitsgeschichte.

Zu dieser Zeit war die Obsidianproduktion in Hamoukar schon lange zum Erliegen gekommen, die Stadt blieb aber eine Handelsmetropole und produzierte jetzt – nach dem Ende der Steinzeit – Werkzeuge und Waffen aus Kupfer und Bronze. Auf jeden Fall war Hamoukar noch immer sehr reich, was natürlich den Neid der Nachbarn erregte. Die 3 Meter dicke und über 2 Meter hohe Mauer aus Lehmziegeln um den 160 000 Quadratmeter großen Stadtkern belegt die Furcht vor Angriffen.

Irgendwann vor rund 5 500 Jahren griff offenbar völlig überraschend eine sehr große Zahl von Soldaten Hamoukar an und machte die Stadt dem Erdboden gleich. Zunächst schossen die Angreifer die Stadt mit kleinen ovalen Lehmgeschossen von circa 2,5 mal 4 Zentimeter Größe und Lehmkugeln von 6 bis 10 Zentimeter Durchmesser sturmreif. Die Archäologen fanden 1 200 der kleineren und rund 120 der größeren Projektile. Dann erstürmten die Angreifer Hamoukar, setzten die Stadt in Brand und hinterließen ein Bild der Verwüstung. Der Angriff muss so überraschend erfolgt sein, dass sich die Bewohner kaum verteidigten. Die Kugelgeschosse der Eingeschlossenen fanden sich sauber in Reih und Glied angeordnet und waren offensichtlich unbenutzt geblieben.

Dieser erste nachgewiesene Krieg der Menschheit führte zur völligen Vernichtung der Kultur von Hamoukar. Erst später besiedelten Sumerer die Region neu.

Unklar ist bis heute, wer die Angreifer waren und warum sie Hamoukar zerstörten. Reichel vermutet, es seien Sumerer aus dem Süden Mesopotamiens gewesen, denn im weiten Umfeld war wohl nur Uruk stark genug für einen derartigen Angriff. Doch warum sollten die Sumerer ihren Handelspartner vernichten? Wir wissen es nicht. Aber die Ausgrabungsarbeiten gehen weiter und vielleicht ergeben sich schon bald neue Erkenntnisse.

Bronzezeitdemokratie am Sarasvati?

Die Historiker unterscheiden grob zwischen Prähistorie, Protohistorie und eigentlicher Historie. Die Prähistorie, wörtlich die Zeit vor der Historie, ist jener Abschnitt der Menschheitsgeschichte, in dem es noch keine Schrift gab. Protohistorisch nennen wir die Kulturen, die zwar selbst noch über keine Aufzeichnungen verfügten, aber in ein Umfeld von Schriftkulturen eingebettet waren, die über sie als Augenzeugen berichten konnten.

Unser bisheriges Bild von der Induskultur

In Indien gab es während der Bronzezeit mit der Induskultur einen Kulturkreis, der nicht so recht in das klassische Gliederungsschema passen will. Diese Kultur verfügte über eine eigene Schrift, aber wir können sie bis heute nicht lesen. Die zeitgenössischen Schriftkulturen berichten so gut wie nichts über die Induskultur. Wir wussten also bis vor Kurzem sehr wenig von ihr, und entsprechend stiefmütterlich wurde sie bisher bei uns behandelt.

Jedes Kind hat schon von den alten Ägyptern und ihren Pharaonen gehört, jeder weiß um die »Wiege der Kultur« im alten Mesopotamien. Aber die Induskultur kennen viele – wenn überhaupt – nur dem Namen nach. Das ist auch nicht weiter verwunderlich, denn dieser alte Kulturkreis schien bisher nichts Aufregendes zu bieten: weder gab es herausragende Herrscher noch prominente Götter. Gewaltige Grabmale wie die Pyramiden oder Tempelpaläste wie die sumerischen Zikkurat fehlen, und weder Legenden noch Heldenepen sind uns überliefert. Bis vor Kurzem war nur bekannt, dass es irgendwo im Tal des Indus offensichtlich eine Hochkultur gegeben haben muss, denn dort gefundene Überreste der alten Metropolen Harappa und Mohenjodaro belegen eine systematische Städteplanung mit einem quasi am Reißbrett entworfenen Straßennetz, mit großen Wasserspeichern und einer flächendeckenden Brauch- und Abwasserkanalisation. Und es war eine Schriftkultur, wenn wir auch die Schrift nicht entziffern können!

Nach bisherigen Vorstellungen entstand die Induskultur quasi aus dem Nichts heraus um etwa 2500 v. Chr., blühte rund fünf Jahrhunderte und ging dann plötzlich sang- und klanglos wieder unter. Viel mehr gab es nicht darüber zu sagen. Der indische Archäologe Ravindra Singh Bisht fasst das Wissen über die Induskultur denn auch kurz und bündig als »todlangweilig« zusammen. Nicht einmal so spannende Dinge wie Mumien sind erhalten geblieben.

Entdeckt und ausgegraben hatte die Ruinenstätte Harappa und Mohenjodaro 1920 der britische Archäologe Sir John Marshall, und er war es auch, der den Namen Induskultur prägte, weil beide Städte im Tal dieses Flusses liegen. Seinerzeit war diese Entdeckung eine Sensation, denn sie bewies, dass Indiens Geschichte rund 2000 Jahre weiter zurückreichte, als man angenommen hatte.

Politische Spannungen als Motor für die Archäologie

Als Indien 1947 von England unabhängig wurde, kannte man zwar bereits ein knappes Dutzend bronzezeitlicher Siedlungsplätze im Industal, wusste aber nichts Neues über die versunkene Kultur. Starke Impulse bekam die archäologische Forschung in Indien, als sich Pakistan abspaltete und selbstständig wurde. Indien verlor damit die bedeutenden historischen Stätten Harappa und Mohenjodaro und betrachtete es als Schmach, dass das junge Land Pakistan damit eine ältere Geschichte haben sollte als die eigene Nation. Also begann man flugs zu graben und wurde auch auf indischem Staatsgebiet fündig. Pakistan betrachtete diese archäologischen Umtriebe seinerseits als Herausforderung und startete umgehend ein eigenes umfassendes archäologisches Programm.

Dieses politisch motivierte Wettrennen hält bis zum heutigen Tage an und erwies sich vor allem in den letzten ein bis zwei Jahrzehnten als überaus fruchtbar. Bisher wurde dabei deutlich, dass wir unser Bild von der Induskultur von Grund auf revidieren müssen und dass Harappa und Mohenjodaro lediglich zwei von Dutzenden großer, modern angelegter Städte waren.

Ein Reich, größer als Westeuropa

Auch räumlich erstreckte sich das Gebiet der Induskultur nicht nur über einen kurzen Abschnitt des Flusstals, sondern über ein riesiges Umfeld von nicht weniger als 1,5 Millionen Quadratkilometer. Das ist eine Fläche, die jene von Westeuropa übersteigt und weitaus größer als das heutige Ägypten oder Mesopotamien ist! In diesem Riesenreich herrschte eine erstaunlich einheitliche Kultur, was archäologische Funde an rund 1400 unterschiedlichen Plätzen belegen (917 davon in Indien, 481 in Pakistan und einer in Afghanistan). Bedeutende Großstädte in diesem Riesenreich waren neben Harappa und Mohenjodaro unter anderem Rakhigarhi im indischen Bundesstaat Haryana und Ganweriwala in der pakistanischen Provinz Punjab.

Noch stärker besiedelt als das Industal war offensichtlich das weite Flussgebiet des Ghaggar oder Hakra, wie er in Pakistan heißt. 86 Städten im Industal stehen mehr als 175 entlang dem Ghaggar gegenüber. Das verblüfft zunächst, denn der Ghaggar/Hakra ist – anders als der Indus – heute nur noch ein weitgehend ausgetrocknetes Flussbett. Das kann nicht immer so gewesen sein, denn wie hätte sonst an seinen Ufern eine Hochkultur blühen können, die den Ausgrabungen nach erhebliche Ernteüberschüsse erwirtschaftete?

Heiliger Fluss Sarasvati

Nun berichtet eine der ältesten heiligen Schriften des Hinduismus, der *Rigveda*, an mehreren Stellen von einem bedeutenden heiligen Fluss, dem Sarasvati. Er gilt als der wichtigste aller Flüsse, weit wie ein Meer, dem Gebirge entstammend und dann zwischen den Flüssen Yamuna und Sutlej verlaufend, bis er in den Ozean mündet. War damit der Ghaggar gemeint? Vieles spricht dafür, denn bereits die späten Veden beschreiben den Sarasvati nicht mehr als bedeutend. Er muss also zu dieser Zeit schon weitgehend der Dürre zum Opfer gefallen sein. Heute zeigen Satellitenbilder der Region eine weitgehend versandete Landschaft, doch dort, wo sich das alte Flussbett mit seinem fruchtbaren Lehmboden erkennen lässt, ist es stellenweise bis zu 10 Kilometer breit. Hier muss es in früheren Zeiten also wirklich einen mächtigen Strom gegeben haben, sehr wahrscheinlich den Sarasvati des *Rigveda*.

Schon fordert der indische Archäologieprofessor V. N. Misra, die Induskultur in Sarasvati-Kultur umzubenennen. Doch Kollegen widersprechen ihm darin, denn sie sehen den Ursprung der alten Kultur tatsächlich im Industal. Die bronzezeitliche Hochkultur war aber nicht nur räumlich wesentlich ausgedehnter als bisher vermutet, sie entstand auch entgegen der bisher vorherrschenden Meinung nicht innerhalb kürzester Zeit quasi aus dem Nichts. Das mag bestenfalls auf einzelne Städte wie Harappa oder Mohenjodaro zugetroffen haben, aber eine Hochkultur entsteht nicht im Handumdrehen.

Die lange Vorgeschichte der Induskultur

In den 1970er Jahren entdeckte der Archäologe Braj Basi Lal im Wüstensand von Rajasthan zufällig alte, von Pflugscharen gezogene Ackerfurchen, die sich hier erstaunlich gut erhalten hatten. Ihre Entstehung konnte auf rund 2900 v. Chr. bestimmt werden. Bald entdeckte man auch Siedlungen aus dieser frühen Zeit. Spätere Funde ergaben ein noch weitaus umfassenderes Bild: Etwa 7000 bis 4000 v. Chr. wurden Ackerbauern in der Region sesshaft und errichteten einfache, noch steinzeitliche Siedlungen. Zwischen etwa 4300 und 3200 v. Chr. wurde der Ackerbau wesentlich verbessert und es entstanden regelrechte Bauerndörfer. Zwischen 3200 und 2600 v. Chr. war die Landwirtschaft dann so hoch entwickelt, dass die ländlichen Gemeinden regelmäßig größere Überschüsse erwirtschafteten. Das zwang sie offenbar zur Lagerhaltung, zum Bau von Silos und damit zum gemeinschaftlichen Planen und Handeln. Dieser Druck, Verwaltungsstrukturen aufzubauen, scheint es gewesen zu sein, der einen generellen sozialen und zivilisatorischen Wandel auslöste und innerhalb der folgenden hundert Jahre zu einem ausgeklügelten Stadtplanungssystem führte. Zugleich wurde es erforderlich, schriftliche Aufzeichnungen über diese Pläne, vor allem aber eine Buchführung der Lagerhaltung zu entwickeln. So könnte eine Schrift entstanden sein.

Um 2500 v. Chr. war diese strukturelle Entwicklung offenbar weitgehend abgeschlossen. Die folgenden fünf Jahrhunderte hindurch wuchs und blühte das Reich, und der Wohlstand erlaubte die Entstehung eines hoch entwickelten Kunsthandwerks, das seinerseits den Handel beflügelte.

Ein frühes Handelsimperium

Die bislang bekannte Harappa- und Mohenjodaro-Kultur galt als räumlich abgegrenzte Binnenlandkultur. Doch die neuen Funde im gesamten Großreich beweisen etwas anderes. Shikarpur Ranganath Rao entdeckte die Überreste der Stadt Lothal, einer bedeutenden Hafenstadt an der Küste von Gujarat. Er fand dort ein weit über 200 Meter langes, aus rund einer Million Backsteinen errichtetes Dockgebäude. Hier mussten große, seegängige Schiffe gebaut worden sein. In unmittelbarer Nähe der Anlage gab es zahlreiche Manufakturen für Kunsthandwerk, vor allem Perlenfabriken. Außerdem fanden sich Hunderte von Rollsiegeln, von denen viele aus dem Persischen Golf stammten. Andererseits tauchten in den letzten Jahrzehnten immer wieder Siegel der Induskultur in so fernen Regionen wie dem Irak auf, dem Gebiet des alten Sumer oder auch im Großraum des Persischen Golfs. Sumerische Inschriften belegen, dass das Reich im Zweistromland aus »Meluha«, wie die Induskultur offenbar in Sumer hieß, verschiedenste Waren bezog, darunter Bauholz und Kunstgegenstände aus Kupfer, Gold und Elfenbein. In der alten Stadt Shortugai im heutigen Afghanistan arbeitete allem Anschein nach eine bedeutende Lapislazuli-Perlenfabrik für den Export.

Es kann also keine Rede mehr davon sein, dass der Harappa-Kultur nur eine lokale Bedeutung zukam. In Wirklichkeit stellte sie ein Handelsimperium dar und noch dazu die flächenmäßig größte aller frühen Hochkulturen. Zu ihrer Blütezeit umfasste sie mehr als 300 Städte unterschiedlicher Größe und Hunderte von Dörfern, die eine weit entwickelte, spezialisierte Landwirtschaft betrieben. Die Bauern des Reiches haben als Erste Reis und vor allem auch Baumwolle kultiviert und als Handelsgüter exportiert.

Die erste Demokratie der Welt?

Auffällig ist die Tatsache, dass sich in diesem Großreich offenbar weder bedeutende Herrscher noch Priester oder Feldherren profilierten. Es scheint keinerlei Personenkult gegeben zu haben und es fehlt jeder Hinweis auf eine personalisierte Zentralregierung. Demzufolge fehlen auch Statuen und Personenbilder, ebenso wie Paläste oder pompöse Grabmale. Kein architektonisches Bauelement ist den Pyramiden Altägyptens oder den Zikkurat Mesopotamiens vergleichbar.

Dennoch muss es eine zentrale Verwaltung gegeben haben, denn das Riesenreich zeigte in vielen Punkten eine erstaunliche Uniformität. Zum einen waren alle Städte gleich strukturiert. Das reichte von einem gleichförmigen schachbrettartigen Straßennetz bis zur Normung der Backsteine mit Seitenverhältnissen von exakt 4:2:1. Es gab standardisierte Gewichte im ganzen

Reich und eine einheitliche Silbenschrift mit 410 verschiedenen Zeichen. Auch die Art des Schreibens war festgelegt: Man schrieb in horizontalen Zeilen von rechts nach links und brachte pro Zeile nicht mehr als 26 Zeichen unter.

Das neue Ausgrabungsfeld von Lothal am Sarasvati zeigt eindrucksvoll die planmäßige Anlage der Stadt.

Das Reich scheint eine Föderation gewesen zu sein, denn offenbar waren mehr als ein halbes Dutzend größere Städte über das Land verteilt, die die Funktion von Provinzhauptstädten hatten. War die alte Induskultur vielleicht sogar die erste funktionierende Demokratie der Welt?

Es gab eine zentrale Religion, bei der die Priesterklasse aber eine nur untergeordnete Rolle gespielt haben muss. Man kann aus Altarfunden schließen, dass die Menschen das Feuer anbeteten und eine Gottheit verehrten, in der eine Vorform des hinduistischen Shiva vermutet wird.

Untergang durch Klimakatastrophe?

Früher glaubte man, dass arische Völker um und kurz nach 2000 v. Chr. Harappa und Mohenjodaro überfallen und deren Kultur ausgelöscht haben. Heute scheint auch diese Vorstellung nicht mehr haltbar zu sein. Ein mächtiges Reich, das größer ist als ganz Westeuropa, lässt sich nicht einfach von ein paar Invasoren niedermachen. Und wenn auch Harappa und Mohenjodaro ziemlich plötzlich verschwanden, so dauerte es doch insgesamt rund vier Jahrhunderte, bis das Reich als Ganzes unterging. Dafür scheint es heute zwei mögliche Gründe zu geben: einen dramatischen Klimawandel, der die Hauptlebensadern dieses Kulturkreises, die großen Flüsse, austrocknen ließ, und möglicherweise auch vulkanische Aktivitäten, begleitet von starken Erdbeben, die die Infrastruktur vernichteten. Es scheint heute so, als sei die Bevölkerung des Reiches einfach nach Osten ausgewandert. Der Archäologe Possehl fand heraus, dass um das Jahr 2000 v. Chr. die Zahl der Städte allein im heute pakistanischen Sindh-Distrikt von 86 auf 6 und im Bezirk Cholistan von 174 auf 41 abnahm, während sie gleichzeitig in den indischen Bundesstaaten Haryana, Punjab und Rajastan von 218 auf 853 hochschnellte. Offenbar musste man – aus welchem Grunde auch immer – neue Lebensräume finden.

Vor allem innerhalb des letzten Jahrzehnts hat sich also unser Bild der Induskultur grundlegend gewandelt, aber es wird vermutlich noch einiger weiterer Jahrzehnte bedürfen, bis das neue Wissen auch in den Schulbüchern angekommen sein wird. Und es mag noch wesentlich länger dauern, bis die Fülle der neuen archäologischen Funde auch nur annähernd aufgearbeitet und verstanden ist, bis wir uns also ein geschlossenes Bild von diesem weltweit mächtigsten Reich der Bronzezeit machen können. Dazu gehört natürlich auch, dass wir lernen, seine Schrift zu lesen; doch ist es fraglich, ob uns das überhaupt jemals gelingen wird.

Chinas Suche nach seiner Vergangenheit

Im 27. Jahrhundert v. Chr. gebar Fubao auf dem Berg Xuanyuan, begleitet von hell aufblitzendem Licht, einen Sohn. Sein Vater, Shao-dian, war der Führer eines Stammes, der in den weiten Ebenen Zentralchinas lebte. Der Legende nach war dieser Sohn ein Gott. Er wurde 100 Jahre alt, nach manchen Quellen sogar noch älter. Als sein irdisches Dasein schließlich zu Ende ging, trug ihn – wieder von einem Blitzstrahl begleitet – ein mächtiger Drache zu den Unsterblichen hinauf in den Himmel. Die Rede ist von Huangdi, dem »Gelben Kaiser«, den noch heute die Chinesen als ihren Stammvater und den Begründer des chinesischen Reiches verehren. Auch die heutige Regierung unterstützt diese Tradition.

Trotz seiner legendären Himmelfahrt hat Huangdi ein irdisches Mausoleum. Es steht auf dem Gipfel des Qiaoshan-Berges, rund 80 Kilometer nördlich von Xian, der Hauptstadt der nordwestchinesischen Provinz Shaanxi. Jedes Jahr am 5. Tag des 4. Mondmonats pilgern noch heute die Han-Chinesen während des Qingmingfestes zu Huangdis Grabstätte, um den Begründer der chinesischen Nation zu ehren.

Huangdi – nichts als eine Legende?

Das Erstaunliche an Huangdis Mausoleum ist, dass hier niemals irgendjemand begraben wurde. Es ist nichts als der fiktive Bestattungsort eines legendären Gottes, Helden und großen Herrschers aus unbekannter Vorzeit. Wie dieses (leere) Grab kennen alle in China die Lebenszeit des Gelben Kaisers: von 2698 bis 2599 v. Chr. Aber auch das ist reine Legende.

Wie kam der Mythos um Huangdi zustande? Mehrere altchinesische Überlieferungen berichten von ihm, aber alle wurden erst im 3. Jahrhundert v. Chr. oder später niedergeschrieben. Möglicherweise gab es noch ältere Quellen, aber die ließ um 215 v. Chr. Kaiser Shi Huangdi – also fast ein Namensvetter – verbrennen.

Die legendären Berichte über den Gelben Kaiser erzählen, dass zu dessen Lebzeiten mehr als 40 Stammesvölker in China lebten, die alle ihr eigenes Brauchtum und ihre eigene Sprache hatten. Sie waren aber samt und sonders untereinander zerstritten und lieferten sich immer wieder heftige Kämpfe. Huangdi, der zu dieser Zeit noch nicht Kaiser war, wollte China Frieden und Einheit bringen. So bildete er ein mächtiges Heer aus, mit dem er nach und nach alle Stämme besiegte.

Der letzte noch selbstständige Stamm, die Miao unter ihrem Anführer Chiyou, erwies sich dabei als schwierigster Gegner, denn Chiyou war ein mächtiger Magier, der über die Hilfe von Kampfdrachen und anderen Geistern gebot. Als Huangdi ihn dennoch mit seinem Heer in die Enge trieb, vernebelte Chiyou das Schlachtfeld regelrecht, sodass er nicht mehr zu finden war. Doch Huangdi erfand den ersten Kompass, einen Karren mit einer Figur darauf, die stets in Südrichtung wies und ihm außerdem anzeigte, wo sich Chiyou befand. So konnte Huangdi schließlich auch diesen gefährlichen Gegner vernichten.

Aber Huangdi war im Grunde ein Mann des Friedens und der Harmonie. Er schlug seine 56 Schlachten nur, um die Zwietracht unter den Stämmen aus der Welt zu schaffen. Deshalb galt in seiner Armee ein strenger Moralkodex. Ihm schwebte eine Union vor, die das gesamte Riesengebiet des Gelben Flusses umfassen sollte. Als er mit diesem Plan Erfolg hatte, verlieh ihm das Volk den Ehrentitel »Gelber Kaiser«, denn gelb ist die Farbe des fruchtbaren Ackerbodens im Herzen Chinas.

Das neu geschaffene Reich blühte und gedieh von Anfang an – ein Erfolg, den es weitgehend seinem weisen Regenten verdankte. Der Gelbe Kaiser führte zahlreiche Neuerungen ein. Er erfand neuartige Boote, prägte erste Bronzemünzen, schuf den ersten chinesischen Kalender (einen Mondkalender), er trieb die Wissenschaft der Mathematik voran, erfand die Bambusflöte und befruchtete die Musik, baute Wagen, begründete die Kunst des Bogenschießens und schenkte China die Essstäbchen. Auf seine Frau Lúo Zŭ geht der Legende nach die Seidenraupenzucht und damit die gesamte chinesische Seidenindustrie zurück. Sein Historiker Căng Jié entwickelte angeblich die ersten chinesischen Schriftzeichen.

Als bedeutendstes Werk wird dem Gelben Kaiser aber das *Neijing* zugeschrieben, ein umfangreiches Buch über Philosophie und vor allem über die Gesundheitslehre, das bis heute die Grundlage der traditionellen chinesischen Medizin darstellt. Es zeichnet ein ganzheitliches Bild des Lebens, handelt von Geburt, Wachstum, Fortpflanzung und Tod aus der Sicht von Ethik und Psychologie, berücksichtigt Umwelteinflüsse und schafft so das Fundament für eine wahrhaft holistische Medizinlehre. Es ist unter anderem auch die Grundlage der Akupunktur und der Moxibustion, einer Heilmethode mit brennenden Heilkräuterzigarren, die an Akupunkturpunkte gehalten werden. Als Zusammenfassung des Werkes lässt sich der Satz zitieren: »Gesundheit und Wohlbefinden könnt Ihr nur erlangen, wenn Euer Geist in der Mitte ruht, wenn Ihr Eure Energie nicht vergeudet und den Fluss von Qi (Lebensenergie) und Blut konstant haltet, wenn Ihr Euch den jahreszeitlichen Veränderungen und den jährlichen makrokosmischen Einflüssen anpasst und vorbeugend Euer Selbst ernährt.«

Wann dieses fundamentale Werk, das später eine Zentralstellung im Daoismus einnahm, wirklich das erste Mal niedergeschrieben wurde, ist umstritten.

Die Glanzleistungen des Gelben Kaisers gingen aber der Legende nach über technische, organisatorische und allgemein kulturelle Verbesserungen des Alltags weit hinaus. So soll es ihm gelungen sein, das weise Fabeltier Bai Ze, ein chimärenhaftes Rind mit neun Augen, sechs Hörnern und einem menschlichen Kopf, einzufangen, das der menschlichen Sprache mächtig war. Auf dem Gipfel des Dongwang-Berges erfuhr der Kaiser von diesem mythologischen Geschöpf alles über Charakter und Fähigkeiten der 11 520 Typen von Dämonen, Ungeheuern, Formwandlern und anderen Geistwesen. Auf Wunsch des Kaisers lieferte Bai Ze sogar Zeichnungen von all diesen Geschöpfen, doch das dabei entstandene Buch *Bai Ze Tu* ist heute leider verschollen. Immerhin gilt Bai Ze auch jetzt noch als Glücksbringer in China.

Legendäre frühe Dynastien

Leider hat man bis heute keinen Beleg für die tatsächliche Existenz des Gelben Kaisers gefunden und muss sich auf Legenden stützen.

Das erste gesicherte Datum in der chinesischen Geschichtsschreibung ist 841 v. Chr. und fällt in die Zeit der Westlichen Zhou-Dynastie. Alles, was in China vorher geschah, ließ sich bisher chronologisch nicht fassen. Es gibt aber zahlreiche archäologische Befunde, die beweisen, dass in China seit zehntausenden von Jahren Menschen lebten. Die Jungsteinzeit begann hier vermutlich schon um etwa 12000 v. Chr. – also früher als in Europa – und dauerte bis gegen 2000 v. Chr. Anfang 2002 fanden Archäologen sogar die Überreste eines 5500 Jahre alten riesigen Gebäudes in der Stadt Lingbao, das durchaus in die fiktive Regierungszeit von Huangdi passen würde. Aber es gab bisher keine konkreten Spuren der kulturellen Entwicklung in China zu dieser frühen Zeit. Lediglich Legenden berichten von einer Xia-Dynastie, einer Shang-Dynastie und einer Zhou-Dynastie, die den historisch fassbaren chinesischen Dynastien vorausgegangen sein sollen.

Alte Schriften wie die sogenannten *Bambus-Annalen* setzen die Entstehung der Xia-Dynastie auf die Zeit um 2200 v. Chr. an, ein Datum, das sich aber bisher auf keine Weise bestätigen ließ. Niemand weiß auch, ob von der Xia-Dynastie, wenn sie denn tatsächlich existiert haben sollte, bis zum heutigen China Dynastie auf Dynastie folgte, sodass die derzeitigen Chinesen die Wurzeln ihres Volkes in dieser alten Dynastie sehen könnten.

Nationalstolz

Die offenen Fragen verlangten nach einer zuverlässigen Klärung, und es war wohl auch gekränkter Nationalstolz, als der Nationalist Song Jian seinen Unmut darüber äußerte, dass die Ägypter auf eine 5000-jährige Geschichte zurückblicken können, die Chinesen aber nicht. So initiierte denn die chinesische Regierung 1996 ein groß angelegtes Vorhaben zur chronologischen Erfassung der Geschichte der chinesischen Nation, das Xia-Shang-Zhou-Projekt.

Man ging dabei von Anfang an in die Vollen. Zweihundert Historiker, Astronomen, Archäologen, Physiker und andere

Experten machten sich viereinhalb Jahre lang an die Arbeit und lieferten schon im November 2000 einen umfassenden Bericht. Chinas Geschichte lässt sich jetzt nicht nur bis zum Jahr 841 v. Chr., sondern bis 2070 v. Chr. zurückverfolgen. Begründet wird das damit, dass sich die Dynastien Xia, Shang und Zhou jetzt genau datieren lassen – und zwar nicht nur anhand von archäologischen Funden, sondern auch aufgrund astronomischer Ereignisse.

Besonders die älteste dieser Kulturen, die Xia-Kultur, deren reale Existenz bislang höchst zweifelhaft erschien, wurde durch den Bericht der chinesischen Wissenschaftler vom bloßen Legendendasein in den Bereich der Realität katapultiert. Die Veröffentlichung stützt sich auf Ausgrabungen an einer großen Anzahl von archäologischen Stätten, unter denen Erlitou eine besondere Funktion zukommt. Die schon früher bekannte Erlitou-Kultur wird jetzt mit der Xia-Dynastie gleichgesetzt. Und die alte Stätte Cixianggou soll die zeitliche Grenze zwischen der Xia-Dynastie und der folgenden Shang-Dynastie markieren. Als verbindliche Datierungen werden jetzt 2070–1600 v. Chr. für die Xia-Dynastie, 1600–1046 v. Chr. für die Shang- und 1046–771 v. Chr. für die Westliche Zhou-Dynastie genannt.

Damit hätte China die Wurzeln seiner kulturellen Identität um mehr als zwölf Jahrhunderte in die Vergangenheit zurückverlegt. Der Direktor des staatlichen chinesischen Büros für Kulturrelikte, Zhang Wenbin, beklagt allerdings, dass diese Forschungsarbeiten noch nicht ausreichen, um die 5000-jährige Geschichte der chinesischen Zivilisation vollständig zu belegen. Noch fehlen jene tausend Jahre, in denen vor der Xia-Dynastie die legendären »fünf Dynastien« bestanden haben sollen. Sie müssten, so Zhang Wenbin, noch schlüssig mit der den Archäologen bekannten Yangshao-Kultur identifiziert werden.

Wunschdenken oder historische Fakten?

Hier liegt möglicherweise ein gravierender Schwachpunkt des chinesischen Vorstoßes in die Vergangenheit der eigenen Kultur: Es genügt nicht, einfach eine Reihe legendärer Dynastien mit archäologischen Funden aus der entsprechenden Zeit zu identifizieren und damit die chinesische Kultur weitere tausend Jahre älter zu machen.

Im Grunde würde dieses Vorgehen einem deutschen Versuch gleichen, an irgendeine altgermanische Legende eines früheren Götterreiches anzuknüpfen, dann die im Neandertal bei Düsseldorf vor über 40 000 Jahren lebenden Menschen mit den Bewohnern dieses Sagenreichs gleichzusetzen und schließlich zu behaupten, die Wurzeln der deutschen Kultur würden mehr als 40 Jahrtausende zurückreichen.

Dass China seit der Altsteinzeit durchgehend besiedelt war, ist seit Langem bekannt. Neusteinzeitliche, nach verschiedenen Grabungsorten benannte Kulturen decken lückenlos den zeitlichen Bereich von 7500 v. Chr. bis 2000 v. Chr. ab. Aus dieser Zeit kennen die Archäologen nicht weniger als 23 unterschiedliche Kulturen im alten Reich der Mitte, die aber keineswegs auseinander hervorgingen oder sich fein säuberlich ablösten. Viele von ihnen überlappten sich zeitlich oder existierten voneinander gänzlich unabhängig.

Zu Beginn der mutmaßlichen Xia-Dynastie existierten in China nach diesen Forschungen mindestens drei voneinander unabhängige Kulturen, und auch die in die Xia-Zeit fallenden archäologischen Funde lassen keinerlei kulturelle Zentralisierung im Sinne einer Dynastie erkennen. Die meisten von ihnen liegen im Einzugsgebiet des Gelben Flusses mit seinen überaus fruchtbaren Ackerböden.

Zur vermuteten Lebenszeit des Gelben Kaisers, also gegen 2700 bis 2600 v. Chr., dominierten zwei jungsteinzeitliche Kulturen in diesem geografischen Raum, die Yangbao-Kultur und die Longshan-Kultur. Von beiden sind Dutzende archäologischer Fundstellen bekannt. Aber immer sind es unbedeutende kleine Siedlungen, die keinerlei Ansätze der Entwicklung einer frühen Hochkultur mit einer planvollen Verwaltung zeigen. Auch im stark besiedelten Lössplateau von Zhudingyuan bei

Yangping in der heutigen Provinz Henan, in dem die meisten am chinesischen Datierungsprojekt beteiligten Wissenschaftler heute die ursprünglichen Wurzeln des Landes zur Zeit des Gelben Kaisers suchen, lassen sich nur Streusiedlungen finden.

Wenn es nach den Vorstellungen heutiger chinesischer Archäologen geht, soll der legendäre Gelbe Kaiser Huangdi – hier ein Bild aus einer mittelalterlichen Schrift – tatsächlich gelebt haben. Sie sehen in ihm den Begründer der chinesischen Kultur.

Expertenkritik außerhalb Chinas

Die Mehrzahl der nicht im Auftrag der chinesischen Regierung tätigen Altertumsforscher, also Experten in der westlichen Welt und auch im Exil tätige chinesische Archäologen, opponieren heute entschieden gegen die Aussagen der zweihundertköpfigen Mannschaft, die auszog, die Wurzeln der chinesischen Kulturgeschichte zurückzuverlegen.

Die Kritik gilt dabei nicht nur den schwachen archäologischen Indizien. Zu den wichtigsten Argumenten der chinesischen Regierungswissenschaftler gehören auch astronomische Aussagen. In alten Quellen aus der Zeit um 200 v. Chr. ist wiederholt von himmlischen Ereignissen wie Sonnenfinsternissen, »doppelter Dämmerung«, Mondfinsternissen oder besonderen Planetenstellungen die Rede, die zu bestimmten Zeiten während der drei alten Dynastien und auch davor stattgefunden haben sollen. Die Quellen nennen dazu genaue Jahreszahlen. Den chinesischen Wissenschaftlern soll es nun gelungen sein, all diese himmlischen Ereignisse mit modernen astronomischen Berechnungen zu verifizieren und damit die Richtigkeit der legendären Quellen zu beweisen.

Bei näherem Hinsehen fällt diese stärkste argumentative Stütze der chinesischen Großaktion allerdings in sich zusammen wie ein Kartenhaus. Ernsthafte westliche Astronomen wie Douglas J. Keenan widerlegen schlüssig die chinesische Argumentation. Partielle Sonnenfinsternisse kann man in einer bestimmten Gegend im Schnitt alle 2,6 Jahre beobachten. Sie taugen deshalb nicht für prähistorische Datierungen. Totale Sonnenfinsternisse sind am gleichen Ort zwar nur alle 370 Jahre zu sehen, aber keine der in den legendären chinesischen Texten erwähnten totalen Finsternisse fand tatsächlich im dort angegebenen Jahr statt. Die gleichen Argumente gelten auch für andere kosmische Ereignisse wie Mondfinsternisse oder besondere Planetenstellungen: Entweder sie sind zeitlich völlig unscharf oder sie lassen sich nicht mit der historischen Realität in Einklang bringen. So berichten alte Quellen zum Beispiel von einer Fünf-Planeten-Konjunktion im Jahre 1576 v. Chr., die es tatsächlich aber gar nicht gab. Einen astronomischen Beweis für die Zuverlässigkeit der legendären Berichte gibt es entgegen den chinesischen Aussagen nicht.

Bleiben einige konkrete archäologische Funde, mit denen die tatsächliche historische Existenz des Gelben Kaisers untermauert werden soll. So fanden Ausgräber bei Xito, einer archäologischen Stätte auf dem Zhudingyuan-Plateau, ein ringförmiges Grab von 500 Meter Umfang und interpretierten es umgehend als möglichen frühgeschichtlichen Altar. Dort entdecken sie angeblich zwei Klumpen eines »hochprozentigen Bronzeerzes«. Metallurgen ist dergleichen allerdings nicht bekannt, denn Bronze ist eine technische Legierung aus Kupfer und Zinn. Es müssten also wohl eher Kupfererze sein. Nun besagen die Legenden von Huangdi, er habe Bronzedreifüße für rituelle Zwecke gießen lassen. Aus »Bronzeerzen« aber lässt sich wohl Bronze gewinnen und aus dieser kann man dann Dreifüße gießen, argumentieren die Chinesen. Ein überzeugender Beleg für das Wirken Huangdis? – Wohl kaum.

Das Hochgebirgsreich der Fanès-Leute

Zunächst ist da nichts weiter als ein Märchen oder besser eine Sage. Und die hat den Rang eines Nationalepos, wobei die zugehörige Nation schon längst nicht mehr existiert. Die Nachfahren der Ladiner leben noch heute in Südtirol, genauer gesagt in einigen Bergdörfern der Dolomiten. Sie gehören zur großen Volksgruppe der Rätoromanen.

Das Verdienst, den alten, bis ins 20. Jahrhundert hauptsächlich mündlich überlieferten Sagenschatz der Ladiner für die Nachwelt erhalten zu haben, gebührt Karl Felix Wolff, der ihn in seinem Bestseller *Dolomitensagen* zu Papier brachte. Wolff berichtet vom Sagenreich des Königs Laurin hoch droben in der steinernen Welt des Rosengartens, von Hexen und Zauberern, von sprechenden Murmeltieren und Naturgeistern, wie den Wald- und Wasserfrauen, die man Anguanas nennt.

Bei einer solchen Anguana – sie lebte auf Bergwiesen unter den steilen Dolomitenfelswänden der Croda Rossa – wuchs das Mädchen Moltina als Pflegetochter auf. Moltina war selbst Tochter einer Anguana, doch die war kurz nach ihrer Geburt verstorben. Wie es im Märchen nicht anders kommen konnte, streifte eines Tages ein Prinz durch das Almland, entdeckte die inzwischen zu einer bildschönen jungen Dame herangewachsene Moltina und verliebte sich in sie. Er nahm sie mit auf sein Schloss im Popenatal und machte sie zu seiner Frau.

Doch das Glück währte nicht lange. Die Königin der Bedoyeres besuchte das junge Paar und stellte Moltina wegen ihrer biederen Herkunft bloß. Beschämt verwandelte sich diese in ein Murmeltier und floh in die Berge. Ihr Gemahl suchte tagelang, bis er sie fand, aber Moltina weigerte sich, mit ihm ins Popenatal zurückzukehren. So blieb er bei ihr draußen im wilden Gefels.

Eines Tages streifte der Prinz über die nächtlichen Almen und traf dort zu seinem Erstaunen auf ein großes Heer, das sich in der Kriegskunst übte. Sehr geschickt im Umgang mit ihren Waffen waren die Männer allerdings nicht, und so bot sich der Prinz an, sie zu unterrichten. Das nahmen die Krieger dankend an. Sie erzählten ihm, sie seien das Volk der Fanès, das sich gerade auf einen feindlichen Angriff vorbereitete.

Dankbar für seine Unterweisungen machten die Fanès den Prinzen zu ihrem Führer, und als er sie beim bald folgenden Kampf zum Sieg führte, auch zu ihrem König. Gemeinsam erbauten sie eine mächtige Festung am Conturines, einer Bergregion der Fanès-Alpe.

Ein Sagenreich hoch in den Bergen

Das Fanès-Reich blühte und gedieh viele Generationen lang und dehnte sich schließlich über mehrere Bergmassive aus. Als Verbündete halfen den Fanès-Leuten dabei die Murmeltiere. Als schließlich die männliche Linie des Fanès-Geschlechts ausstarb, heiratete die letzte Prinzessin einen stolzen fremden Fürsten, der durch die Ehe zum neuen Fanès-König wurde. Er schloss einen Bund mit einem zauberkundigen, feuerspeienden Adler und erhielt dadurch noch mehr Macht. Nun hatte die Prinzessin den Murmeltieren versprochen, mit ihnen eines ihrer Kinder zu tauschen, und ihr Mann hatte dem Adler Gleiches zugesagt. So kam die Tochter Luyanta zu den Murmeltieren und dafür ein weißes Murmeltier ins Königsschloss. Als dann der Adler zwischen der Zwillingsschwester Dolasilla und dem Murmeltierjungen wählen sollte, nahm er das Letztere. Ein Ritter brachte es ihm hinauf in die Felswildnis. Doch als dieser in der Dämmerung zum Schloss zurückkehren wollte, überraschte ihn Spina de Mùl, ein mächtiger und böser Zauberer, den der Südtiroler Volkstumsforscher und Heimatdichter Karl Staudacher in seinem »Fanneslied« einmal so besang: »Das war ein Hexenmeister / vom Lastoièresstamm; und fuhr er seine Straße, / man wich ihm gern vom Damm. Auf seine

Zauberfahrten, / da ging er nicht als Mann. Da nahm er eine Schreckgestalt / von halbverwestem Maultier an.«

Spina de Mùl ist denn auch die ladinische Bezeichnung für Maultiergerippe. In seinen *Dolomitensagen* beschreibt ihn Wolff so: »Kopf, Hals und Vorderbeine waren noch mit Haut bedeckt, die hinteren Teile aber bildeten nur ein Skelett. Spina trabte auf den Vorderbeinen und schleppte das Skelett hinter sich her. Von Zeit zu Zeit stieß er dabei ein wildes Geschrei aus. Wenn er so bei Nacht durch Wald und Wildnis lief, da mochte wohl niemand mit ihm zusammentreffen, zumal jede blanke Waffe gegen ihn versagte. Denn berührte man ihn mit einer Spitze oder Schneide, so schlug er einem durch Zauber die Waffe aus der Hand und biss mit seinen großen Maultierzähnen um sich, bis der Gegner die Flucht ergriff.«

Dieser Spina de Mùl besaß die wunderwirkende Rayéta, den Strahlenstein, der weitum im ganzen Land als der größte Schatz galt. Der Ritter wäre Spina wohl zum Opfer gefallen, wäre nicht überraschend ein fahrender junger Abenteurer aufgetaucht, der den Zauberer in die Flucht schlug und dabei sogar die Rayéta erbeutete. Das überwältigte Maultiergerippe war von dem Jüngling aus dem Land der Durannen so beeindruckt, dass es ihm den Ehrennamen Ey-de-Net (»Nachtauge«) verlieh.

Der Ritter und Ey-de-Net zogen zusammen mit der verängstigten kleinen Dolasilla zurück zum Fanès-Schloss, und um das Mädchen zu trösten, schenkte ihm der Duranne den vergoldeten Strahlenstein, den Dolasilla später ihr Leben lang als Diadem auf ihrem Haupte trug. Erst nach ihrem Tod gelang es dem zauberkundigen Maultiergerippe, den wertvollen Stein durch einen Raben zurückholen zu lassen. Spina versenkte ihn in einem tiefen Bergsee, wo ihn tagaus, tagein ein feuriger Drache bewachen musste.

Nun arbeiteten sich aber Schätze sammelnde Zwerge, die in den Bergen hausten, immer wieder von unten her an das Kleinod heran; jedoch jedes Mal, wenn sie ihm besonders nahe gekommen waren, packte der Drache die Rayéta mit seinen Krallen und flog damit zu einem anderen Bergsee. Wie ein feuriger Streif zog er dabei durch den Nachthimmel.

Diesen Gespenstervogel kennt interessanterweise nicht nur die Sagenwelt der Dolomiten, auch im Vintschgau gibt es die Mär vom »furigen Alba«, der nächtens mit dem kostbaren »Karfunkelstein« in den Krallen durch die Lüfte zieht.

Gab es das Fanès-Reich wirklich?

Was war das für eine Zeit, von der die alten Überlieferungen erzählen? Gab es sie wirklich? – Es scheint so, denn als Wolff in Südtirol umherzog und seine Dolomitensagen sammelte, versicherte ihm ein alter Ladiner aus Enneberg, dass die Geschichten von Fanès sehr viel älter seien. Ein schwacher Beweis! Und ein Mann aus dem Gadertal erklärte ihm, dass oben in Fanès einst ein Schloss gegenüber der Berglücke von St. Kassian gestanden habe, und dass dort ein König Krieg geführt hätte und alles zugrunde gegangen sei.

1953, viele Jahre nach Wolffs Aufzeichnungen, fand der Bozener Archäologe und Dr.-Ing. Georg Innerebner hoch droben in den Steinwüsten der Fanès-Alpe wirklich die Überreste einer alten Kultur. Über die vorgeschichtliche Wallburg in 2 600 Metern Höhe schreibt er: »Gleich dem Geleise einer Grottenbahn hebt sich auch im infernalisch wirkenden Steintrümmerfeld ein kreisbogenförmiger Steinwall von rund 50 Metern Länge, einigen Metern Höhe und im Mittel vier Meter Kronenbreite heraus. Unschwer lässt er sich in seinem unter den Steintrümmern verborgenen Teil zu einem Kreisring von rund 60 Metern Umfang ergänzen, der insgesamt eine Fläche von 3 000 Quadratmetern einschließt und in seiner Mitte, wie es scheint, einen heute zu einer Kuppe zusammengestürzten Zentralbau getragen hat. Oberflächliche Schürfungen auf der Wallkrone, im Sattel und auf der Kuppenhöhe des Burgstalls ergaben typische Branderde und Scherbenstücke grober Ausführung, deren Zeitbestimmung mangels charakteristi-

Unweit der Fenèsalpe haben vorzeitliche Hochalpenbewohner auf dem 2174 Meter hohen Gipfel des Puflatsch eine Art Thronsitz mit majestätischer Aussicht in den harten Augitporphyrit-Fels gehauen. Heute nennen ihn die Bewohner des Grödnertals »Hexensessel«.

scher Merkmale nicht möglich ist, die aber späte Bronze- oder frühe Hallstattzeit (also etwa 1000 bis 800 v. Chr.) vermuten lassen.«

Noch heute heißt der Berggipfel neben dieser verfallenen Wallburg »Burgstall«; das ist eine alte Bezeichnung für Burgstelle.

Das Fanès-Reich dürfte es also wirklich gegeben haben. Aber das ist auch so gut wie alles, was wir bis jetzt konkret darüber wissen. Ausgiebige Grabungen hat am Burgstall noch niemand durchgeführt.

Man fragt sich, warum ein Herrscher seine Burg in einer Stein- und Geröllwüste in 2600 Meter Höhe errichtet haben sollte. Die Antwort darauf fällt nicht allzu schwer. Überall in den Ostalpen gibt es Ortsbezeichnungen wie »Übergossene Alm« oder »Versteinerte Alm«, und vielerorts handeln alte

Sagen von einst grünen Bergwiesen und saftigem Weideland, die im Laufe der Zeit zu Steinwüsten erstarrten oder von Eisflächen bedeckt wurden. Zusammen mit den Erkenntnissen der Paläoklimatologen weist das darauf hin, dass es hier in historischer Zeit eine deutliche Klimaverschlechterung gegeben hat. Vor allem in den Zeiten zwischen 370 und 570 n. Chr. und später dann um 1500 n. Chr. sanken die Temperaturen, und im Alpenraum stießen allenthalben große Gletscher vor. Zugleich sorgte Trockenheit für zunehmende Verkarstung der Landschaft. Wo sich heute hoch droben in den Dolomiten zwischen dem Burgstall und dem 3023 Meter hohen Zehnerkofel eine öde Steinwüste ausdehnt, gab es in der Warmzeit vor rund 3000 Jahren gutes Weideland, das die Menschen dieser Zeit veranlasste, dort die höchstgelegenen prähistorischen Siedlungen im gesamten Alpenraum anzulegen. Warum also nicht auch ein königliches Schloss?

MEGALITHEN – WER SCHUF DIE MONUMENTALEN STEINBAUTEN?

Wo liegen die Wurzeln der Megalithkultur?

Zu den biblischen Stammvätern gehört Jakob, der älteste Sohn Isaaks. Er hatte Rahel geheiratet, die allerdings schon vor ihrem Mann starb. Über ihre Beisetzung vor über 3 700 Jahren in der Nähe von Bethlehem berichtet das 1. Buch Mose im 35. Kapitel: »Und Jakob richtete ein Mal auf über ihrem Grab; dasselbe ist das Grabmal Rahels bis auf diesen Tag.« Das gewaltige steinerne Mal, das Jakob für seine verstorbene Frau errichtete, trotzt auch heute noch Hitze, Kälte und Sturm. Was Jakob hier für seine Frau tat, war nicht mehr und nicht weniger als seine religiöse Pflicht. Die Steinsetzung war eine traditionelle Handlung. Freilich waren die unbehauenen Steinsäulen unterschiedlich groß. Wer es sich leisten konnte, errichtete Menhire, die möglichst weit sichtbar waren.

Menhire und Dolmen in Europa und anderswo

Die Archäologen zählen die Menhire (altbretonisch für »Mann-Steine«) zur großen Gruppe der Megalithbauwerke. Das Wort »Megalith« stammt aus dem Altgriechischen: »Mega…« bedeutet groß, »lithos« heißt Stein. Was unsere Archäologen als Megalithen bezeichnen, sind also nichts als große Steine. Und die gab es nicht nur zu alttestamentarischen Zeiten im Heiligen Land, sondern in vielen Gebieten Europas und Nordafrikas. Die meisten Megalithen sind heute allerdings nicht mehr erhalten, da von der christlichen Obrigkeit viele als heidnische Gedenkstätten geschleift wurden. Andere fielen dem Straßen- und Städtebau oder der landwirtschaftlichen Flächennutzung zum Opfer. Aber noch immer stehen Abertausende der gewaltigen alten Steinmale in einem weiten Bereich Europas von Griechenland bis in den Süden Skandinaviens. Auch längs der Mittelmeerküste Afrikas fehlen sie nicht, wobei es sich bei den Megalithen nicht immer nur um Grabstelen handeln musste. Neben den Steinsäulen gibt es zahlreiche andere Formen von Megalithen. Viele sehen aus wie riesige steinerne Tische und bestehen aus mehreren vertikalen Stützsteinen und einer mächtigen Deckplatte, die manchmal 50 Tonnen oder mehr wiegt. Der Fachmann nennt diese Konstruktionen Dolmen. Das ist ein altes bretonisches Wort für »Tisch aus Stein«.

Die Britischen Inseln sind allenthalben reich an Dolmen. Dieser hier – Lanyon Quoit – steht in Cornwall.

Im Gegensatz zu den Steinmalen der Menhire waren sie Grabkammern und als solche die frühesten Megalithgräber überhaupt. Später schloss sich an diese »Steintische« ein mehr oder weniger langer steinerner Gang an. Oft wurde die komplette Anlage dann mit Erde eingedeckt, sodass ein regelrechter künstlicher Grabhügel entstand. Im Laufe der Zeit wurden diese Dolmengräber immer komplexer. Die steinernen Zugänge wurden gelegentlich verzweigt angelegt und am Ende jedes Abzweigs lag eine eigene Grabkammer. Manchmal flankierten Dutzende solcher Nebengräber das Hauptgrab.

Uralte Gräber in künstlichen Hügeln

Schließlich entwickelten sich aus diesen erdummantelten Grabkammern sogenannte Tumuli oder Hügelgräber, die gigantische Ausmaße annehmen konnten. Zu den größten gehört die Anlage von Barnenez auf der bretonischen Halbinsel Kernéléhen. Der 6 bis 8 Meter hohe Grabhügel ist 20 bis 30 Meter breit und 75 Meter lang und enthält nicht weniger als elf einzelne Dolmengräber, die durch lange steinerne Gänge miteinander verbunden sind. Sehen lassen können sich auch der runde Tumulus von Tumlac en Arzon in der Bretagne mit seinen 55 Meter Durchmesser und 15 Meter Höhe, der Mont St. Michel bei Carnac mit 50 Meter Länge und 10 Meter Höhe und der Tumulus von Gavr'inis auf einer kleinen Insel bei Lamor Baden vor der bretonischen Westküste mit 60 Meter Durchmesser.

Noch weitaus größere Tumuli erheben sich als mächtige Erdpyramiden auf den Britischen Inseln. Das berühmte irische Hügelgrab von New Grange im Boynetal hat nicht weniger als 115 Meter Durchmesser. Das größte megalithische Bauwerk Europas überhaupt ist der künstliche Berg Silbury Hill bei Marlborough in England. Bei einer Höhe von 45 Meter bedeckt er eine Grundfläche von über 2 Hektar. Dieser gewaltige Tumulus ist mehr als 4700 Jahre alt und steckt voller Geheimnisse. Umstritten ist zum Beispiel, ob es sich dabei überhaupt um eine Bestattungsstätte handelt, denn bis zum heutigen Tage konnten die britischen Archäologen keine einzige Grabkammer in ihm aufspüren. Aber um in dieser Hinsicht Sicherheit zu erlangen, müsste man ihn wohl abtragen.

Formenvielfalt der Megalithen

Mit einfachen Dolmen, Ganggräbern und erdverkleideten Tumuli erschöpft sich die Formenwelt der Megalithen keineswegs. Die schon genannten Menhire entwickelten vor allem in Nordfrankreich und auf den Britischen Inseln eine Art Eigendynamik und wurden zugleich immer größer. Das kolossale Mal von

9,5 Meter hoch ragt der Menhir von Champ Dolent in der Normandie auf. Er ist eine der größten heute noch stehenden alten Steinsäulen.

Champ Dolent in der Normandie ragt 9,5 Meter senkrecht über dem Boden auf, wiegt mehr als 150 Tonnen und ist damit einer der größten heute noch stehenden Menhire. Zu den mächtigen Exemplaren gehört auch der Devil's Arrow (»Teufelspfeil«) bei Borough Bridge in der englischen Grafschaft Yorkshire. Manchmal stehen sie vereinzelt in der Landschaft, oft aber finden wir sie zu langen Reihen vereint, oder sie bilden Steinkreise oder eiförmige Gebilde. Die Letzteren bezeichnen die Wissenschaftler als Cromlechs (»krumme Steine«). Und schließlich gibt es noch zahlreiche Sonderformen, vor allem auf den Mittelmeerinseln.

Die Namen Dolmen, Menhir und Cromlech mögen geheimnisvoll klingen, die Geschichte dieser Bauten ist für die Forscher jedoch noch weit geheimnisvoller. Da ist zunächst einmal die Frage, wie man damals die mächtigen Steine transportierte und aufstellte. In Locmariaquer bei Carnac in der Bretagne liegt ein heute umgestürzter und zerbrochener Menhir, der mit 347 Tonnen 40 Tonnen mehr wiegt als ein vollbesetzter Jumbojet! Mit seinen 20,3 Metern Länge war er höher als ein sechsgeschossiges Haus. Woher ihn die Megalithbaumeister hatten, ist nicht völlig geklärt. Aber von der größten heute noch stehenden Steinsäule, dem über 150 Tonnen schweren Menhir von Kerloas bei Plouarzel in der Bretagne, wissen wir, dass unsere Vorfahren vor mehr als dreieinhalb Jahrtausenden den Stein mindestens

2,5 Kilometer weit transportierten, bevor sie ihn in die Senkrechte brachten. Noch imposanter war die Transportleistung im Zusammenhang mit dem berühmten südenglischen Steinzeittempel Stonehenge (s. S. 70 ff.). Seine bis zu 8 Meter hohen und 50 Tonnen schweren Felssäulen stammen aus einem fast 230 Kilometer von der Baustelle entfernten Steinbruch! Einen einzigen 50 Tonnen schweren Stein 230 Kilometer weit zu befördern, entspricht dem Transport von acht vollbesetzten Reisebussen – und das auf Feldwegen und ... ohne Räder! Wissenschaftler schätzen, dass allein beim Aufstellen eines dieser Tragsteine rund 800 kräftige Männer zugepackt haben müssen.

Aber die Transportfrage ist keineswegs das einzige Rätsel im Zusammenhang mit den großen Steinen. Bis heute ungeklärt ist auch die Frage, wie sich die Megalithkultur ausgebreitet hat. Wenn auch einzelne Wissenschaftler für sich in Anspruch nehmen, dieses Problem gelöst zu haben, gibt es doch noch keineswegs einen allgemeinen Konsens.

Wo haben die Megalithkulturen ihren Ursprung?

Die weite Verbreitung der Megalithen drängt die Frage auf, wo sie ihren Ursprung hatten. Außer in Kleinstaaten wie Liechtenstein und San Marino finden sich Megalithen in allen westeuropäischen Ländern, darüber hinaus auch in Afrika, Syrien, Palästina, am Nordufer des Schwarzen Meeres, auf der Arabischen Halbinsel und schließlich sogar in so fernöstlichen Ländern wie Tibet. Wo stand die Wiege dieser Kultur?

Die in den 1950er Jahren auf den Mittelmeerinseln gefundenen Megalithen erwiesen sich als viel jünger als andere europäische Megalithen. Als Nächstes suchte man die Urheimat der großen Steine im Süden der Iberischen Halbinsel. Zum einen gibt es dort noch heute eine große Fülle vor allem von Dolmen; zum anderen finden sich hier in erster Linie sehr frühe megalithische Bauwerke, nämlich einfache Steintische.

Eine größere Gruppe von Vorzeitforschern vertrat eine andere Meinung. Einer ihrer ersten Vertreter war Herbert Kühn, der in Band 2 seiner *Vorgeschichte der Menschheit* schrieb: »Die große Zahl der Megalithbauten auf den Inseln des Mittelmeers, auf den Balearen, auf Sardinien, Korsika, Malta, Gozo und in ganz Nordafrika deutet auf den Osten des Mittelmeers, auf eine Stelle, wo die beiden Hochkulturen, Ägypten und Mesopotamien, immer wieder um die Vorherrschaft kämpften – auf Syrien und Palästina. Der Gedanke, dass Alt-Palästina der Ausgangspunkt sein müsse, verstärkt sich, wenn man erwägt, dass Mesopotamien nicht ein einziges Megalithgrab aufzuweisen vermag.«

Kühn beschreibt, auf welchem Wege sich der Gedanke im Laufe vieler Jahrhunderte über Europa ausgebreitet haben könnte: »Das Erschließen von neuen Zinnvorkommen war für den Orient der tiefere Grund zur Kolonisation des Mittelmeers.« Laut Kühn strahlte die Megalithkultur auf dem Seeweg aus: »… an der Küste Nordafrikas entlang nach Spanien, Frankreich, England und Skandinavien. – Es fand keine Wanderung statt, sondern eine Kolonialisierung. – Da die Handelsniederlassungen an den Küsten lagen, finden sich die Steingräber stets in der Nähe des Meeres, nur selten drangen die Leute der Megalithkultur tiefer in das Land. – In Andalusien trifft man die meisten Steingräber Spaniens an. Der Grund ist verständlich, dieses Gebiet war der Anlegeplatz der Schiffe aus dem Osten und zugleich das reichste an Silber- und Kupfervorkommen in ganz Spanien.«

Eine Landbrücke mit Großsteinsetzungen verläuft von Südfrankreich nach Norden bis zur Kanalküste. War sie eine Abkürzung für den alten Handelsweg zur See, der den großen Umweg um die Iberische Halbinsel in Kauf nehmen musste? Die Vermutung passt gut in das Bild von der Kolonisation Europas durch die Megalithleute, ebenso wie die Tatsache, dass es in Carnac in Nordwestfrankreich Steinreihen gibt, die ganz jener von Gezer in Palästina entsprechen, oder dass sich in irischen Großsteingräbern ägyptische Perlen fanden.

Ausbreitung der Megalithkultur – Rätsel über Rätsel

Alles scheint sich widerspruchslos ineinander zu fügen. Kühn stellt überzeugend dar, dass die Funde ein eindrucksvolles Bild dieser ersten bedeutenden Kolonisation geben, räumt aber an anderer Stelle ein, dass zwar die meisten Fragen, die die Megalithkultur aufgibt, in den letzten Jahren und Jahrzehnten gelöst werden konnten, aber noch immer die Frage nach dem »Ursprung, dem Gebiet der Herkunft« offen bleibt.

Das war 1963. Inzwischen haben Kohlenstoff-14-Datierungen (s. S. 147) neues Licht auf die Megalithfrage geworfen – aber damit zugleich auch neue, tiefe Schatten. Würde die Kolonisationstheorie stimmen, müsste sich die Großsteinkultur nach und nach vom Mittelmeer über Portugal und Nordspanien nach Nordwestfrankreich und weiter zu den Britischen Inseln ausgebreitet haben. Doch die ältesten Ganggräber in der Bretagne (circa 3900 v. Chr.) erwiesen sich nach jüngeren Forschungsergebnissen der Britin Elizabeth Shee und anderer Wissenschaftler als wenigstens ein Dreivierteljahrtausend älter als jene aus Portugal, und die Megalithen Südspaniens und der Mittelmeerinseln sind ihrerseits jünger als die portugiesischen. Das aber deutet darauf hin, dass die Wiege der Großsteinkultur in der Bretagne gelegen haben müsste.

Auch viele Großsteingräber der Britischen Inseln sind wesentlich älter, als Kühn noch 1963 angenommen hatte, als er schrieb: »In Großbritannien fallen die Megalithbauten in die Bronzezeit« – also nach 1800 v. Chr. Inzwischen haben Kohlenstoff-14-Messungen ergeben, dass sie bis in die Mitte des 3. vorchristlichen Jahrtausends zurückreichen.

Der Ursprung der großen Steine liegt also auch heute noch im Dunkeln, und die Menschen, die diese Monumente in die Landschaft stellten, kennen wir nicht. Damit ist die Megalithforschung wieder um ein Rätsel reicher geworden, das beinahe schon gelöst schien.

Astronomische Observatorien auf den Britischen Inseln

In der südenglischen Grafschaft Wiltshire, unweit des Städtchens Salisbury, ragen gewaltige Steinsäulen aus der flachen Landschaft auf, mächtige Pfeiler, von denen die größten die Höhe dreigeschossiger Häuser haben und bis zu 50 Tonnen wiegen. Decksteine verbinden manche der riesigen Säulen zu kolossalen Toren. Andere Decksteine sind herabgestürzt, und ganz offensichtlich stehen auch nicht mehr alle Tragpfeiler, die einst zu der Anlage gehört haben müssen. Aber selbst die Ruinen des mächtigen Bauwerks sind von beeindruckender Größe. Monumental, erhaben, scheinbar zeitlos: Das ist Stonehenge.

Wer erbaute Stonehenge?

Verständlicherweise hat diese mächtige tempelartige Stätte das Interesse der Archäologen nicht erst in unseren Tagen auf sich gezogen. Schon um 1600 beauftragte der englische König James I. seinen Hofarchitekten Inigo Jones, die rätselhafte Megalithanlage zu untersuchen und ihr Alter festzustellen. Jones hielt Stonehenge für einen römischen Tempel. Er konnte sich nicht vorstellen, dass es eine Kultur lange vor den Römern gegeben haben konnte, die ein derart monumentales Bauwerk hätte erstellen können.

Rund ein halbes Jahrhundert später schickte König Charles II. den Altertumsforscher John Aubrey zu der Megalithstätte. Aubrey, der kurz zuvor die ebenfalls recht eindrucksvolle megalithische Steinkreisanlage von Avebury untersucht und beschrieben hatte, kam zu dem Schluss, Stonehenge müsse ein Druidenheiligtum gewesen sein. Unter Druiden verstand er die Priester der Kelten, die als zauberkundig galten, die Sterne deuten konnten und aus den Eingeweiden von Schlachttieren oder aus dem Vogelflug Naturereignisse vorhersagten. Sie bekleideten hohe Ämter als politische Berater und Richter. Aubrey kannte die Druiden aus den Werken römischer und griechischer Geschichtsschreiber wie Plinius, Diodor und Tacitus. Nachdem für ihn die Römer als Erbauer ausschieden, kamen nur noch die Druiden infrage.

Die Theorie, weise Keltenpriester hätten Stonehenge errichtet, vertrat noch Anfang des 19. Jahrhunderts der englische Forscher William Stukeley. Als Erster fragte er auch nach der Funktion der Anlage und entdeckte bei näherer Untersuchung 80 Meter vom Altarstein, einem Felsblock im Zentrum der konzentrischen Steinkreise, einen einzelnen großen Stein, den »Heelstein«. Stukeley stellte etwas Aufregendes fest: Visierte man vom Altarstein aus am frühen Morgen des Sommersonnenwendtages den Heelstein an, sah man direkt über ihm die Sonne aufgehen. Er hielt das für keinen Zufall, denn schließlich waren die Druiden für ihre Himmelsbeobachtungen bekannt.

Die Beobachtung bestärkte Stukeley in seinem Glauben, dass die Druiden Stonehenge errichtet haben müssten. Das kam auch dem Geist der Zeit entgegen, denn im 18. und 19. Jahrhundert schrieb man so gut wie alles, was unbestimmter Herkunft war oder auch nur irgendwie mysteriös erschien, den Kelten und ihren Priestern zu. So heißen noch viele Dolmen im Alpenraum, zum Beispiel jener auf einem kleinen Aussichtshügel oberhalb der Bobbahn von St. Moritz, im Volksmund Druidensteine.

Die Druiden waren es nicht

Erst als die Archäologen Ende des 19. Jahrhunderts herausfanden, dass durchaus nicht alle Überbleibsel aus vorrömischer Zeit keltischen Ursprungs sind, stellten sie die kulturellen Wurzeln von Stonehenge wieder infrage. Einer der Ersten unter ihnen war Norman Lockyer, der auch gleich auf ein Problem stieß: Haben die Erbauer von Stonehenge die Linie vom Altarstein zum Heelstein tatsächlich zum Anvisieren der Sonne benutzt, dann kann diese Peilung heute nur noch ungefähr richtig sein, denn die Bahn der Erde um die Sonne verändert sich im Laufe der Jahrhunderte und Jahrtausende ständig. Lockyer versuchte nun vor Ort, die Abweichung genau zu messen und aus ihr auf das Alter der Anlage zu schließen. Der Wissenschaftler ermittelte als Baujahr 1860 v. Chr. mit einem möglichen Fehler von plus/minus 200 Jahren.

33 Jahre nach Lockyer, also im Jahre 1935, wiederholte der Brite Herbert Stone die Messungen und Berechnungen und ermittelte 1840 v. Chr. als ungefähres Baudatum. Damit schieden die Kelten als Väter von Stonehenge aus, die Anlage musste vielmehr aus vorkeltischer Zeit stammen. Die Fachwelt wollte diese Befunde zunächst nicht akzeptieren, zumal Archäologen bis vor Kurzem Naturwissenschaftlern wie Astronomen und Mathematikern generell skeptisch gegenüberstanden.

Es gab aber auch ein Argument, das scheinbar gegen ein Alter von dreidreiviertel Jahrtausenden sprach. 1923 gelang es, die Herkunft der Megalithen festzustellen. Sie stammen aus einem Steinbruch in Pembrokeshire im südlichen Wales, der 230 Kilometer von Stonehenge entfernt ist. Wie sollten Steinzeitmenschen den Transport bewerkstelligt haben?

Stonehenge – ein prähistorisches Observatorium

Aber die Astronomen sollten recht behalten. Schon 1649 hatte Aubrey einen heute nach ihm benannten Kreis von 56 tiefen Löchern rund um die Tempelanlage entdeckt, die offenbar gleich nach ihrem Aushub mit Kalkstein und Holzkohle gefüllt worden waren. Mit der Kohlenstoff-14-Methode (s. S. 147) konnte nun das Alter der Anlage genauer datiert werden. Das Resultat war eine Sensation: 1847 v. Chr. mit einem möglichen Fehler von plus/minus 275 Jahren. Das war auf sieben Jahre genau dasselbe Ergebnis, das Stone astronomisch ermittelt hatte! Damit war entschieden, dass Stonehenge aus einer Zeit lange vor den himmelskundigen Druiden stammte. Wer waren die Menschen, die den mächtigen Tempel gebaut haben? Diese Frage ist bis heute nicht beantwortet.

Die neuen Erkenntnisse riefen einen US-amerikanischen Astronomen auf den Plan: Gerald S. Hawkins, der erstmals alle Steine der Anlage sorgsam vermaß und die sich daraus ergebenden möglichen Peillinien in einen Computer eingab. Er wollte berechnen, ob bestimmte Richtungen wesentlich häufiger auftreten, als es per Zufall zu erwarten wäre, und ob diesen Richtungen irgendwelche astronomische Bedeutungen zukommen. Hawkins fand tatsächlich eine Häufung heraus.

Um die Ergebnisse würdigen zu können, muss man wissen, was Astronomen unter Deklination verstehen. Zieht man eine gedachte Linie von einem Stern zum Erdmittelpunkt, dann ist die geografische Breite des Ortes, an dem diese Linie die Erdoberfläche durchdringt, die Deklination des Sterns. Jede durch zwei Steine festgelegte potenzielle Ortungslinie in Stonehenge ergibt zwei verschiedene Deklinationswerte, je nachdem, ob man von Stein A zu Stein B peilt oder umgekehrt.

Hawkins' Computer fand für Stonehenge die Deklinationen ± 29°, ± 24° und ± 19° als besonders häufige Zahlen heraus, wobei + 24° um das Jahr 1880 v. Chr. die Deklination der Sonne zur Zeit der Sommersonnenwende, – 24° zur Zeit der Wintersonnenwende war. Der Mond durchläuft auf seiner viel komplizierteren Bahn nicht nur zwei, sondern vier extreme Deklinationswerte. Um 1800 v. Chr. waren es + 29°, – 29°, + 19° und – 19°! War das ein Zufall? Schließlich lassen sich bei einer so großen Anzahl von Steinen, wie Stonehenge sie aufweist, alle möglichen mutmaßlichen Deklinationswerte finden. Aber: Die Deklinationen ± 29°, ± 24° und ± 19° treten in Stonehenge weit häufiger auf, als es bei einer zufälligen Anordnung gleich vieler Steine der Fall sein würde. Von einem Zufall kann keine Rede sein: Stonehenge ist mit einer Wahrscheinlichkeit von 1 000 000 zu 1 eine vorkeltische Anlage zur Sonnen- und Mondbeobachtung.

Schließlich fand Hawkins noch mehr über das alte Heiligtum heraus. Im Zentrum des sogenannten Sarsenkreises, jenes Zirkels aus mächtigen Stützsteinen, die oben eine Reihe von Deck-

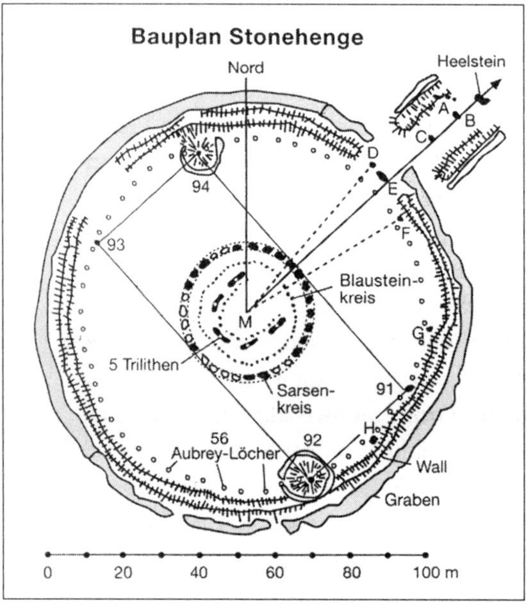

Der Bauplan von Stonehenge zeigt, wie komplex dieses astronomische Observatorium angelegt ist.

steinen verbindet, stehen fünf noch gewaltigere, die zyklopischen »Trilithen« oder »Dreisteine«, während außen die schon von Aubrey entdeckten 56 Löcher angeordnet sind. Was für eine Bewandtnis könnte es mit alledem haben?

Zuerst fand Hawkins die Bedeutung der Trilithen heraus. Visierte ein Priester aus dem mittleren Hof der Anlage so durch eines der inneren Tore, dass er zugleich durch ein bestimmtes Tor des Sarsenkreises hinaussah, hatte er, je nach Kombination von innerem und äußerem Tor, wiederum einen ganz bestimmten Himmelspunkt im Auge, der einer der schon bekannten Deklinationen (± 29°, ± 24°, ± 19°) entsprach.

Berechnung der Sonnen- und Mondfinsternisse

Eine schlüssige Erklärung für die Aubrey-Löcher fand Hawkins nicht, aber er entwickelte immerhin eine glaubwürdige Hypothese. Die Löcher können nicht als Peilpunkte gedient haben, daher nahm Hawkins an, dass die Vorzeitastronomen sie als Zählwerk benutzten. Er ging davon aus, dass sie in das 10., 19., 28., 38., 47. und 56. Loch jeweils einen Zählstab steckten. Die Abstände der Stäbe betrugen damit 9, 9, 10, 9, 9 und 10 Löcher. Jedes Jahr rückten die Beobachter alle Pfähle um je ein Loch weiter. Mit diesem Verfahren hätten sie auf einzelne Tage genau Sonnen- und Mondfinsternisse vorhersagen können. So war zum Beispiel immer dann, wenn ein Pfahl in dem Loch auf der Verbindungslinie zwischen Altar- und Heelstein stand, mit einer Sonnenfinsternis zur Zeit der Wintersonnenwende zu rechnen. Damit war der ungefähre Termin für eine Finsternis bekannt. Der genaue Tag ließ sich dann nach der Ansicht Hawkins' mit einem Merkstein oder Merkpfahl ermitteln, der vor einem der 30 Tore des Sarsenkreises stand und jeden Tag um ein Tor weitergerückt wurde.

Für viele Wissenschaftler klingt Hawkins' Theorie unwahrscheinlich. Wie konnte der Vorzeitmensch über ein so profundes astronomisches Wissen verfügen? Ihnen muss man entgegenhalten, dass unsere frühen Vorfahren durch ihre Lebensweise viel intensiver mit dem Geschehen am gestirnten Himmel verbunden waren als wir heutigen Menschen, die einen großen Teil des Lebens bei künstlichem Licht verbringen.

Vermessung der Steinkreise

Immerhin gilt Hawkins heute als der wohl wichtigste Begründer der Astroarchäologie. Beeinflusst durch seine Erkenntnisse, machte sich der schottische Astronom Alexander Thom daran, weitere Megalithanlagen seiner Heimat auf eine mögliche astronomische Bedeutung hin zu untersuchen. Schließlich gibt es auf den Britischen Inseln noch heute einzelne Menhire, Steinreihen und Tausende von Steinkreisen. Viele davon eignen sich allerdings nicht mehr für streng wissenschaftliche Untersuchungen, weil ihre Steine zum Teil umgefallen sind

Die gigantischen Tragsteine sind bis zu 50 Tonnen schwer.

und einige sogar später etwas versetzt wurden. Doch immerhin gelang es Thom, von rund 600 Steinsetzungen exakte Daten zu ermitteln, die er dann in einen Computer fütterte. Das Ergebnis bestätigte Thoms Vermutung, dass nicht nur Stonehenge ein astronomisches Observatorium war. Mit Sicherheit konnte er 58 Visurlinien zur Sonne und 23 zum Mond nachweisen. Weitere 50 Sonnen- und 15 Mondvisuren erwiesen sich als sehr wahrscheinlich, 10 Sonnen- und 4 Mondvisuren immerhin als möglich.

Doch das war nicht das einzige Resultat. Thoms Computer fand heraus, dass es neben diesen Ortungslinien eine ganze Reihe bevorzugter Richtungen gab, die weder für die Sonnen- noch für die Mondortung bestimmt gewesen sein können. Thom entdeckte, dass die Vorzeitastronomen auch die Bahnen heller Fixsterne am Himmel genauestens beobachtet haben müssen. Unter ihnen Kapella (12 sichere und 3 wahrscheinliche Visuren), Deneb (5 sichere und 2 wahrscheinliche Visuren) und Arkturus (3 sichere und 5 wahrscheinliche Visuren).

Dabei waren einzelne Steinkreisanlagen offensichtlich spezialisiert. Während die Kreise von Castle Rigg und Long Meg in den Bergen bei Keswick in der Grafschaft Cumberland beispielsweise Sonnen- und Mondbeobachtungsanlagen waren, gestatteten die Rollright Stones in Gloucester neben Sonnenortungen Visuren auf den Deneb, den hellsten Stern im Sternbild des Schwans. Auch die neben Stonehenge bedeutendste britische Steinsetzung, Avebury in der Grafschaft Wiltshire, erlaubte sehr wahrscheinlich Peilungen zum Deneb.

Ein vier Jahrtausende alter Sonnenkalender

Thom gelang auch der Nachweis, dass unsere Vorfahren vor fast 4000 Jahren einen äußerst exakten Sonnenkalender gehabt haben müssen. Ortungslinien, die bestimmten Daten des Sonnenjahres zugeordnet waren, weisen darauf hin, dass die

Erbauer der megalithischen Stätten das Jahr in 16 annähernd gleiche Teile teilten, in Monate von 23, 23, 24, 23, 23, 23, 23, 22, 22, 22, 22, 23, 23, 23, 23 und 23 Tagen. Das Jahr der Megalithbauer hatte also wie unseres 365 Tage, und auch den Schalttag in jedem vierten Jahr kannten sie bereits.

Sind auch die astroarchäologischen Fakten heute gesichert, so bleibt doch die große Frage offen, wer die Vorzeitastronomen waren, die über derart profundes Wissen verfügten, und welche Architekten die gewaltigen steinernen »Astrocomputer« zentimetergenau errichteten.

Gab es ein steinzeitliches Normenzentrum?

Ganz offensichtlich waren die Megalithbauer nicht nur hervorragende Astronomen. Sie besaßen auch gute Kenntnisse in Geometrie. Auch das konnte Professor Thom nachweisen. Er sagte sich, dass Menschen, die steinerne Observatorien höchster Präzision bauten, auch in der Lage gewesen sein müssen, Distanzen zwischen zwei Steinen, den Durchmesser eines Steinkreises oder die Entfernung zwischen zwei Steinkreisen einer Anlage genau zu messen. Das setzte die Existenz exakter Maßstäbe voraus, vielleicht sogar eines Einheitslängenmaßes. Wenn es aber ein solches gegeben hat, dann musste sich auch herausfinden lassen, wie groß es war. Wieder vermaß Thom Hunderte von Steinsetzungen und entwickelte dazu mathematische Methoden, die ihm beim Erfassen auch solcher Steinsetzungen halfen, von denen einzelne Steine umgefallen oder etwa durch wachsende Bäume verschoben worden waren oder von denen überhaupt nur noch wenige Steine existierten.

Nach vielen Jahren Arbeit fand Thom in der Tat ein für alle Anlagen einheitliches Grundmaß von genau 82,9 Zentimetern. Die Abweichungen innerhalb Großbritanniens betrugen nur wenige Millimeter. Thom nannte dieses Grundmaß *megalithic yard*. Das Wort »yard« bedeutet ursprünglich »Holzstab« oder »Stock«. In dieser Form mögen unsere Steinzeitvorfahren das

Maß wirklich verwendet haben. Interessanterweise steht auch das Wort für das alte französische Maß »verge« für »Holzstab« oder »Stock«. Das spanische Wort »vara« hat sehr wahrscheinlich dieselbe Wurzel. »Vara« war ein uraltes Maß im ganzen spanischen Kulturkreis, das später die Conquistadores sogar in die Neue Welt mitnahmen. Der Durchschnitt lag bei 84,0 Zentimetern, was nur um 11 Millimeter vom megalithischen Yard abweicht! Hier hat sich offenbar ein Maß aus der Steinzeit über Jahrtausende hinweg fast unverändert bis weit in geschichtliche Zeiten hinein erhalten.

Das alte exakte Grundmaß der Britischen Inseln von 82,9 Zentimetern verbreitete sich schon in der Steinzeit auch über das europäische Festland, wie der deutsche Astronom Rolf Müller herausfand. Die große Odry-Steinkreisanlage in der Tucheler Heide im ehemaligen Westpreußen ist nach einem Grundmaß von 82,7 Zentimetern errichtet, das nur 2 Millimeter von dem von Thom gefundenen abweicht! Bei diesen Übereinstimmungen drängt sich die Frage auf, ob es irgendwo im steinzeitlichen Europa vor fast vier Jahrtausenden so etwas wie ein zentrales »Eichamt« gegeben hat, das hölzerne Maßstäbe in die verschiedensten Teile des Kontinents lieferte. Hätte nämlich jeder Ort das Maß vom Nachbardorf übernommen, wären die Längenabweichungen mit Sicherheit weitaus größer gewesen.

Die Steinzeitmenschen als Vorläufer von Pythagoras

Bei den megalithischen Kreisen, die Thom untersuchte, war der Durchmesser fast immer ein ganzzahliges Vielfaches des megalithischen Yard (MY). So gibt es Steinzirkel mit 4, 7, 8, 11, 12, 15 usw. bis hinauf zu 105, 125 und 137 MY Durchmesser. Bei genau diesen Zahlenwerten ergab die Geometrie stets Kreise, bei denen sich die Länge des Umfangs annähernd genau durch 2,5 MY teilen ließ. Das schien unseren Vorfahren bei der Konstruktion sehr wichtig zu sein; denn immer, wenn sie einen Durchmesser wählten, der nicht zu diesem Ergebnis führte, etwa 5, 6, 9, 10, 13, 14 usw. MY, vergrößerten sie den Kreis ein wenig, sodass sich ein Kompromiss zwischen einem fast ganzzahligen Durchmesser und einem Umfang ergab, der wiederum ein Vielfaches von 2,5 MY war.

Viele der prähistorischen »Steinkreise« waren aber gar keine Kreise, sondern Ellipsen oder eiförmige Gebilde, die sich in ganz verschiedene Formgruppen einteilen lassen. In jahrelanger Arbeit gelang es Thom, die Konstruktionsweise dieser Formen zu enträtseln. Sie verrät großes geometrisches Können. So fallen bei der Konstruktion der »Eier« immer wieder rechtwinklige Dreiecke mit den Seitenlängen 3, 4 und 5 MY auf, also »pythagoreische Dreiecke«.

Die rätselhaften Hyperboräer

In diesem Zusammenhang findet sich Interessantes in der *Historischen Bibliothek* des griechischen Geschichtsschreibers Diodorus aus Agyrion auf Sizilien, einem Zeitgenossen Cäsars. Er berichtet von einer großen Insel nördlich Frankreichs, dem Reich der rätselhaften Hyperboräer, und beschreibt einen großen Rundtempel, der dort lag: »Gesagt wird auch, dass der Gott alle 19 Jahre die Insel besucht, in welcher Zeit sich die Ausgangsstellungen der Sterne wiederherstellen, weswegen der Zeitraum von 19 Jahren Metons Jahr genannt wird.« Damit schildert Diodor die himmelskundlichen Messungen in Stonehenge, wo mit den 56 Aubrey-Löchern gerade drei solcher Zyklen von genau 18,61 Jahren erfasst sind. Diodor benennt den Zeitraum von rund 19 Jahren zu Ehren des griechischen Astronomen Meton, der um 403 v. Chr. lebte, schmückt also einen Landsmann mit Federn, die diesem nicht gebühren. In seiner *Historischen Bibliothek* hebt er allerdings auch die mathematischen Fähigkeiten der Hyperboräer hervor und sagt, dass Gelehrte dieses Volkes den Griechen ihr Wissen vermittelt hätten. Wer waren diese Vorzeitgelehrten? Wir werden es wohl nie erfahren.

Krummstäbe und andere rätselhafte Ornamente

Die Einteilung der Vorzeit in Steinzeit, Bronze- und Eisenzeit beruht auf dem Material, aus dem unsere Vorfahren ihre Werkzeuge fertigten. Die Übergänge zwischen Stein- und Bronzezeit und zwischen Bronze- und Eisenzeit lassen sich nicht genau datieren. Das liegt schon daran, dass die Metalle nicht überall in Europa zur gleichen Zeit in Gebrauch kamen. Und selbst heute gibt es in abgeschiedenen Regionen der Erde noch einige Steinzeitgesellschaften.

Eines aber steht fest: Die Megalithbauwerke der Britischen Inseln, der Bretagne und der Iberischen Halbinsel stammen samt und sonders aus der Steinzeit. In keinem einzigen der gewaltigen Ganggräber Englands, Schottlands oder Irlands fanden sich Metallgegenstände unter den ursprünglichen Bestattungsbeigaben, die den Verstorbenen auf dem Weg ins Jenseits begleiten sollten.

Megalithen mit Ornamentschmuck

Die Trag- und Decksteine sind nicht selten über und über mit tief eingeritzten Ornamenten geschmückt. Diese Arbeit allein mit Feuersteinen auszuführen, muss, zumal bei den häufig sehr harten Granitsteinen, ungeheure Geduld erfordert haben.

Oft sind es Zickzacklinien, Rauten und Spiralen, manchmal auch sonnen- oder blumenartige Symbole, Kreise oder ganz einfach parallele Linien, die die Pfeiler und Deckplatten der Megalithbauten zieren. Dabei hat fast jedes Grab seinen eigenen Stil.

In manchen Regionen sind diese tiefen Gravuren besonders reichhaltig, zum Beispiel in den Ganggräbern Ostirlands zwischen Dublin und dem Flüsschen Boyne. Im Boynetal selbst liegen das berühmte Tumulusgrab New Grange und die Megalithanlage Knowth, rund 25 Kilometer weiter südöstlich liegt Fourknocks.

In England gibt es nicht weniger als 55 Ganggräber mit tiefen Gravierungen. Die bedeutendsten, Dod-Law, Old-Bewick und Roughting Linn, liegen in der Grafschaft Northumberland. Hier zieren vor allem tief eingepunzte Näpfchen, umgeben von konzentrischen Kreisen, die Steine – Motive, die sich auch auf zahlreichen steinzeitlichen Bildfelsen Europas wiederfinden (s. S. 116).

Das berühmteste gravierte Ganggrab Schottlands ist Achnabreck. Aber vielleicht am interessantesten ist eine ungewöhnliche Entdeckung, die schottische Archäologen 1860 in einem Grab bei Towie in der Grafschaft Aberdeenshire machten. Sie fanden gut tennisballgroße Steinkugeln, die über und über mit eingravierten endlosen Spiralen, Winkeln, Schlangenlinien und konzentrischen Kreisen verziert sind. Die Oberflächen dieser Kugeln gliedern sich in vier einzelne Kreise, die wie Knöpfe aus den Bällen herausgearbeitet sind.

Was bedeuten die merkwürdigen Ornamente an den Wänden der großen Gräber, auf den rätselhaften Steinbällen von Towie und auf anderen kleinen Gebilden aus Stein, die der Form nach keine Gebrauchsgegenstände gewesen sein können?

Wissenschaftler denken an Magie

Viele Wissenschaftler neigen dazu, alles, was uns heute unbegreiflich und ohne praktischen Sinn und Zweck erscheint, dem Bereich des Mythos, der Magie oder der Religion zuzuschreiben, und halten deshalb auch die steinzeitlichen Gravuren für religiös motivierte kultische Symbole, etwa für Insignien irgendwelcher Gottheiten. Dafür spricht auch, dass sich die Steinzeitkünstler so große Mühe mit der Ausgestaltung dieser Gravierungen machten. Zeit und Geduld investieren die Menschen in der Regel nur in Lebensnotwendiges – oder in Kultisches. Lebensnotwendig waren die Ornamente aber sicher nicht, zumal sie sich zum größten Teil an Grabanlagen befinden.

Doch gibt es auch Vorzeitforscher, die die Frage nach der Bedeutung der Gravuren anders zu beantworten versuchen, unter ihnen der schon erwähnte schottische Astronom und Archäologe Alexander Thom, vor allem aber der deutsche Astroarchäologe Rolf Müller. Beide vermuten himmelskundliche Notierungen in vielen der Gravierungen. Geht man davon aus, dass die Megalithbauer noch keine Schrift kannten, liegt die Vermutung nahe, dass sie Aufzeichnungen mit geometrischen Zeichen hinterlassen haben könnten.

Gravierungen mit astronomischer Bedeutung?

Während Professor Thom astronomische Signaturen vermutete, aber keinen Ansatz für deren Entschlüsselung fand, machte sich Professor Müller daran, die Bedeutung mancher dieser Gravierungen herauszufinden. Er ging dabei in erster Linie von den Zeichen in einem Megalithgrab bei Locmariaquer in der Nähe von Carnac in der Bretagne aus. Dieser »Tisch der Kaufleute« genannte gewaltige Dolmen hat eindeutig eine astronomische Ausrichtung: Sein Gang weist auf den Aufgangspunkt der Mitsommersonne hin. In der großen steinernen Grabkammer trägt neben anderen ein gewaltiger, flacher Wandstein die riesige Deckplatte, der über und über mit eingravierten Zeichen bedeckt ist, die aussehen wie Krummstäbe, wie große Spazierstöcke mit einem rundgebogenen Griff am oberen Ende. Sie sind nicht willkürlich angeordnet, sondern in zwei senkrechten Spalten zu je vier Zeilen, wobei die linke Spalte 29, die rechte 27 Stäbe erkennen lässt. Zusammen sind es 56, was bedeutsam ist, weil diese Zahl dem rund Dreifachen der Mondwanderung von einem zum anderen der Extreme entspricht, die mit den Mondwenden zusammenhängen und im Kapitel über die Himmelsscheibe von Nebra (s. S. 267) erklärt werden. Wie wir schon gesehen haben, spielt die Zahl 56 auch in Stonehenge eine wichtige Rolle, denn der äußere Kreis mit den sogenannten Aubrey-Löchern ist in 56 Abschnitte unterteilt. Aber auch die Zahlen 29 und 27 der beiden

Krummstabgruppen haben einen auffälligen Bezug zum Mond. Rund 29 Tage vergehen von Vollmond zu Vollmond, eine Periode, die heute Lunation oder synodischer Monat genannt wird. In 27 Tagen, dem siderischen Monat, kehrt der Mond hingegen zum gleichen Ort am Himmel zurück. Dazu Müller: »Diese Zahlenbetrachtung brachte mich darauf, dass es sich bei dem Tragstein des Grabes wohl um eine Mondtafel handeln müsse. Der Gedanke findet weitere Bestätigung, wenn man die kleinen Halbbögen an der linken Seite (des Steins) auszählt. Es sind 19. Auch eine beachtenswerte Zahl, denn in rund 19 Jahren wandert der Mond von einem Extrem zum anderen.«

Die »Krummstäbe« des Dolmens Table des marchands in der Bretagne halten Astroarchäologen für Zählmarken eines Mondkalenders.

Die Mehrzahl der Formen bleibt unerklärt

Wahrscheinlich hat Müller mit seinen Vermutungen recht, genauso gut aber könnten die steinzeitlichen Megalithbauer auch etwas ganz anderes im Sinn gehabt haben, oder die Anzahl der Krummstäbe betrug nur rein zufällig 29 + 27 = 56, weil gerade so viele dekorativ auf die Steinplatte passten. Auch kam der Astroarchäologe mit seinen Deutungsversuchen nicht weit über den »Tisch der Kaufleute« hinaus. Was bedeuten die ganz andersartigen Ornamente von den Britischen Inseln und was hat es mit den über und über kunstvoll gravierten Steinen des Hügelgrabs

Häufig unter den Symbolen der Megalithbauer finden sich Doppel- oder Dreifachspiralen wie hier am mächtigen Ganggrab New Grange in der ostirischen Grafschaft Meath.

von Gavr'inis bei Lamor Baden in der südlichen Bretagne auf sich? Die jeweils dreifachen Doppelspiralen, die wir in manchen irischen Ganggräbern finden, dürften wohl kaum eine astronomische Bedeutung gehabt haben. Sie finden sich motivlich im späteren keltischen Triskel wieder, jenem uralten Symbol, das viel mehr mit einem göttlichen Dreigestirn als mit einem astronomischen zu tun hat. Und wie kommt es, dass sich manche Ornamente, zum Beispiel die endlose Doppelspirale aus Schottland, in beinahe genau der gleichen Form im rund 500 Kilometer fernen Ostirland und schließlich sogar auf den Kanarischen Inseln wiederfindet?

Manche Wissenschaftler versteigen sich angesichts solcher Fragen zu der rein spekulativen Vermutung, dass sich derartige Muster über so große Entfernungen ausbreiten konnten, weil unsere Vorfahren sie zugleich als Tätowierungen auf ihren Körpern trugen, ähnlich den Ornamenten, mit denen sich heute noch manche auf einer steinzeitlichen Kulturstufe lebende Eingeborenenstämme schmücken.

Fragen über Fragen. Noch haben die Gravierungen auf den großen Steinen ihren wahren Sinn nicht preisgegeben. Werden wir ihn jemals enträtseln oder wird er für immer das unergründliche Geheimnis der alten Gräber bleiben?

Lochsteine und Fruchtbarkeitszauber

Neben den Gravierungen gibt es aber auch noch andere Bearbeitungen der Megalithen durch die Steinzeitmenschen. Besonders auffällig sind dabei die Lochsteine, die sich hier und da auf den Britischen Inseln finden. Bei ihnen fällt es nicht allzu schwer, die ursprüngliche Bedeutung zu erfahren, denn noch bis zum Anfang des 20. Jahrhunderts haben sich in ländlichen Gegenden jahrtausendealte Bräuche erhalten, die mit diesen Steinen eng verknüpft waren. So galt der Mên-an-Tol oder Crick-Stein bei Morvah in Cornwall als Heilstein für rachitische Kinder. Die einheimischen Bauern glaubten, dass die Kleinen von ihrem Leiden befreit würden, wenn sie durch das Loch im Stein schlüpften. Ihre Begründung war, dass der Stein Erdströme in sich sammle und diese wie in einem Brennpunkt in der Mitte des Loches zusammenführe.

Mehrere gut erhaltene Lochsteine finden sich in Cornwall, wie Mên-an-Tol bei Morvah.

Auch dem Holestone, einem Lochstein bei Doagh in der nordirischen Grafschaft Antrim, sagte die ländliche Bevölkerung noch vor knapp hundert Jahren geheime Kräfte nach: Junge Paare, die sich nach der Trauung durch das Loch in diesem Stein die Hand reichen, können damit ihre Bindung festigen und dürfen auf eine glückliche Ehe mit gesunden Kindern hoffen. Hier spielt auch ein alter Fruchtbarkeitszauber mit hinein, wie er sich an verschiedenen Kultplätzen des steinzeitlichen und auch noch bronzezeitlichen Europa nachweisen ließ.

Eine einheitliche Megalithkultur gab es nicht

Was die Erforschung der Gravierungen und anderen Bearbeitungen an den Megalithen erschwert oder oft fast unmöglich macht, ist die Tatsache, dass es so etwas wie eine einheitliche Megalithkultur gar nicht gab. Gewiss, die Megalithidee breitete sich über ganz Europa und Nordafrika aus, aber das bedeutet nicht, dass der gesamte geografische Riesenraum von einem einheitlichen Volk mit einheitlichen kulturellen Merkmalen bewohnt war. Nicht einmal von einer einheitlichen Religion lässt sich mit Sicherheit ausgehen. Es ist nicht anders, als würden zukünftige Archäologen in einigen Jahrtausenden die Überreste der Wolkenkratzer unserer Zeit in den USA, Frankfurt am Main, den Arabischen Emiraten und Südostasien miteinander vergleichen und dabei von einer Hochhauskultur sprechen. Würden sie den Schluss ziehen, New York, Dubai, Hongkong und Kualalumpur seien somit kulturell gleich orientiert gewesen, wäre das ein grober Fehler. Wanddekorationen mit Börsenemblemen hier, ornamentale Koransuren dort und Buddhadarstellungen an dritter Stelle lassen sich nicht sinnvoll miteinander vergleichen. Wer weiß, vielleicht sind auch die bretonischen Krummstäbe etwas völlig anderes als die irischen Spiralen oder die konzentrischen Kreise in Schottland? Und wie der eine Lochstein kranke Kinder heilen soll, so gewährt der andere auf magische Weise eheliches Glück. Selbst was äußerlich ähnlich aussieht, muss nicht immer dieselbe Bedeutung haben; vor allem nicht in einer schamanisch-magisch denkenden und empfindenden Gesellschaft. Hier stößt die archäologische Forschung auf grundsätzliche Grenzen und bleibt weitgehend auf Mutmaßungen angewiesen.

Verspätete Megalithen im Senegal

1975 war ich sieben Monate lang nonstop in Sachen Prähistorie unterwegs. Mit einem Wohnmobil reiste ich vom Nordkap bis Sizilien, von Portugal bis Karelien, von den Orkneyinseln bis auf den Balkan und von Tunis quer durch die Nordsahara bis ins westliche Marokko. Auch vielen Mittelmeerinseln stattete ich dabei Visiten ab. Ich besuchte Hunderte von prähistorischen Kulturstätten: altsteinzeitliche Bilderhöhlen, Felsbildergalerien, Megalithbauten, stein- und bronzezeitliche Siedlungen und manches mehr. Dabei lernte ich an Universitäten und Forschungsinstituten zahlreiche Experten kennen und hatte Gelegenheit, mich mit ihnen auszutauschen. So gewann ich unter anderem ein umfassendes Bild vom Szenario der Megalithkultur in Europa und Nordafrika und glaubte damals, einen ziemlichen kompletten Überblick über dieses faszinierende prähistorische Phänomen erworben zu haben.

Doch ein halbes Jahr später musste ich diese Meinung revidieren. Ich folgte damals einer Einladung des senegalesischen Forschungsministers zu einer Konferenz vorwiegend französischer Physiker nach Dakar. Während eines Abendessens kam ich mit einem Professor aus Paris privat ins Gespräch, und mir wurde dabei rasch klar, dass dieser ein ausgezeichneter Afrikakenner war und viele Länder des Schwarzen Kontinents gründlich bereist hatte. Für mich bot sich damit eine einzigartige Informationsquelle. Weil ich zahlreiche Megalithanlagen im westlichen Marokko und der Westsahara kannte, fragte ich ihn, ob er von Megalithen auch im südlich angrenzenden Mauretanien wisse. Der mit mir befreundete österreichische Professor Herbert Novak, ein guter Kenner der Vorgeschichte der Kanarischen Inseln und der Westsahara, hatte mir einmal gesagt, dass er in Mauretanien Megalithen vermute, das Land aber wegen politischer Unruhen seinerzeit nicht bereisen konnte. Der Franzose konnte mir in diesem Punkt auch nicht weiterhelfen, fragte mich aber zu meiner Überraschung, ob ich denn die Megalithen im Senegal kenne. Ich hatte niemals etwas davon gehört und hier auch keine Bauwerke dieser Art vermutet. Natürlich dachte ich sofort an den wüstenartigen Norden des Landes, der ja direkt an Mauretanien grenzt. Aber der Physiker konterte: »Nein, Ihre Vermutungen sind falsch. Die senegalesischen Megalithen liegen viel weiter südlich, im Sine-Saloum.« Genau beschrieb er mir, wie ich sie finden könne.

Sine-Saloum – Land zwischen Steppe und Tropenurwald

Der Sine-Saloum ist ein landschaftliches Übergangsgebiet. Noch zeigt sich hier und da deutlich der Steppencharakter des Nordens, doch der Busch dominiert, und manche feuchten Stellen lassen schon den nahen Urwald des benachbarten Gambia und der südsenegalesischen Casamance ahnen. Regenfälle sind hier noch relativ selten und deshalb sind die Pisten im Busch meist recht gut zu befahren.

Zwei Tage später miete ich einen hochbeinigen Peugeot 304 und mache mich auf den Weg. Zuvor wollte ich mich noch im senegalesischen Nationalmuseum in Dakar über die Megalithbauwerke in der Sine-Saloum-Region erkundigen, doch niemand konnte mir darüber Auskunft geben.

Das Eingeborenenstädtchen Nioro du Rip, nur 30 Kilometer von der Nordgrenze Gambias entfernt, lässt sich auf guter Asphaltstraße rasch erreichen. 17 Kilometer weiter südlich quert die Straße das meist weitgehend ausgetrocknete Bett des großen Bao Bôlon, des großen Bao-Flusses. Nicht wesentlich weiter erreicht sie den kleinen Bao Bôlon. Noch vor dessen breitem Flussbett zweigt von der asphaltierten Transgambienne nach Osten eine anfangs gute Piste ab. Schon nach zwei Kilometern erreiche ich das erste typische Buschdorf: Katim Diama. Hirsestampfende schwarze Mädchen unterbrechen angesichts meines Wagens ihre Arbeit und winken. Im Gegensatz zu den meisten anderen Ortschaft lässt sich in Katim Diama die weiterführende Piste unschwer finden.

Steinkreise aus schwarzem Laterit

Der nächste Ort ist das fünf Kilometer entfernte Keur Bamba. 50 Meter von der Siedlung entfernt sehe ich links auf einem freien Feld tatsächlich einen ersten isolierten Steinkreis. Er unterscheidet sich deutlich von den europäischen und nordafrikanischen Megalithanlagen, denn die Steine sind sorgfältig behauene fast schwarze Säulen mit abgerundet quadratischem Querschnitt. Laterit nennt der Geologe das harte, eisenhaltige Gestein, aus dem sie bestehen. Ich habe gerade genug Zeit, um ein Foto zu schießen, als mich auch schon die einheimische Dorfjugend entdeckt und binnen Sekunden die Szene beherrscht. Sie sieht nicht ein, warum ich die alten Steine und nicht lieber sie auf den Film bannen will, was ich dann auch ausführlich nachhole. Die Kinder und Jugendlichen sprechen Wolof. Französisch versteht hier im Busch niemand. Nur mit den Händen kann ich mich verständigen, gewinne aber trotzdem rasch Freunde, mit denen ich überraschend gut kommunizieren kann. Zwei Stunden später nehme ich Abschied; mit Gewalt, denn die lieben Kleinen wollen mich nicht fortlassen, wollen alle zugleich in meinen Peugeot einsteigen oder ihn zumindest festhalten. Zwei Jugendliche nehme ich wirklich mit, als unentbehrliche Lotsen für die noch bevorstehende Pisten- und Geländefahrt.

Die größte Megalithstätte des gesamten Senegal liegt bei dem kleinen Buschdorf Dialloumbéré.

Drei Kilometer weiter erreichten wir Payoma, ein ungewöhnliches Dorf, das die Eingeborenen genau auf einer zerstörten Megalithstätte errichtet haben. Die alten behauenen Steine finden sich heute als Bänke, Türumrahmungen und anderes mehr wieder.

Nach noch einmal vier Kilometern staubiger Pistenfahrt taucht Sine-Ngayenne aus dem Busch auf und mit ihm die größte Megalithstätte im Senegal: Dialloumbéré. Über 900 stehende Steine bilden 54 Kreise, die meisten mit einer durchgehenden Menhirreihe verbunden. Im Zentrum der Anlage liegen zwei konzentrische Steinkreise. Der äußere Kreis besteht aus 18 großen Monolithen mit quadratischem Querschnitt, der innere aus 16 kleineren zylindrischen Steinen. Ein alter Mann sagt mir in schlechtem Französisch, dass die Eingeborenen den Doppelkreis »Königsgrab« nennen. Nicht weit davon entfernt steht das sehr ähnliche »Grab der Königinmutter«.

Gruben mit Schädeln und Gebeinen

Grabstätten waren die alten Steinkreise in der Tat. Zwei der Zirkel umfassen zylindrische Gruben, die schon jemand freigelegt hatte und die zur Zeit meines Besuchs sorgsam mit Baumstämmen und Zweigwerk abgedeckt waren. Vielleicht suchten hier Grabräuber nach Beigaben, die die Angehörigen ihren Verstorbenen auf die letzte Reise mitgegeben hatten. Im Dämmerlicht der tiefen runden Löcher entdecke ich eine größere Anzahl menschlicher Schädel, daneben verstreut Rippen, Schenkelknochen und andere menschliche Gebeine.

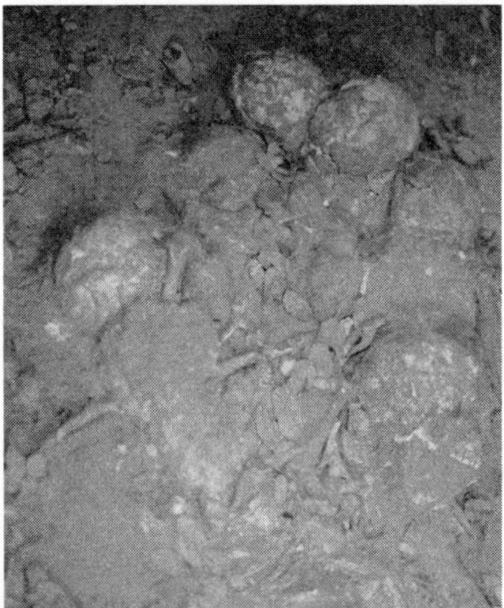

Schädelgräber gehörten zur Bestattungskultur der Megalithzeit in Sine-Saloum.

Ab Sine-Ngayenne wird die Piste schlechter, nach einigen Hundert Metern endet sie völlig. Meine Lotsen ermutigen mich dennoch zur Weiterfahrt. Der Pkw bahnt sich seinen Weg durch hohes Gras, dann durch dichtes Gestrüpp und knackt dabei erstaunlich leicht Dutzende bis zu armdicke Stängel und Stämmchen, wenn auch nicht ohne Reifenpanne. Gut zwei Kilometer geht es weglos durch den Busch, dann liegt Winde Walo vor uns: einige teilweise stark überwucherte Steinkreise und ein paar aus Steinen aufgeschichtete Tumuli, versteckt in der üppigen Vegetation.

Menhire – aus dem gewachsenen Fels gehauen

Ich wollte wissen, woher die Monolithen stammen, denn das Land ist topfeben und der staubig-sandige Boden wirkt alles andere als felsig. Meine beiden jungen schwarzen Führer schienen die Frage zu verstehen und lotsten mich auf dem Rückweg nach Sine-Ngayenne erneut seitlich ins Gebüsch. Unvermittelt standen wir vor großen »Felsausbissen«, flachen steinernen Tafeln, die sich vollkommen dem ebenen Gelände anpassten. Einer meiner Begleiter führte mich zu länglichen Vertiefungen in dem harten Lateritgestein, künstlichen Höhlungen, groß genug, um zum Beispiel ein etwa zwölfjähriges Kind hineinzulegen. Hier seien die Menhire herausgearbeitet worden. In der Tat lag neben einer dieser Vertiefungen eine offensichtlich aus ihr herausgehauene Steinsäule. Sie war bei der Arbeit zerbrochen und blieb wohl einfach an Ort und Stelle liegen.

Wenige Meter daneben überraschten mich flache, runde Näpfchen im Fels, sauber gearbeitet und so groß, wie ich sie noch an keiner prähistorischen Fundstelle gesehen habe. Dutzende dieser kreisrunden schalenförmigen Vertiefungen von etwa 40 Zentimeter Durchmesser bestimmen das Bild.

Verbindungen zur Westsahara?

Was kann man daraus schließen? Die Megalithkultur war eine Steinzeitkultur und die senegalesischen Megalithbauer müssen wohl mit ihrer Tradition an jene in der Westsahara angeknüpft haben. Dabei dachte ich an eine Steinkreisanlage, die 1976 wissenschaftlich untersucht wurde und sich in einem abgelegenen Gebiet im westlichen Marokko, rund fünf Kilometer von dem Oasendorf Tnine-de-Sidi-el-Yemeni entfernt befindet und Mzorah heißt (s. S. 97 ff.). Sie stammt aus der Zeit zwischen 2100 und 1500 v. Chr. Wenn also die senegalesischen Megalithen kulturell aus jenen in Marokko hervorgegangen sein sollten, dann müssten sie in etwa gleich alt sein wie diese.

Wie alt sind die senegalesischen Megalithen?

Einige Monate später schickte mir ein Historiker aus Dakar eine schmale Schrift zu diesem Thema in französischer Sprache. Darin hieß es, dass die Megalithen der Sine-Saloum-Region bis vor Kurzem als rund 3000 Jahre alt angesehen wurden, dass aber eine erste Kohlenstoff-14-Analyse (s. S. 147) nun überraschenderweise ein weitaus geringeres Alter ergeben hätte. Danach stammen sie aus der Zeit um 750 n. Chr. (plus/minus 110 Jahre). Dieser Schrift entnahm ich zudem, dass auch in anderen Gebieten des südlichen Senegal und Gambias prähistorische Megalithen stehen, am häufigsten, außer am Bao-Flusslauf, an den Flüssen Salum und Niammaro. Fast immer sind es Kreise und Steinreihen. In Gambia finden sich gelegentlich auch isoliert stehende Menhire. Meistens sind die Steine aus Laterit zylindrisch bearbeitet. Manche tragen an der oberen Stirnfläche einen zusätzlichen kleinen flachen Zylinder oder eine kleine Halbkugel. Andere sind als Doppelsteine gearbeitet, als zwei nebeneinander auf einer gemeinsamen engeren Basis stehende zylindrische Säulen. Außer Schädel- und Knochenbeisetzungen finden sich in manchen Megalithgräbern Überreste von Feuerbestattungen. Grabbeigaben waren Töpfereiwaren, eiserne Speerspitzen, Kupferarmreife und gelegentlich Perlen aus Quarz. Die gefundenen Tongefäße sind fast immer einfach und nicht verziert. Einige sind poliert und rot.

Auch heute, ziemlich genau drei Jahrzehnte später, ist die Erforschung der senegalesischen Megalithen kaum vorangekommen, wenn man einmal von einer inzwischen erfolgten gründlichen Bestandsaufnahme absieht. Präzisiert wurde durch zusätzliche Kohlenstoff-14-Analysen lediglich das Alter. Heute geht die Wissenschaft davon aus, dass die Steinkreise und Tumuli etwas älter sind als nach der ersten Messung angenommen. Man ist sich darüber ziemlich einig, dass sie aus dem 7. Jahrhundert n. Chr. stammen, was aber eine Fülle von Fragen aufwirft, die sich derzeit nicht beantworten lassen. Zwischen den marokkanischen Megalithen und jenen im Senegal liegt eine Zeitspanne von weit über zwei Jahrtausenden. Wie konnten die Letzteren von den Ersteren kulturell abstammen? Irgendwelche Übergangsformen finden sich nirgends. Generell geht man heute davon aus, dass die eigentliche Megalithära in Kontinentaleuropa um 2000 v. Chr. zu Ende ging, auf den Britischen Inseln um 1500 v. Chr. und auf Korsika und Sardinien zu Beginn des 1. vorchristlichen Jahrtausends. Wie konnte um 700 n. Chr. in einem Land, das zuvor keine Großsteinbauten kannte, dieses kulturelle Konzept unvermittelt wieder aufflammen und dabei erstaunliche Übereinstimmungen mit den viel älteren Megalithen aufweisen?

Wer waren die Megalithenbaumeister des Sine-Saloum?

Allem Anschein nach entstanden auch die senegalesischen Steinkreise in einer reinen Steinzeitgesellschaft. Dass sich unter den Grabbeigaben auch Metallobjekte, etwa Pfeilspitzen aus Eisen oder Kupferarmreifen, befinden, spricht nicht dagegen. Im 8. Jahrhundert benutzten die meisten Kulturkreise natürlich bereits Metallwerkzeuge, und einige davon könnten durch Tauschhandel zu den senegalesischen Steinzeitleuten gelangt sein. Die Vorgeschichtsforscher sprechen im Zusammenhang mit Steinzeitethnien, die Kontakt mit historisch viel weiter entwickelten Völkern pflegen, von einer Ära der Protohistorie. So kennen wir heute etwa im westlichen Amazonasurwald protohistorische Indianergesellschaften. An sich leben sie auf Steinzeitniveau, das heißt, sie fertigen selbst keine Metallobjekte, sie kennen keine Schrift und sie haben keine strukturierten Staatssysteme entwickelt. Aber sie benutzen Metallgeräte, die sie beispielsweise von Missionsstationen erhielten, es wird *über* sie schriftlich berichtet, und sie sind locker in größere Staatsgebilde wie etwa Brasilien eingebunden.

Um eine derartige protohistorische Gesellschaft auf Steinzeitniveau muss es sich bei den Erbauern der senegalesischen Megalithe im 8. Jahrhundert gehandelt haben. Zu dieser Zeit waren die großen Transsaharahandelswege der Muslime schon voll entwickelt, und bereits zuvor existierte das Soninkereich im östlichen Sahel, im heutigen Ghana. Das Senegalgebiet muss im 8. Jahrhundert dagegen kulturell noch weitestgehend isoliert gewesen sein. Erst gegen Ende des 10. Jahrhunderts gelangte durch arabische Geografen Kunde darüber nach Europa. Wir haben keinerlei Vorstellung davon, wer zur Zeit der Entstehung der Megalithen im Senegal lebte. Die Vorfahren der heute dort ansässigen Völker, der Wolof, Malinké und Serer, konnten es nicht sein, denn diese Stämme wurden erst im 15. Jahrhundert dort sesshaft. Ob die alten Megalithbauer zu dieser Zeit bereits aus dem Senegal verschwunden waren, wissen wir nicht, es spricht aber etliches dafür.

Fest steht jedenfalls, dass die Megalithtradition Jahrhunderte vor der Ankunft der einwandernden Stämme erloschen war, denn sie sind ihr offensichtlich nicht mehr begegnet, sonst würde sie in ihren Legenden vorkommen. So bezeichnen die Wolof beispielsweise die sandbedeckten Tumuli, die sich ebenfalls in dieser Region finden, als *mbanar*, die Serer als *podom*. Die beiden Wörter sind so unterschiedlich, dass sie an keine gemeinsame Wurzel denken lassen, die vielleicht einen Hinweis auf die Bezeichnung durch ihre Erbauer liefern würde. Auch die Bedeutung der Steinkreise und Menhirreihen war den heute im Senegal lebenden Stämmen offenbar von Anfang an unbekannt.

Wozu dienten die schwarzen Steine?

Einige ihrer ältesten Legenden sprechen davon, dass es Überreste aus der »Zeit der Wunder« waren. Andere sehen darin Brautleute und deren Gefolge, die durch einen Zauber in Stein verwandelt wurden, weil sich während der Hochzeit irgendetwas Unsittliches ereignete. Das sind natürlich reine Märchenfantasien, wie sie uns auch in anderen Kulturkreisen angesichts des real Existierenden, aber Unverständlichen begegnen. Einige wenige alte Wolof-Überlieferungen suchen nach dem sachlichen Grund für die Bauwerke und kommen zu dem schwer verständlichen Schluss, es müssen Wohngebäude gewesen sein. Von Bestattungsorten, was sie tatsächlich waren, ist nur in einem einzigen Fall die Rede: bei den »Gräbern des Königs und der Königin« von Dialloumbéré. Aber hier ließen sich schließlich ohne große Mühe die Gruben mit den Schädelbeisetzungen finden.

So bleibt uns nichts als Spekulation. Einige Wissenschaftler vermuten, die Megalithbauer könnten von den alten Völkern der Manding oder Soninke abstammen. Möglicherweise hatten sie sich selbstständig gemacht und waren aus Ghana oder Mali in den Senegal eingewandert. Für die Manding sprechen einige alte Ortsbezeichnungen im Sine-Saloum-Gebiet, die Herrschernamen des Stammesvolks der Manding ähneln. Sollte diese Theorie zutreffen, fragt man sich allerdings, warum es in Ghana und Mali keine Megalithen gibt und wie die Einwanderer, die nur eine Randgruppe sein konnten, auf die Idee verfallen sein sollten, bereits jahrtausendelang versunkenes altes Kulturgut aus anderen geografischen Räumen wiederzubeleben – aus Räumen, mit denen sie sehr wahrscheinlich zu keiner Zeit irgendwelche Kontakte hatten. Fragen über Fragen, auf die nach dem heutigen Stand der Forschung keinerlei Antworten in Sicht sind.

Geometer und Astronomen im Maghrib?

Der römische Feldherr Quintus Sertorius war kein bequemer Mann. Er kämpfte nicht nur erfolgreich gegen Kimbern und Teutonen, er bewährte sich nicht nur als Tribun in Spanien, sondern schreckte auch nicht davor zurück, die römische Regierung zu brüskieren. Als er sich mit dem römischen Feldherrn und Diktator Sulla anlegte, musste er gegen 80 v. Chr. nach Mauretanien fliehen. Aber auch dort gönnte sich der umtriebige Sohn eines Ritters keine Ruhe und erkundete mehr oder weniger auf eigene Faust das Land. Einige Jahre nach Sertorius' Ermordung auf einem Gastmahl 72 v. Chr. berichtet der griechische Geschichtsschreiber Strabo von der Nordafrikareise des Sertorius und erzählt unter anderem, dass dieser in der Nähe der Stadt Lixus, dem späteren Lynx, eine alte Grabkammer geöffnet und in ihr das 20 Meter lange Skelett eines Riesen gefunden habe. Erschreckt habe er die Gebeine sofort wieder mit Erde bedeckt.

Wo Herkules den Riesen Antaeus erschlug

Strabo identifiziert diesen Riesen mit dem legendären Antaeus, und in dieser Auffassung folgten ihm später auch Plinius der Ältere (23–79 n. Chr.) und Plutarch (45–120 n. Chr.).

Strabo knüpfte damit an eine Geschichte an, die bereits im frühen 5. Jahrhundert v. Chr. Pindar niedergeschrieben hatte. Danach war Herkules von Theben ins kornreiche Land Libyen gereist, um sich dort mit dem Riesen Antaeus zu schlagen. Obwohl Herkules über die Stärke eines Halbgottes verfügte, war der Kampf nicht leicht, denn immer, wenn Antaeus den Boden berührte, erneuerten sich seine verbrauchten Kräfte. Schließlich gelang es Herkules aber doch, den Riesen zu töten.

Gaius Curio, so berichtete Pindar weiter, erreichte später mit dem Schiff die nordafrikanische Küste zwischen Karthago und Clypia und befuhr dann den Bagadafluss landeinwärts in die Wüste. Dort fand er in einem steinigen Hügel das Grab des Antaeus. In Pindars Bericht gerät freilich die Geografie reichlich durcheinander. Karthago liegt im heutigen Nordtunesien, also von Theben aus jenseits von Libyen, und weder in Libyen noch in Tunesien gab es Flüsse, die bis in wüstes Ödland hinein schiffbar waren.

Andere antike Berichte können uns hier weiterhelfen.

Danach lebte Antaeus nämlich gar nicht in Libyen, sondern offenbar im nordwestlichen Marokko, wo sich der Palast des Riesen in Lixus befand, und gründete die Stadt Tingi (das heutige Tanger). Tingi leitet sich von Ting ab, und so hieß die Frau des Giganten. Plinius setzt ausdrücklich das von Sertorius geöffnete Grab mit jenem von Antaeus gleich, und dieses Grab befindet sich auf halbem Wege zwischen den antiken Städten Lixus und Tingi.

Mzorah – Ein heiliger Ort

Nach dem Zusammenbruch des Römischen Reichs sprach viele Jahrhunderte lang niemand mehr von der mysteriösen Grabstätte im Wüstenland. Erst 1830 bereiste ein Brite namens Arthur De Capell Brooke Spanien und Marokko und stieß dabei auch auf eine prähistorische Anlage, die die Einheimischen Mzorah (das Berberwort bedeutet »heiliger Ort«) nannten. Brooke ist der Erste, der eine etwas gründlichere Beschreibung des Monuments lieferte. Sogar eine Zeichnung von Mzorah fertigte er an und veröffentlichte sie ein Jahr später in seinen Reiseerzählungen.

Aber es sollte noch mehr als ein Jahrhundert vergehen, bevor sich erstmals ein Archäologe um die Grabstätte des Riesen kümmerte: Cesar Luis de Montalban, der 1935/36 Ausgrabungen durchführte, jedoch nichts darüber veröffentlichte. Nur zwei kurze persönliche Aufzeichnungen tauchten gegen 1970 im Besitz einer Familie in Tanger auf, bei der Montalban zu Gast war. Der Archäologe erwähnt darin ein Tumulusgrab mit einem Skelett und Feuersteinwerkzeugen und spricht von zwei »Cromlech« (Steinkreisen), einem zerstörten und einem, der offenbar niemals ganz vollendet worden war. Auch soll Montalban einen Altar fotografiert haben, der von Beinen in der Form von Sphinxen getragen wurde. Erhalten blieb nur ein ziemlich unscharfes Foto der Anlage aus dem Jahr 1935.

Der bisher letzte Forscher, der Mzorah untersuchte, war 1970 der US-Amerikaner James W. Mavor jr., der schreibt, dass zu dieser Zeit die Anlage gegenüber dem Foto von Montalban bereits stärkere Zerstörungsspuren aufwies als aus der Zeit zwischen ihrer Entstehung und 1935: Montalban hatte die schützende Erdschicht abgetragen, mit der das Monument über die Jahrhunderte bedeckt war, sodass es nun schutzlos der Wüstenerosion ausgesetzt war.

So zeichnete Arthur De Capell Brooke 1830 den Tumulus von Mzorah mit einigen der ihn umgebenden Menhiren.

Von 1970 bis 1974 untersuchte Mavor Mzorah gründlich, wobei er aber keine weiteren Ausgrabungen vornahm, sondern in erster Linie sorgfältige geodätische Vermessungen aller einzelnen Steine der Anlage durchführte.

Ein Ring aus 175 Steinsäulen

Angeregt dazu wurde er durch die damals noch neuen Arbeiten von Professor Alexander Thom, der die vorgeschichtlichen Steinringe seiner britischen Heimat als astronomische Peilanlagen erkannte und dem es gelungen war, deren exakte geometrische Konstruktionsprinzipien nachzuweisen (s. S. 78). Auch Mzorah weist nämlich einen Ring von Menhiren auf, der das mächtige Hügelgrab völlig umschließt. Nicht weniger als 175 Steinsäulen umfasste der Kreis ursprünglich. 1974 standen davon noch 168 an ihrem alten Ort, wenngleich die meisten nur als abgebrochene Stümpfe, denn der weiche rötliche Sandstein ist brüchig. Mavor bestimmte die Position aller Steine mit einer Genauigkeit von plus/minus 10 Zentimeter.

Dabei ergab sich Erstaunliches: Der vermeintliche Kreis ist

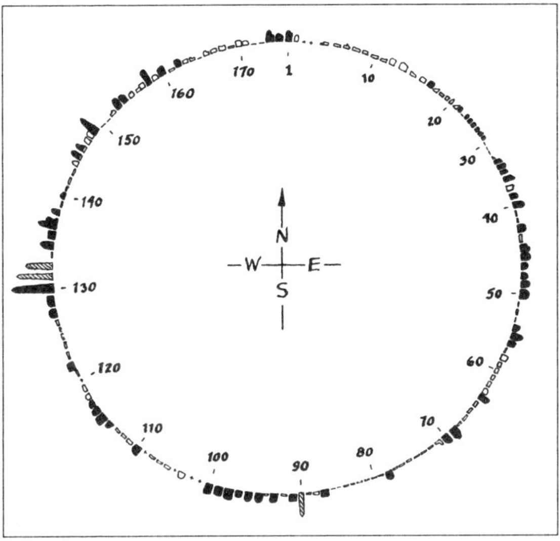

Der US-Amerikaner James W. Mavor jr. vermaß von 1970 bis 1974 die Steine des Ringes von Mzorah präzise.

kein genauer Kreis, wohl aber eine äußerst exakte Ellipse mit einer großen Achse von 59, 29 und eine kleinen von 56,18 Metern. Alexander Thom hatte nachgewiesen, dass die britischen Steinringe ebenfalls zum großen Teil keine Kreise sind, sondern geometrisch exakt konstruierte Ellipsen oder auch eiförmige Gebilde. Ihre Erbauer arbeiteten dabei mit einer geometrischen Konstruktionstechnik, die auf jene Regel für rechtwinklige Dreiecke zurückgreift, die man heute allgemein fälschlich Pythagoras zuschreibt (s. S. 78). Die Dreiecke haben die ganzzahligen Seiten a, b und c, und es gilt $a^2 + b^2 = c^2$. Das gilt zum Beispiel für a = 3, b = 4 und c = 5, es trifft aber auch auf a = 12, b = 35 und c = 37 zu. Thom fand neben Ellipsen und eiförmigen Gebilden, die nach dem Schema 3, 4, 5, konstruiert sind, auch bedeutende britische Steinringe mit den Zahlen 12, 35 und 37 als Grundlage.

Vorliebe für ganze Zahlen

Seine Erklärung war, dass die Erbauer der Anlagen versuchten, einen Kreis zu bauen, der einen ganzzahligen Durchmesser, aber auch einen ganzzahligen Umfang besitzt. Ihre Zähleinheit war dabei das von Thom als megalithisches Yard (MY) bezeichnete Maß von 82,9 Zentimetern. Da sich die gewünschten Kreise nicht konstruieren ließen (das ist prinzipiell nicht möglich), wichen die Megalithleute auf kreisähnliche Eiformen und Ellipsen aus, die sich zumindest annähernd aus ganzen Zahlen aufbauen lassen. Als Konstruktionsgrundlage lieferte das pythagoreische Dreieck mit den Seiten 12, 35 und 37 MY dabei besonders gute Ergebnisse. Unter anderem war die komplexe astronomische Beobachtungsanlage Woodhenge in England nach diesen Zahlen konstruiert.

Genau dasselbe Konstruktionsprinzip konnte nach der Auswertung seiner geodätischen Messungen Mavor für Mzorah nachweisen! Der Steinring, der den Grabhügel des Antaeus umschließt, ist also eine Ellipse, gebaut nach exakt denselben geometrischen Regeln, wie sie die Megalithbauer auf den Britischen Inseln in der Zeit zwischen etwa 1200 und 1600 v. Chr. anwandten.

Ob sie dabei das genau gleiche Grundmaß, das megalithische Yard, benutzten, lässt sich nicht nachweisen, denn dafür ist die gigantische Ringanlage viel zu groß. Mit Thoms Wert von 82,9 Zentimeter für ein MY ergibt sich der große Ellipsendurchmesser von 71,52 MY, der kleine Ellipsendurchmesser von 66,77 MY und der Umfang von 280,88 MY. Aber schon wenn man das megalithische Yard hier mit 82,5 Zentimetern ansetzt (also nur um 4 Millimeter verändert), ergeben sich annähernd ganze Zahlen, nämlich 71,89 MY für den großen Durchmesser, 78,12 MY für den kleinen Durchmesser, 22,89 MY für den Abstand der Ellipsenbrennpunkte und 220,0 MY für den Umfang.

War Mzorahs Steinring eine astronomische Anlage?

Wenn schon die Konstruktionsprinzipien denen der Steinringe auf den Britischen Inseln glichen, lag es auch nahe, herauszufinden, ob Mzorah wie diese astronomischen Zwecken diente. Mavor fand recht exakte Ortungsmöglichkeiten für den Sonnenuntergang zum Zeitpunkt der Tag- und Nachtgleichen für die Zeit um 2000 v. Chr. und sehr gute Azimutwerte für die meisten hellen Sterne außer Sirius für 1800 v. Chr., für einige aber auch für die Zeit um 1600 bis 1400 v. Chr. Dieser Zeitrahmen deckt sich gut mit der Entstehungsepoche der britischen Steinringe, die nach Thom zwischen 2100 und 1600 v. Chr. lag.

Der Nachweis, ob Mzorah wirklich eine astronomische Peilanlage war, ist bisher nicht vollständig gelungen. Aber die Wahrscheinlichkeit ist einmal angesichts der vielen möglichen Visuren und vor allem aufgrund des exakt gleichen Konstruktionsprinzips wie bei den britischen Anlagen groß. Nur: Wenn Mzorah ein Observatorium war, was machte dann das Gigantengrab inmitten des Steinrings? Der Tumulus macht jede Peilung von der Ellipsenmitte über periphere Steine zum Horizont unmöglich.

Das Grab des Antaeus: ein Jahrtausend jünger als der Steinring?

Hier bieten aber vergleichende archäologische Funde eine Antwort an. Der Steinring stammt wohl aus der Zeit um 2000 v. Chr. und mag danach einige Jahrhunderte lang als Observatorium in Betrieb gewesen sein. Nicht nur die möglichen Sternvisuren weisen auf diese Verwendungszeit hin. Auch die Tatsache, dass die gleichartigen britischen Bauwerke aus dieser Ära stammen, sind eine gutes Indiz dafür. Der Tumulus scheint aber erst viel später errichtet worden zu sein, denn er hat viele bauliche Gemeinsamkeiten mit gut datierten anderen Hügelgräbern aus dem nordwestafrikanischen Raum. Sein Stil passt eher ins 1. Jahrtausend v. Chr. Zu dieser Zeit der ersten Kontakte der Bevölkerung dieser Region mit Fremden aus dem östlichen Mittelmeer entstanden zahlreiche Hügelgräber in Marokko. Auf diese Zeit könnte durchaus auch die Legende der Reise des Herkules ins Land von Antaeus datiert werden. Der geschlagene Riese, dem ein so pompöses Begräbnis zuteil wurde, war vermutlich ein regionaler Stammesfürst oder König. Was lag näher, als ihn an einem heiligen Ort beizusetzen? Und der zu dieser Zeit schon über 1 Jahrtausend alte Steinring galt noch immer als heiliger Ort, dessen astronomische Funktionen allerdings in Vergessenheit geraten waren, wie auch bei ähnlichen Anlagen auf den Britischen Inseln.

Beni Amart – ein britischer Berberstamm?

Bleibt die Frage offen, wie das Wissen der Megalithbauer von den Britischen Inseln nach Nordafrika gekommen sein könnte. Geht man dieser Frage nach, ergeben sich weniger Schwierigkeiten, als man zunächst glauben könnte, dafür aber eine Reihe zusätzlicher interessanter Aspekte. Wir wissen, dass sich die Megalithkultur entlang der Küsten ausbreitete und auf den Britischen Inseln ebenso zu Hause war wie an der französischen Atlantikküste, an den Küsten der Iberischen Halbinsel und im Mittelmeerraum. Warum also sollte sie nicht auch Nordafrika erreicht haben?

Interessant sind in diesem Zusammenhang klimageografische Fakten. Um 2000 v. Chr. war es auf der Erde wesentlich wärmer als heute und der Meeresspiegel lag über 2 Meter höher. Zu dieser Zeit regnete es viel, in Nordafrika herrschte tropisches Klima und es wuchsen dichte Wälder, die von lichten Savannen unterbrochen wurden, in denen Löwen, Antilopen, Elefanten und Büffel lebten. Damals lag Mzorah nicht in der Wüste, sondern an einem Flusslauf, der in den Atlantik mündete und bis etwa Mzorah schiffbar gewesen sein muss. Von den Britischen Inseln wissen wir, dass viele bedeutende Steinringe auf Plateaus errichtet wurden, in deren unmittelbare Nähe man mit dem Schiff gelangen konnte. In Mzorah muss es ähnlich gewesen sein. Vielleicht waren hier um 2000 v. Chr. Seefahrer aus dem Norden gelandet und hatten sich niedergelassen.

In diesem Zusammenhang ist eine Beobachtung interessant, die der Ethnologe Carleton S. Coon von der Universität Harvard schon 1931 machte. Er vermutete, dass die im marokkanischen Rifgebirge lebenden Berber ihrem physischen Erscheinungsbild nach aus Nordeuropa stammen. Augen- und Haarfarbe, Kopfform und andere Körpermaße zeigen erstaunliche Ähnlichkeiten mit den Bewohnern Englands, Schottlands und Südskandinaviens. Andererseits gibt es gravierende Unterschiede in der Physiologie der Rifbewohner und benachbarter Berberstämme. Coon verglich den Stamm der Beni Amart mit der blonden Fischerbevölkerung an der Ostküste Englands und nahm an, dass die Rifberber mit den »rothaarigsten« Menschen der Welt, den keltischstämmigen Briten, verwandt sein müssen. Haben gemeinsame Vorfahren die Steinringe auf den Britischen Inseln und im äußersten Nordwesten Afrikas errichtet?

PETROGLYPHEN – HEILIGE ZEICHEN UND MAGISCHE SYMBOLE

Röntgenbilder aus der Steinzeit

Es scheint ein Grundgesetz zu sein, dass Menschen die Welt nicht so darstellen, wie sie ist, sondern so, wie sie sie persönlich sehen. Es ist kein Wunder, dass die große Zeit des Naturalismus, also der naturgetreuen Wiedergabe des mit den Augen Erkennbaren genau dann anbrach, als sich die modernen Naturwissenschaften etablierten und ihre Vertreter immer wieder betonten, wie wichtig es sei, so exakt wie möglich zu beobachten. Der frommen Welt des Mittelalters war anderes wichtig. Die Menschen dieser Ära kümmerten sich wenig um Äußerlichkeiten. Sie legten Wert auf die rechte Gesinnung oder wenigstens auf das, was sie aus streng kirchlicher Sicht dafür hielten. Ihre Künstler stellten, stark stilisiert, reine Frömmigkeit dar. Dem Menschen der Jungsteinzeit, der zum sesshaften Ackerbauern und Tierzüchter wurde und erstmals in arbeitsteiligen Gesellschaften lebte, entglitt die Gesamtübersicht über das so klar strukturierte Leben, wie es zuvor die Jäger und Sammler kannten. Anders als diese wurde er in seiner neuen Lebensweise abhängig vom Wettergeschehen und von den Jahreszeiten und er musste unbekannte Naturgewalten gnädig stimmen. Derartige Abhängigkeit schafft Unsicherheit, beschert Angst. Das Irrationale findet Eingang in den Alltag. Das spiegelt sich auch in der Kunst der Jungsteinzeit, die erstmals zur abstrakten Kunst wird. Man beginnt, sich mit dem Unsichtbaren, dem Unverständlichen auseinanderzusetzen. Bezeichnenderweise taucht abstrakte Darstellung erst dann wieder in der Kunst auf, als der Mensch erneut in seinem Weltbild verunsichert wird, nämlich im 20. Jahrhundert, das durch ein für den Laien immer unverständlicher werdendes wissenschaftliches und technologisches Szenario geprägt ist.

Künstler malen die Welt so, wie sie sie wahrnehmen. Dabei spielt der Gesichtssinn nur *eine* Rolle und das ist in vielen Kunstepochen nicht unbedingt die wichtigste.

Vorzeitforscher sind leider keine Kunsthistoriker

Es wäre wünschenswert, wenn Prähistoriker, Ethnologen, Kunsthistoriker, Soziologen und Psychologen viel stärker zusammenarbeiten würden. Dann ließen sich manche Fragen der einen wie der anderen weitaus leichter beantworten. Aber das Fachidiotentum der westlichen Welt lässt das nur sehr begrenzt zu. Der Prähistoriker versteht in der Regel kaum etwas vom psychologischen Hintergrund moderner Kunst oder gar dem Charakter von Abbildungen in medizinischen Wissenschaftsberichten. Der Erforscher von Vorzeitkulturen studiert Artefakte und weiß so gut wie nichts über die Erkenntnisse der modernen Soziologie, die ihm Aufschluss über den Alltagsgebrauch auch von Kunstwerken liefern könnte. Man kann und darf heute keinen Kunststil, auch den der Altsteinzeit, mehr isoliert betrachten, sondern muss zeitübergreifende und interkulturelle Vergleiche anstellen.

Zeichneten Steinzeitkünstler schamanischen Alltag?

Zwar weisen mehr und mehr Steinzeitforscher derzeit darauf hin, die Kunst der von ihnen untersuchten Ära sei vermutlich schamanisch inspiriert; aber die meisten dieser Darstellungen beruhen nicht auf gründlichen Kenntnissen. Die Formulierungen bleiben vorsichtig: »Die Tier-Mensch-Mischwesen werden gelegentlich mit dem Schamanismus in Verbindung gebracht, das heißt, es wird vermutet, dass mit diesen Wesen Schamanen dargestellt sein könnten; außerdem stellt sich die Frage, ob auch diese Höhlenkunstwerke teilweise in einem Trancezustand der Künstler entstanden sein könnten. Vielleicht sollten sich Prähistoriker zu Schamanen ausbilden lassen, um zu wissen, wovon sie reden. Selbst unter den Ethnologen, die sich mit dem Leben von Stammesvölkern unserer Tage befassen, gibt es fast ausschließlich »akademische Beobachter«, aber kaum jemand, der selbst versuchen würde, unter Anleitung von Stammesschamanen diese uralten und weltweit verbreiteten Trancetechniken zu erlernen.

Annette Bültmann spricht von Tier-Mensch-Wesen in der Höhlenmalerei der späten Altsteinzeit und bezieht sich dabei konkret auf das berühmte Bild einer derartigen Gestalt in der französischen Bilderhöhle Trois Frères, das eine Art halb aufrecht stehenden Hirsch mit menschlichen Hinterbeinen darstellt, aber auch Merkmale anderer Tiere aufweist. Das Gesicht erinnert an eine Eule, der Hinterleib an ein Pferd und die Vorderpfoten scheinen von einer Großkatze zu stammen. Man braucht kein Schamane zu sein, um spontan die Parallelen zu Darstellungen aus anderen Zeiten und anderen Kulturkreisen zu erkennen. Fast überall auf der Welt gibt es bei Stammesvölkern Tiermasken und Tiertänze, in denen der menschliche Akteur magisch zum Tier wird. Tier-Mensch-Wesen waren aber zum Beispiel auch schon die altägyptischen Götter wie der schakalköpfige Anubis oder die katzenköpfige Bastet. Jeder Ethnologe weiß heute, dass diese Tier-Mensch-Verschmelzung ein zentraler Bestandteil schamanischer Erfahrung und schamanischen Handelns ist. Bis zu den Religionshistorikern unter den Ägyptologen scheint das allerdings noch nicht vorgedrungen zu sein und die Prähistoriker sehen darin noch immer nicht mehr als eine spekulative Vermutung. Für den Schamanismuskenner ist der Ursprung der Tiermenschen indes ein evidentes Faktum: Der Schamane wird eins mit seinem »Krafttier«.

Der Künstler stellt die Welt so dar, wie er sie selbst erlebt, und wenn ein praktizierender Schamane sich selbst auf seinen

Trancereisen als Tier erlebt, dann stellt er sich in seinen Erzählungen auch so dar. Kennt er keine Schrift, um über seine Reisen zu berichten, dann malt er seine Erzählungen. So einfach ist das.

Diese Betrachtungsweise könnte meines Erachtens auch Licht auf ein großes Kapitel der Steinzeitkunst werfen, in dem heute viele Kunstarchäologen noch zahlreiche ungelöste Fragen sehen. Es geht um den sogenannten Röntgenstil.

Tiere und Menschen sind mehr als nur ihre Haut

Vor rund 35 Jahrtausenden, in einer Kulturepoche, die von den Experten als Aurignacien bezeichnet wird, stellte ein altsteinzeitlicher Maler tief im Inneren der Höhle El Pindal in Nordspanien mit einfachen schwarzen Umrisslinien ein Mammut dar, wobei er dort, wo das Tier sein Herz hat, einen großen roten Fleck malte. Schon der berühmte französische Höhlenkunstforscher Abbé Breuil interpretierte diesen Farbklecks als bewusste Darstellung des lebensnotwendigen inneren Organs. Aber das ist noch Spekulation, denn wir kennen aus dieser frühen Zeit keine anderen Malereien, bei denen der Betrachter gleichsam in das Innere eines Tieres hineinsieht. Zwei Jahrzehntausende später, in der Magdalénien-Zeit, tauchen einige wenige andere Höhlenbilder auf, die ebenfalls mit Fug und Recht vermuten lassen, dass ihr Urheber innere Organe in die Konturen von Tieren und Menschen einzeichnete. So erkennt man auf dem rund 15 000 Jahre alten Tier-Mensch-Wesen von Trois Frères eingezeichnete Muskelgruppen und sogar eine Kniescheibe. Und in der berühmten Höhle von Lascaux gibt es ein Einhorn mit darauf gezeichneten Flecken, die innere Organe repräsentieren könnten. Sicher ist das aber nicht.

Doch was sich in der jüngeren Altsteinzeit erst vorsichtig andeutet, wird um 6000 v. Chr. zur Gewissheit. Um diese Zeit, die wir regional zur Mittelsteinzeit zählen, erscheinen in Nordnorwegen und in Sibirien – jetzt nicht mehr in Höhlen, sondern an offenen Felsüberhängen und Felswänden – Gravierungen von Tieren mit einer Fülle naturalistisch oder auch stilisiert eingezeichneter innerer Organe. Die Prähistoriker sprechen vom Röntgenstil. Dass auch er schamanischen Ursprungs ist, dafür spricht schon die Tatsache, dass manche sibirischen Stammesvölker heute noch Krafttiere im Röntgenstil auf ihre Schamanentrommeln malen.

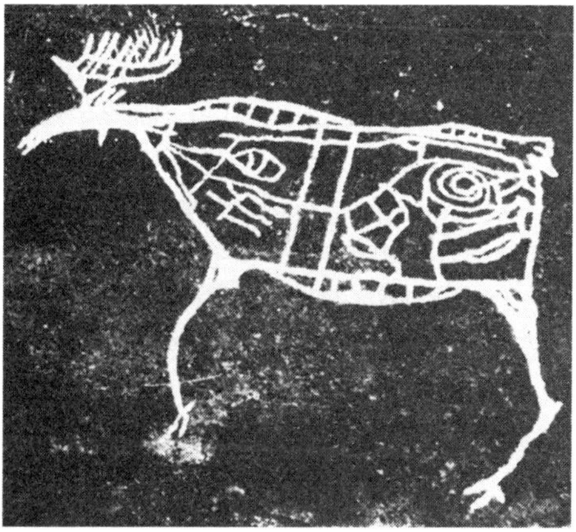

In Tröndelag, Norwegen, schmückt dieses Bild eines Rens im Röntgenstil eine Felswand.

»Es wird vermutet«, schreibt Annette Bültmann, »dass sich der Röntgenstil von Europa nach Asien und von da aus nach Australien und Amerika verbreitet hat, auf dem amerikanischen Kontinent findet er sich sowohl in Kanada als auch in den USA und scheint dort in südlicher Richtung bis ungefähr zum Äquator vorgedrungen zu sein.«

Der Röntgenstil – immer wieder neu erfunden

Dass ein kulturelles Phänomen an geografisch weit auseinander liegenden Orten der Erde in sehr ähnlicher Form auftritt, löst bei den meisten Prä- und Protohistorikern die Vorstellung aus, es müsse irgendeine Form der Verbreitung der zugrunde liegenden Idee gegeben haben. Ich wage das im Falle des Röntgenstils zu bezweifeln. Schon der Gedanke, der Röntgenstil habe sich von Nordspanien und Frankreich zunächst nach Norwegen ausdehnt, erscheint mir abwegig. Zwischen den Höhlenbildern des Magdalénien und jenen Nordskandinaviens liegen rund zehn Jahrtausende! Wie ließe sich da eine Ausbreitung vorstellen, zumal sich nirgendwo Zwischenformen finden? Auch sehen die stark stilisierten norwegischen Bilder völlig anders aus als die in ihren Umrissen naturalistischen Malereien der altsteinzeitlichen Bilderhöhlen.

Der Felsbildexperte Herbert Kühn berichtete mir einmal, dass er Gelegenheit hatte, die Entstehung von Röntgenstildarstellungen bei den Pueblo-Indianern in New Mexico und Arizona, die noch heute derartige Bilder malen, zu beobachten: »Die Indianer haben mir selbst den Sinn der Lebenslinie (eine Linie, die neben den inneren Organen auf Jagdtiere gezeichnet wird und vom Maul über Hals und Brust verläuft und sich dort rautenförmig oder kreisartig ausbreitet) erklärt. Vor dem Beutezug geht der Jäger auf eine schamanische Trancereise. Dabei zeichnet er das Tier, das er erlegen will, in den Sand oder auf einen Felsen. Das Herz markiert er rot und zeichnet einen Pfeil hinein. Und mit der Lebenslinie stellt er den Weg dar, auf dem das Leben das Tier schließlich durch das Maul verlassen soll. Es wird seine Seele gleichsam aushauchen.« Wer als Stammesangehöriger so denkt und arbeitet, braucht keine jahrtausendealten Vorbilder aus ihm völlig fernen Kulturkreisen nachzuahmen.

Im Gebiet des Kakadu-Nationalparks in Australien haben Aborigines diese mystischen Tier-Mensch-Figuren im Röntgenstil gemalt.

Noch abwegiger ist der Gedanke der kulturellen Diffusion im Falle von Australien, wo sich um 2000 v. Chr. ein völlig eigener Röntgenstil entwickelte, der schon rein äußerlich so gut wie nichts mit den altnordischen Röntgenbildern gemeinsam hat.

In Arnhemland, im Nordosten des fünften Kontinents,

malen die Aborigines bis heute Bilder aus der Traumzeit an Felswände, und viele davon zeigen nicht nur die äußeren Konturen von Menschen, Geistern und Tieren, sondern auch all das, was das Auge nicht unmittelbar sieht, was aber gleichwohl vorhanden ist.

Der tschechische Prähistoriker J. Jelínek berichtete in seinem großen *Bilderlexikon des Menschen in der Vorzeit*, er selbst habe einen Arnhemland-Eingeborenen dabei beobachten können, wie dieser das Bild eines Kängurus malte und wie selbstverständlich auch Teile des Skeletts, die Eingeweide und sogar einzelne Muskeln einzeichnete. Nachdem Jelínek ihn darauf ansprach, dass »Fleisch doch gleich Fleisch« sei, zeigte ihm der Künstler abends beim Ausweiden eines erlegten Kängurus die einzelnen Muskelbündel als Beweis dafür, dass es diese schließlich in dem Tier gebe.

Auch diese Beobachtung führt die Annahme, die Menschen im hintersten australischen Busch könnten um 2000 v. Chr. von Nordnorwegern oder Sibiriaken gelernt haben, die vier Jahrtausende vor ihnen lebten, rasch ad absurdum.

Der Mensch stellt die Dinge einfach so dar, wie er sie wahrnimmt, nicht unbedingt so, wie er sie von außen sieht. Einen Jäger interessiert das Fell eines Beutetiers im wörtlichen Sinn nur peripher. Für ihn sind die inneren Organe und das Muskelfleisch von zentraler Bedeutung, und die sind es, die er bei seiner schamanischen Jagdvorbereitung in erster Linie im Visier hat. Nun könnte man dem entgegenhalten, dass nicht nur Jäger in ihrer Kunst den Röntgenstil verwenden. In Australien gibt es Hunderte von Bildern, die Menschen, Geister und Götter auf gleiche Weise repräsentieren. Aber auch das geht meiner Meinung nach auf die schamanische Weltsicht zurück. Der Mensch ist schließlich nicht nur Haut, er ist nicht nur Oberfläche.

Eine Hochzeit mit Leib und Seele

Wie tief verwurzelt dieses Denken in vielen Kulturkreisen mit schamanischem Hintergrund noch heute ist, konnte ich selbst vor wenigen Jahren im zentralen Nordthailand erleben. Zusammen mit meiner Frau und meiner Tochter war ich von einem deutschen Freund zu dessen Hochzeit mit einer Thailänderin eingeladen, die sich weitab von internationaler Kultur in einem Reisbauerndorf abspielte. Die Einwohner der kleinen Gemeinde kannten »Langnasen«, wie sie uns Europäer nennen, bisher nur aus dem Fernsehen. Mein Freund und seine Frau sind beide religiös orientierte Menschen. Er ist Christ, sie ist Buddhistin, und beide respektieren den Glauben des Anderen. So ließen sie sich erst in Deutschland christlich trauen und zwei Jahre später in Thailand nach einem alten, angeblich buddhistischen Zeremoniell. Dazu bemühte man eigens einen Dorfältesten, der noch der im Alltag verschwundenen Sakralsprache Sanskrit mächtig war. Das führte zu der merkwürdigen Situation, dass die Anwesenden Thai-Bauern die fast zweistündige Predigt nicht verstanden, während ich den Inhalt schon zuvor in einer englischen Übersetzung bekommen hatte.

Dieser Inhalt faszinierte mich, denn er bewies, dass das traditionelle Hochzeitsritual, das auch in Thailand heute nur noch sehr selten vollzogen wird, weit weniger buddhistische als schamanische Züge besaß. Zentrales Anliegen dabei war, dass Braut und Bräutigam ihre Vereinigung bewusst erleben sollten, also im »Vollbesitz ihrer geistigen und körperlichen Kräfte«, wie das ein westlich orientierter Jurist formulieren würde. Der schamanisch ausgerichtete Sermon, der eben das gewährleisten sollte, fand in einem rund halbstündigen Herbeirufen der einzelnen Körperteile, vor allem der lebenswichtigen inneren Organe der Brautleute seinen Niederschlag. Das hörte sich etwas so an: »Ich rufe das Herz des Bräutigams. Es soll hierher kommen, wo immer es sich gerade befinden mag, ob im Urwald oder in der Steppe, ob in einem Haus oder an einem Fluss. Ich rufe die Leber (Nieren, Lunge, usw.) des Bräutigams ...« Dann folgte die gleiche detaillierte Aufzählung für die einzelnen Organe der Braut.

Nun kann sich ein westlich denkender Mensch nicht vorstellen, dass ein Lebender seine Organe nicht immer alle bei sich führt, sondern dass sich diese auch wahlweise irgendwo anders aufhalten könnten. Der Schamane sieht das anders, ganz gleich, ob er Thai ist oder etwa ein Inuit (Eskimo) oder Sibiriake. In seiner Vorstellung und seiner Erlebniswelt hat der Mensch zwei Seelen: eine, die wir in etwa mit dem Lebensprinzip identifizieren können und die ihn verlässt, wenn er stirbt. Das ist die Lebenslinie, die gelegentlich auf Röntgenstilbildern zu sehen ist. Die andere Seele ist in etwa das, was auch die Hochreligionen als Seele kennen. Sie ist frei und kann gehen, wohin sie will. Sie hält sich nur selten im Körper des Menschen selbst auf. Wenn eine Mutter sagt: »Meine Seele ist bei meinen Kindern«, dann drückt das diese frei bewegliche Seele aus. Aber der Mensch ist nicht nur als Ganzer beseelt. Auch jedes Körperorgan hat eine oder zwei eigene Seelen: die Seele des Herzens, die Seele der Leber, die Seele eines Beines oder Fußes usw. Ist ein Mensch leberkrank, dann macht ein Inuit-Schamane in der Regel eine spirituelle Reise zur Seele der Leber und fragt sie oder auch sein eigenes Krafttier, was für das Organ getan werden kann, damit es sich wohlfühlt.

Beseelte Organe

Der Mensch wird also nicht nur als Einheit erlebt, sondern auch als eine Art symbiotischer Zusammenschluss einzelner beseelter Organe. Wer einen Menschen so versteht, wird ihn schwerlich nur als »Hautsack« malen wollen. Weil aber unabhängig voneinander die meisten Schamanen dieser Welt Menschen und Tiere so verstehen, liegt es nahe, dass sich auch der Röntgenstil unabhängig voneinander zu verschiedenen Zeiten und in verschiedenen Kulturkreisen immer wieder neu entwickelte.

Ein extremes Beispiel mag unsere moderne Zeit liefern. In medizinischen Handbüchern betrachten wir wissenschaftliche Darstellungen eines menschlichen Körpers mit nur angedeuteten Umrissen und sorgfältig durchgezeichneten inneren Organen, Muskelgruppen oder Skelettknochen als völlig selbstverständlich, und kein Prähistoriker käme auf den aberwitzigen Gedanken, unsere Ärzte könnten vom 8000 Jahre alten nordskandinavischen Röntgenstil inspiriert worden sein. Der viel näher liegende Gedanke erweist sich als richtig: Den Ärzten erscheinen die inneren Organe als wichtig und deshalb bilden sie sie ab. Die Ärzte sehen den Menschen als Ganzes und deshalb zeichnen sie ihn so.

An sich handelt dieses Buch von Vorzeiträtseln. Ich glaube aber, dass manche angeblich offene Frage nur von Experten gelöst werden kann, die wirklich interdisziplinär denken und arbeiten.

Näpfchensteine, Wellenkreise und Spiralen

»Der Bischof, der auf seinem Gebiet sich nicht Mühe gibt, auszurotten den Brauch der Ungläubigen, Bäume, Quellen und Steine zu verehren, soll wissen, dass er des Sakrilegs schuldig ist«, verkündete Papst Leo der Große 452 n. Chr. auf dem Konzil von Arles. Im Jahre 567 n. Chr. verhängte die Kurie für die Duldung der alten heidnischen Bräuche sogar die Exkommunikation. Und noch Karl der Große erließ in Aachen ein Verbot von Kulten um Steine, Quellen und Bäume und befahl die Zerstörung der heidnischen Ritualplätze. Später wandelte die Kirche viele der alten heiligen Stätten kurzerhand in christliche Wallfahrtsorte um, nachdem sie erkannt hatte, dass sich jahrtausendealtes Brauchtum nicht einfach verbieten lässt. Schon um 600 schrieb Papst Gregor der Große: »Nach langer Überlegung habe ich erkannt, dass es besser ist, anstatt die heidnischen Heiligtümer zu zerstören, dieselben in christliche Kirchen umzuwandeln ... Es ist nämlich unmöglich, die rohen Gemüter mit einem Schlage von ihren Irrtümern zu reinigen.«

Doch auch Papst Gregor erreichte nicht, was er sich vorgenommen hatte. Viele der alten heiligen Plätze blieben unverändert erhalten und auch die überlieferten Rituale wurden teilweise bis ins 18. und 19. Jahrhundert weitergepflegt. Was die Kirche nicht schaffte, bewirkte dann aber fast überall die wissenschaftliche Aufklärung, die aus ihrer Sicht dem Aberglauben den Kampf angesagt hatte. Anders als der Klerus zerstörten die Wissenschaftler aber die alten Kultplätze nicht. Sie kümmerten sich einfach nicht darum, und so sind viele heute mit Moos überwachsen und nicht mehr als solche zu erkennen. Nur durch Zufall werden sie gelegentlich wiederentdeckt oder dann, wenn ein lokales Märchen oder eine Sage von ihnen berichtet und ein Hobby-Vorzeitforscher gezielt danach sucht. Ernsthafte Berufsarchäologen kümmern sich auch heute noch wenig um die alten Stätten.

Die Neandertaler als Näpfchenpunzer

In Vergessenheit geriet auch die einstige Bedeutung der Plätze. Waren es Naturheiligtümer, die hier verehrt wurden, waren es Opferstätten für heidnische Gottheiten, waren es Bestattungsplätze oder hatten sie andere Funktionen? Wir wissen es nicht, und sicher erfüllten auch die alten heiligen Orte nicht alle denselben Zweck. Zu unterschiedlich sind die Plätze schon von ihrer Anlage her. Aber sie lassen sich kategorisieren. Wohl am weitesten verbreitet sind Steine, Felsplatten und senkrechte Felswände mit eingravierten oder auf andere Weise in die Oberfläche gearbeiteten näpfchenförmigen Vertiefungen, die manchmal von konzentrischen Kreise umgeben sind oder den Mittelpunkt einer Spirale bilden.

Solche Steine finden sich fast überall auf der Welt und viele von ihnen zeigen über Tausende von Kilometern Entfernung untereinander erstaunliche Ähnlichkeiten. Die Näpfchen sind runde, muldenförmige Vertiefungen von wenigen Zentimetern Durchmesser. Die größten messen etwa 10 bis 15 Zentimeter. Nur im Senegal fand ich noch größere in den Stein gearbeitete

Diese Felsplatte mit Näpfchen und konzentrischen Kreisen liegt auf einer Waldwiese im schweizerischen Domleschg bei Carschenna.

flache Schalen (s. S. 93). Solche Näpfchensteine gib es fast überall auf der Welt. Die Menschen der Altsteinzeit haben sie ebenso in den Fels gegraben wie die Stämme der Mittel- und Jungsteinzeit, der Bronze- und Eisenzeit.

Ihre Tradition galt als mindestens 30 000-jährig, als der französische Lehrer und Vorzeitforscher Denis Peyrony am 17. September 1909 unter dem Felsüberhang von La Ferrassie in Zentralfrankreich eine Steinplatte mit 18 von Vorzeitmenschen ausgehöhlten Näpfchen entdeckte. Anhand der Ausgrabungsschicht und sechs später gefundener Skelette ließ sich die Platte datieren: Sie war rund 100 000 Jahre alt! Nicht der altsteinzeitliche Homo sapiens von Crômagnon hatte sie also geschaffen, sondern eine noch wesentlich frühere Rasse. Der Näpfchenstein stammte vom Neandertaler! Die uralte Tradition bestand offenbar ohne große Unterbrechungen bis in die jüngste Steinzeit und in die frühen Metallzeiten fort.

Wozu dienten die Näpfchen?

Die Literatur über Näpfchensteine in aller Welt füllt ganze Bände. Was wurde nicht schon an ihnen herumgerätselt und in sie hineininterpretiert! Zuerst schrieb man ihre Entstehung der Verwitterung oder irgendwelchen Tieren zu. Wer das annahm, muss aber ein schlechter Beobachter gewesen sein, denn viele Näpfchen lassen deutliche Spuren von Werkzeugen erkennen. Andere kommen zusammen mit Symbolen wie Kreuzen oder Kreisen vor, die sicher keine natürliche Ursache haben.

Manche Hypothesen gehen von Ehrenplätzen für Verstorbene aus, andere von einer Verwendung als Opfersteine, in deren Vertiefungen Speise- oder Trankopfer gegeben oder Öllichter entzündet wurden. So konnten unsere Ahnen Naturgeister oder Fruchtbarkeitsgottheiten günstig gestimmt und verehrt haben. Vielleicht trifft diese Auffassung auf manche Näpfchensteine wirklich zu, sicher aber nicht auf alle. Denn nicht wenige dieser Steine sind so schräg geneigt, dass nichts in den Schälchen liegen bleiben würde. Und manche Näpfchensteine mit ebener Oberfläche befinden sich in so unwegsamem Gelände, dass sich um sie herum gar keine Gemeinde hätte versammeln können. Das Terrain gibt zuweilen nur zwei bis drei Menschen Platz.

Landkarten aus der Steinzeit?

Eine Theorie ganz eigener Natur entwickelte schon in den 1970er Jahren der italienische Architekt, Städteplaner und Felsbildforscher Cesare Giulio Borgna, der mehrere Näpfchensteine in den hochgelegenen Bergtälern westlich von Pinerolo und damit westlich des Aostatals gründlich untersuchte. Diese Felsplatten weisen neben Näpfchen immer auch andere eingravierte Zeichen auf: Kreuze, Sonnen, Sterne und verschiedene geometrische Symbole. Und noch zwei Fakten fallen auf: Alle Näpfchensteine dieser Region liegen an exponierten Orten, von denen aus man eine gute Übersicht über tiefer gelegene Landstriche hat. Außerdem befinden sich die Steine stets in unmittelbarer Nähe einer Quelle. In jahrelanger Feldforschung will Borgna herausgefunden haben, dass die von ihm und seinen Mitarbeitern untersuchten Näpfchenfelsen steinerne Landkarten waren, die Wohnplätze in der umliegenden Landschaft angaben, daneben auch Viehkoppeln und vor allem zuverlässige Wasserstellen. Selbst künstliche Bewässerungskanäle für Felder und Siedlungen entdeckte Borgna als eingegrabene Linien auf den Felsplatten.

Als besonders gut untersuchte Beispiele solcher Näpfchensteine nennt der Wissenschaftler den Felsblock von Prato del Colle (»Wiese des Hügels«) auf einer 1730 Meter hohen Bergnase oberhalb des Örtchens Gran Faetto am Nordhang des Chisonetals und den Rocio Clapier, einen markanten Felsen in 1190 Meter Höhe, von dem der Blick weit über das Hochtal von Pramollo schweift.

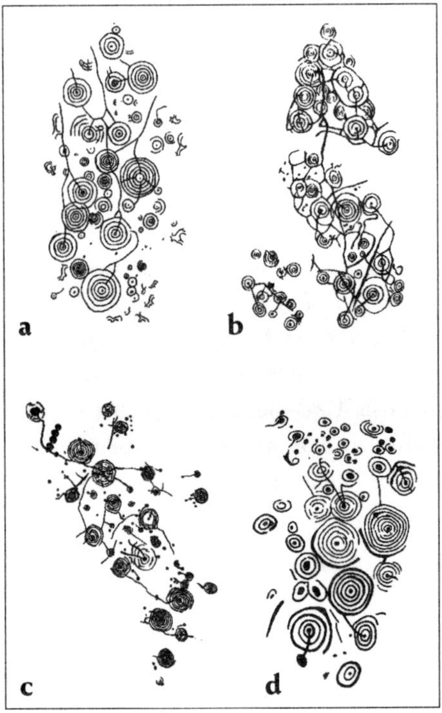

Konzentrische Kreise aus grauer Vorzeit – alle in sehr ähnlicher Art – zieren Felsen in den verschiedensten Regionen Europas. Hier sind vier Beispiele von vielen:

a) Lombo da Costa bei Pontevedra, Portugal

b) Fentans in Galizien, Spanien

c) Achnabreck, Schottland

d) Carschenna bei Sils, Schweiz

Die großen Übereinstimmungen zwischen der Anordnung der Näpfchen und anderen Symbolen auf den beiden Felsplatten mit alten Siedlungen und vor allem Quellen auf modernen topografischen Karten der Gegend können kein Zufall sein. Trotzdem räumt Borgna mit Recht ein: »Natürlich muss unsere Deutung nicht auf alle Näpfchensteine zutreffen, das ist schon wegen ihres offenbar voneinander unabhängigen Auftretens in der ganzen Welt und zu den verschiedensten vorgeschichtlichen Zeiten unwahrscheinlich; aber die wahre Bedeutung der Näpfchensteine in den Bergen und Hochtälern um Pinerolo glauben wir herausgefunden zu haben.«

Milchopfer für das Feenvolk

In der Tat hatten die Näpfchensteine in verschiedenen Teilen der Welt und zu verschiedenen prähistorischen Zeiten eine unterschiedliche Bedeutung, die sich in Einzelfällen nachvollziehen lässt. So hielt sich auf der kleinen schottischen Insel Seil im Firth of Lorne noch bis zum Beginn des 20. Jahrhunderts ein uralter mit Näpfchensteinen verbundener Brauch. Der verstorbene schottische Felsbildforscher Ronald W. B. Morris erzählte mir einmal, was ihm eine alte Bauernwitwe aus ihrer Jugend berichtete. Sie erinnerte sich daran, dass die Landbevölkerung noch zur Zeit des Ersten Weltkriegs die große Schale eines Näpfchensteins einmal in jedem Frühjahr mit Milch füllte. Das war eine Opfergabe für das »Wee-folk«, für die Feen. Die Landbevölkerung glaubte, dass sie die Kühe verzauberten, wenn sie ihre Milch nicht bekamen. Den ganzen Sommer lang würden die Tiere dann keine Milch geben.

Doch nicht nur mir erzählte Morris von dem alten heidnischen Brauch, sondern auch dem Fährmann von Kerrera, einer anderen Insel im Firth of Lorne. Da erinnerte sich der alte Mann, dass der Bauer des Point-of-Sleat-Hofs auf seiner Heimatinsel, dem bekannten Felseneiland Skye, genau denselben Brauch ausgeübt hatte, als er selbst noch ein Junge war. Ein Bewohner von Islay, der südlichsten Insel der Inneren Hebriden, erzählte Morris, dass auch dort die alte Sitte des Milchopfers noch bis nach 1960 üblich war. Und auch auf dem benachbarten schottischen Festland, in der Grafschaft Argyll, gibt es im Gebiet von Knapdale neben der alten Kapelle von Cone einen Näpfchenstein, den die Bauern ebenfalls bis ins 20. Jahrhundert hinein als Milchaltar benutzten.

Erfüllung geheimer Wünsche und steinerne Mörser

Aber sicher waren nicht alle Näpfchensteine Opferstätten, so wenig, wie alle steinerne Landkarten waren. Oft scheint die bloße Herstellung der Kultschalen bedeutender gewesen zu sein als die Schalen selbst. Auf der Insel Islay vertiefen die Einheimischen noch heute gelegentlich die uralten steinernen Näpfchen und hoffen dabei im Geheimen, dass ihre Wünsche in Erfüllung gehen. Diese Zeremonie scheint auf einen Ritus aus vorchristlicher Zeit zurückzugehen. Der mit den schottischen Bräuchen vertraute Morris hielt einen Sonnenkult für möglich.

Andere Näpfchensteine dienten aber offensichtlich weitaus profaneren Zwecken. So haben an den Westküsten der Grafschaft Argyll und auf der Insel Tiree Felsbildforscher wie der verstorbene L. M. Mann viele große, sorgfältig in das sehr harte Gneisgestein geschliffene Schalen gefunden, die immer unmittelbar in der Nähe des Meeres liegen. Ihr Geheimnis konnte ebenfalls Morris lüften. Zwei alte Fischer aus verschiedenen Teilen der Insel Tiree erzählten ihm, dass sie selbst in ihrer Jugend die Vertiefungen im Felsen noch benutzt hatten. Es waren steinerne Mörser, in denen sie Mies- und Herzmuscheln, Napfschnecken, Krabbenstückchen und ähnliches kleines Meeresgetier zerrieben hatten, um es dann als Köder für Fische zu benutzen. Die steinernen Mörserschalen haben sogar einen uralten gälischen Namen: Croichtican oder Crotagan. Wirklich finden sie sich immer dort, wo die reichsten Fischgewässer liegen.

Kreise und Spiralen in ganz Europa

Wer also eine für alle Näpfchen einheitliche Bedeutung sucht, wird sich vergeblich bemühen. Doch während die Schalen im Fels hier und da wenigstens ihre lokalen Geheimnisse preisgeben, stellen uns andere immer wiederkehrende Vertiefungen im Stein vor schier unlösbare Rätsel: die Kreise. Allein in den südschottischen Grafschaften verzeichnen die Register der Vorzeitforscher rund 50 Fundorte mit Kreisen. Oft sind es mehrere konzentrische Ringe und fast immer kennzeichnet ein ausgeprägtes Näpfchen deren Mittelpunkt. Meistens kommen die Kreise in kleineren oder größeren Gruppen vor, nicht selten auch zusammen mit einfachen Näpfchen. Manchmal verlaufen von den Schalen im Zentrum der Kreise Rillen nach außen. Gelegentlich führen sie noch weit über den größten der konzentrischen Kreise hinaus oder verbinden sogar eine Kreisgruppe mit einer anderen. Zuweilen sind die äußeren Kreise nicht ganz geschlossen. Dann wirkt die Gruppe bei flüchtigem Hinsehen wie eine Spirale. Hin und wieder kommen aber auch richtige Spiralen vor.

Die merkwürdigen Kreise und Spiralen gibt es nicht nur in Schottland und auf den schottischen Inseln. Auch weiter südlich in England finden sie sich, und eine der wahren Hochburgen der Näpfchen mit Ringen ist Irland.

Es fehlt nicht an Deutungsversuchen für die rätselhaften Symbole. Als ich sie einmal zusammenstellen wollte, zählte ich nicht weniger als 16 ernst gemeinte wissenschaftliche Hypothesen, die einander zum Teil erheblich widersprechen. Daneben wuchern wilde, völlig unhaltbare Theorien. So richtig befriedigend ist bisher keine Interpretation. Alles bleibt also reine Spekulation.

Reverend Charles Graves, einer der ersten Entdecker der Kreise in Irland, deutete sie gegen Mitte des 19. Jahrhunderts als Grundrisse oder Karten benachbarter eisenzeitlicher Fortanlagen. Er konnte damals noch nicht wissen, dass die Gravierungen im Fels zwei Jahrtausende älter sind als die Festungen.

Ebenfalls um 1850 sah der englische Reverend William Greenwell in den Kreisen, die er in der Grafschaft Northumberland gefunden hatte, Karten von benachbarten Hügelgräbern, wobei ein Näpfchen eine einfache Bestattung bedeuten und jeder Ring um das Näpfchen für eine weitere Bestattung im selben Grab stehen sollte.

Dass die Sache nicht ganz so einfach ist, erkannte bereits

1865 der Engländer George Tate. Er konnte die Ringe »nicht als Vergnügungen müßiger Soldaten ansehen und auch nicht als Lagepläne von Camps oder Übungen angehender Ingenieure; denn ihre weite Verteilung und – trotz Unterschieden im Detail – ihre Verwandtschaftsähnlichkeit beweisen, dass sie einen gemeinsamen Ursprung hatten und weisen auf eine symbolische Bedeutung hin, die irgendeinen volkstümlichen Gedanken ausdrückte.«

Lager von Nattern oder magische Zeichen für Erze?

Tate traf einen Kern der Problematik: Wie lässt es sich erklären, dass so außerordentlich ähnliche Symbole Felsen in so weit voneinander entfernten Gebieten zieren und was ist ihre gemeinsame geistige Wurzel? Was bedeuten diese Zeichen wirklich? Antworten auf diese Fragen fand Tate allerdings nicht.

Die wilderen Fantastereien lassen sich allenfalls mit einem Lächeln quittieren. So glauben einige, die merkwürdigen Kreise seien immer wieder benutzte Lagerstätten von Nattern. Andere sehen in ihnen Schmelztiegel für Metalle, Spuren von Messerschärfern, Reibmühlen, frühe Schriftzeichen oder Steinmetzsymbole, Öllampen oder Ambosssteine. Die weniger Fantasiebegabten schreiben sie einfach den Druiden zu, die vor allem in England für so manches Unerklärliche aus grauer Vorzeit herhalten müssen.

Doch gibt es auch ernsthaftere Deutungsversuche. So vermutet der britische Forscher Stuart Piggott eine Beziehung zwischen den Kreisen und Erzlagerstätten von Kupfer und Gold. Die Felsgravierungen sind nach seiner Hypothese magische Zeichen vorgeschichtlicher Metallsucher. In der Tat befinden sich 84 Prozent der südschottischen Steine mit Näpfchen und Kreisen in der Nähe von Kupfer- und Goldvorkommen. Aber das liegt wohl eher daran, dass in diesem Landstrich diese Erze generell weit verbreitet sind. In anderen Gegenden Schottlands sinkt die Ausbeute auf nur 65 Prozent und in wieder anderen schottischen Landstrichen sowie in Irland finden sich im Umfeld keines einzigen gravierten Steines irgendwelche Erzvorkommen.

Andere Felsbildforscher versuchten, die Näpfchen und die sie umgebenden Kreise astronomisch zu deuten. So schrieb Nathan Heywood schon im 19. Jahrhundert, die Kreise und »Leitern« auf dem Panoramastein von Ilkley könnten als Sinnbilder für irgendeine mysteriöse Verbindung der Erde mit dem Himmel oder den Planeten gemeint sein, die Näpfchen und Ringe stellen Planeten dar und die zusätzlichen äußeren Kreise sollten diesen Planeten den Anschein der Bewegung geben.

Andere Autoren sehen in den Kreisen um eine »höchste zentrale Kraft« rotierende Himmelskörper oder auch Karten der Sternbilder Herkules, Nördliche Krone, Kleiner und Großer Bär.

Wie Wellen im Wasser

Aber es gibt auch völlig andere Deutungen. Weit verbreitet in prähistorischen Kultbildern waren auf der ganzen Welt verschiedene Zeichen für Wasser: Wellen- und Zickzacklinien, stilisierte Regenwolken oder symbolische Wasservögel. Wasser ist lebensnotwendig, Wasser bringt Fruchtbarkeit, um Wasser baten die Zauberer und Schamanen die Götter.

Wie zeichnet man Wasser? Die uns heute so vertraute Wellenlinie ist schon eine starke Abstraktion. Sie ist gleichsam ein Schnittbild durch eine bewegte Wasseroberfläche. Gruppen von konzentrischen Kreisen aber lassen sich im Wasser unmittelbar als Wellen erkennen, etwa wenn man einen Stein in einen ruhigen Teich wirft. Es läge also nahe, als Wassersymbole konzentrische Kreise zu zeichnen. Das zentrale Näpfchen wäre dann das auslösende Ereignis, etwa der eintauchende Stein. Für diese Theorie spricht, dass konzentrische Kreise unabhängig voneinander auf der ganzen Welt vorkommen. Das Vorbild in der Natur könnte die trotz der räumlichen Trennung gemeinsame Wurzel sein.

Wie weit die Übereinstimmungen der Felsbilder mit Kreisen in verschiedenen Teilen Europas gehen, beweisen die vier Grafiken auf Seite 118. Sie zeigen Felsen aus der Nähe von Pontevedra in Portugal, Fentans im spanischen Galizien, Achnabreck in Schottland und Carschenna bei Sils in Graubünden. Sehr ähnliche Figuren finden sich aber fast überall in Europa und in vielen anderen Teilen der Welt.

Ein Aborigine erklärt die Wellenkreise

Interessant scheint mir in diesem Zusammenhang die Meinung eines Mitarbeiters der Max-Planck-Forschungsstelle für Humanethologie zu sein. Er kam von einem Felsbildort in Schweden zurück, zu dem er einen Eingeborenen aus der Torresstraße, einer inselreichen Meerespassage nördlich von Australien, mitgenommen hatte – in der Hoffnung, dieser könne ihm etwas über die Bedeutung prähistorischer Felsgravierungen erzählen, denn in seiner Heimat gibt es diese Tradition noch heute. Als man ihm eine Felsplatte mit konzentrischen Kreisen zeigte und ihn fragte, ob er deren Bedeutung kenne, sagte er: »Ja, natürlich, solche Kreise machen wir auch.« Was deren Bedeutung sei, fragte der Wissenschaftler weiter. »Wie soll ich das wissen,« gab der junge Mann zurück, »woher soll ich wissen, was der Mensch, der diese Kreise ritzte, dachte?« – »Aber du sagtest doch, du kennst die Bedeutung«, hielt man ihm vor. Dann erst begriff er die Fragestellung. »Ach so«, sagte er, »die Kreise können vieles bedeuten. Einer meiner Verwandten baut Yamswurzeln an. Er macht die Kreise als Fruchtbarkeitszauber. Wellenkreise sind Wasser und Regen ist gut für die Ernte. Mein Vater dagegen ist ein alter Mann, der langsam einsam wird. Er malt auch Kreise. Sie breiten sich aus wie Wellen im Wasser, sie schaffen Kontakt mit der Umgebung und mit allem Leben. Er will nicht einsam sein. Und dann ist da noch mein Onkel. Er glaubt manchmal, sich selbst zu verlieren. Dann malt er Kreise, um sich zusammenzuhalten, um bei sich selbst zu bleiben und nicht auseinanderzufallen.«

Vielleicht liegt hier eine der spontansten und damit richtigsten Erklärungen für die uralten Kreissymbole. Kreise können vieles darstellen. Sie sind universelle Zeichen und wahrscheinlich hat sie der Mensch über Abertausende von Kilometern und Abertausende von Jahren hinweg auch ebenso universell verstanden und als spirituelle, als magische Symbole angewendet. Wir aufgeklärte Menschen des 21. Jahrhunderts haben die innere Beziehung zu dieser Art Denken verloren und deshalb ist es uns schwer geworden, Antworten darauf zu finden, was Jahrzehntausende hindurch Menschen in aller Welt ausgedrückt haben.

Schamanische Kosmologie – Das Mühlesymbol

»Die Herkunft des ›Mühlespiels‹ wächst sich mehr und mehr zu einem Schlüsselproblem aus«, schrieb der österreichische Felsbildforscher Franz Wollenik 1991 in einer Vereinspublikation des Institutum Canarium, einer Gesellschaft zur Erforschung der Prähistorie der Kanarischen Inseln und Nordafrikas. Der Wissenschaftler meinte damit nicht in erster Linie das bekannte Brettspiel, sondern eine geometrische Figur, die aussieht wie die Linien auf einem Mühlebrett, aber mit einem Gesellschaftsspiel nichts zu tun hat.

Ein uraltes Symbol und seine Verbreitung

Wollenik spricht von einem uralten Symbol, das sich fast überall im Alpenraum finden lässt, wo es auch andere vor- oder frühhistorische Felsbilder gibt: am Gardasee ebenso wie im italienischen Val Camonica, unter anderem in der Nähe des Königssees und an zahlreichen Orten in den Ostalpen, darunter bei Weitenau, im Bluntautal, in der Kienbachklamm oder in der Höll. Doch nicht genug damit. Mühlesymbole gibt es auch außerhalb der Alpen, etwa im Wald von Fontainebleau im Herzen Frankreichs, in Labien in Istrien, an den Ufern des Nils, im westlichen Nordafrika und sogar in Afghanistan. Vielfach findet sich das Mühlesymbol als Felsgravierung an senkrechten Wänden und schon das beweist, dass es hier nicht um ein Brettspiel ging. Die Ritzungen stammen aus der Jungsteinzeit, der Bronze- und Eisenzeit.

Aber auch als Gesellschaftsspiel hat die Mühle ein hohes Alter. Im alten Ägypten (Theben) kannte man sie offenbar bereits rund 2000 v. Chr., die alten Chinesen spielen Mühle seit mindestens 500 v. Chr., und auch aus Jerusalem sind Mühlespielfelder lange vor Christi Geburt bekannt. Dort wurden sie meist in die Böden von Gebäuden geritzt. Mühle spielten die alten Griechen, die römischen Legionäre und wenig später das Bürgertum in ganz Mitteleuropa. Inzwischen hat das Brettspiel längst weltweite Verbreitung gefunden.

Stellt die Mühle ein Weltbild dar?

Doch zurück zu den Felsbildern der Vorzeit. Wofür das weit verbreitete Mühlesymbol in diesen stand, ist heute nicht leicht nachzuvollziehen. Unmittelbar erklärende Überlieferungen gibt es nicht und so ist die Felsbildforschung auf Indizien und Parallelschlüsse angewiesen. Auch sie sind bis heute dünn gesät. »Die Literatur über das Mühlesymbol ist spärlich und meist unbefriedigend«, klagt Wollenik, »in keinem der zahlreichen Lexika für Vorgeschichte und Symbolforschung ist es aufzufinden.« Und das, obwohl das Mühlesymbol im Repertoire der abstrakten Felsbilder eine weite Verbreitung und einen bedeutenden Stellenwert besitzt.

Wollenik scheint *Das Buch der Zeichen und Symbole* von Inge Schwarz-Winklhofer und Hans Biedermann übersehen zu haben, denn dort findet sich eine vorsichtige Mutmaßung zur Bedeutung. »Auf ein Weltbildschema mit vierfacher Unterteilung dürften die ›Mühle-Spielbretter‹ auf vertikalen Steinflächen zurückgehen«, schreibt der Autor. In einem persönlichen Gespräch betonte Biedermann mir gegenüber einmal, dass er fest davon überzeugt sei, die alten Mühlefelsbilder wären vorzeitliche Weltschemata. Das gehe daraus hervor, dass auch sonst das Weltganze in Steinzeit- und früheren Metallkulturen in zahlreichen Variationen als viergeteilt dargestellt wurde, etwas als vierspeichiges Radkreuz oder als geviertteiltes Quadrat.

Das Mühlesymbol auf der Tschötscher Heide bei Brixen zeigt eine Besonderheit: Verbindungslinien auch zwischen den Ecken der drei Quadrate.

Auch der österreichische Wallburgenforscher E. Burgstaller sah im Mühlesymbol das »Sinnbild einer geheimnisvollen größeren Welt«. Noch deutlicher fasste es der Autor Franz Haller in seinem Buch *Die Welt der Felsbilder in Südtirol*: »...wenn man bedenkt, dass sich im Dom zu Aachen eine Steinbank mit einem gleichen Kosmosideogramm (Mühle) befindet, wie in der Arkade 12 des Domkreuzganges (zu Brixen). Zur Zeit Karls des Großen wusste man noch, dass dieses Zeichen die Weltordnung bedeutete. Der Gesetzgeber saß direkt darauf und besaß so die Macht über die damalige Welt.«

Doch die soeben zitierten Ansichten bleiben nicht unwidersprochen. So ist nach Auffassung des Felsbildforschers K. Th. Weigel die Mühle »ein Fruchtbarkeitssinnbild. Viele Bräuche deuten darauf hin, dass sie ein ausgesprochen weiblicher Ausdruck ist.« Andere Autoren haben das Mühlesymbol auch schon als stilistisch vereinfachtes Labyrinth interpretiert, was mir allerdings sehr weit hergeholt zu sein scheint.

Weltenberge mit quadratischem Grundriss

Wer ernsthaft versucht, der Bedeutung des Mühlesymbols durch Analogieschlüsse auf den Grund zu gehen, muss nach verwandten Strukturen suchen. Da gibt es zunächst einmal ein idealisiertes kosmografisches Weltbild aus Chinas Frühzeit, das literarisch gut dokumentiert ist. Im 600 v. Chr. verfassten *Yü-kung* (»Tribute des (Kaisers) Yü«), einem Abschnitt des *Shi-Chung* (»Klassiker der Urkunde«) findet sich eine Beschreibung des »t'ein-hsia«, der »unter dem Himmel befindlichen Welt«. Der Text beschreibt diese Welt als eine Reihe konzentrischer Quadrate, die hierarchische Bedeutung besitzen: Im Inneren liegt das Gebiet des Herrschers, nach außen folgen verschiedene Zonen für Lehnsherren bis hin zu solchen für Steppenbewohner und schließlich Nomaden.

Wichtig erscheinen in diesem Zusammenhang auch verschiedene alte Sakralbauten, die so etwas wie Weltenberge repräsentieren. Nicht wenige davon haben einen quadratischen Grundriss, auf dem sich übereinander immer kleinere quadratische Terrassen reihen. Treppenfluchten in der Mitte der vier Bauseiten führen von Terrasse zu Terrasse höher hinauf. Würde man solche Bauwerke von oben betrachten, hätte man perfekte Mühlesymbole vor Augen. Bedeutende Vertreter dieser Architektur sind unter anderem die Zikkurat, die Tempeltürme des alten Mesopotamien. Auch die gewaltige buddhistische Tempelanlage von Borobudur (8./9. Jahrhundert) in Indonesien ist so angelegt, ebenso der Khmertempel von Angkor (9.–13. Jahrhundert) in Kambodscha. Die Khmerkosmologie erklärt das zugrunde liegende Prinzip: Der Tempel versinnbildlicht den Weltenberg Meru, den Sitz der Götter. Sein als magisch geltender quadratischer Grundriss stellt die kosmische Ordnung dar und soll den Tempel wie auch die um ihn herum aufgebaute Stadt mit den göttlichen Gesetzen in Einklang bringen.

Ganz ähnlich sind auch zahlreiche der alten mittel- und südamerikanischen Pyramiden aufgebaut: Stufenförmig liegen immer kleiner werdende quadratische Terrassen konzentrisch übereinander und in der Mitte der vier Seiten führen wie die Verbindungslinien der drei Quadrate des Mühlefelds Treppen nach oben.

Der Kosmos der Schamanen

Meines Wissens hat es bisher noch niemand unternommen, das alte Mühlesymbol mit schamanischen Weltbildern zu vergleichen, obwohl sich gerade dies aufdrängt und obwohl dieser Ansatz zum befriedigendsten Ergebnis führt. Wollenik beschloss seine Gedanken zum Mühlesymbol 1991 mit den Worten: »Wie es bei Geheimlehren und auch den Mysterienreligionen zu sein pflegt, bleibt das Eigentliche und das Wesentliche weitgehend im Dunkeln und lässt sich von der heutigen Denk- und Erlebnisstruktur her kaum erfassen.«

Vielleicht ist das aber dennoch möglich. Wir wissen, dass das Mühlesymbol in der vor- und frühzeitlichen Felskunst an vielen weit auseinander gelegenen Orten der Erde zumindest teilweise unabhängig entstanden sein muss. Das spricht dafür, dass es seine verschiedenen Urheber immer wieder neu entdeckt – nicht erfunden – haben müssen. Die Entdeckung eines universellen Symbols lässt an archetypische Zeichen denken, an Anleihen aus dem »transpersonalen Unbewussten«, wie der Psychologe C. G. Jung das nennt.

Nun wissen wir seit den Arbeiten des US-Ethnologen Michael Harner, dass derartige Parallelentdeckungen zu unterschiedlichsten prä- und protohistorischen Zeiten und an kulturell völlig unabhängigen Orten insbesondere dann nicht selten sind, wenn es sich um schamanische Praktiken handelt. Harner führte mit seiner Foundation for Shamanic Studies über Jahrzehnte hinweg Feldforschung bei Stammesvölkern in aller Welt durch und es gelang ihm, ein erstaunlich einheitliches System von spirituellen Techniken und spirituellen Erfahrungen herauszuarbeiten, das er »core shamanism« nennt. Er bezeichnet damit jenen »Kernschamanismus«, in dem alle auf diesem

Gebiet arbeitenden Ethnien übereinstimmen, wenn man Elemente von »Lokalkolorit« wie lokales Brauchtum und lokale Mythologie fortlässt.

Die Schamanen aller Völker dieser Welt kannten und kennen die Schamanentrommel, zu deren monotonem Rhythmus sie auf Trancereisen in spirituelle Welten gehen. Heute wissen wir, warum das auch neurologisch betrachtet sinnvoll ist. Der Trommelrhythmus von 3 bis 7 Hertz regt das Gehirn an, sogenannte Thetawellen zu produzieren, Gehirnströme, die charakteristisch für Trancezustände sind. In diesem Zustand reisten und reisen die Schamanen aller Zeiten und aller Erdteile in spirituelle Welten. Erstaunlich genug ist, dass die auf diesen Reisen erlebte schamanische Kosmologie der nord- und südamerikanischen Indianer bis ins Detail jener der Inuit (Eskimo) Nordamerikas und Nordasiens gleicht, aber auch jener der Schamanen in ganz Sibirien, Schwarzafrika, Südostasien, Ozeanien oder Australien. Selbst »Neoschamanen«, wie sie heute vor allem in Europa und Nordamerika auftreten, erleben auf ihren Reisen gleichartige Kosmologien und erfahren zunächst die »irdische«, alltägliche Welt als viergeteilt. Diese Vierteilung ist räumlich (Osten, Süden, Westen, Norden) und zeitlich (Morgen, Mittag, Abend, Nacht oder auch Frühjahr, Sommer, Herbst, Winter). Im Gegensatz dazu ist das Weltganze, das auch das Nichtalltägliche umfasst, in eine untere, mittlere und obere Welt dreigeteilt. Die monotheistischen Hochreligionen, die nicht umhin konnten, diese alte heidnische Weltordnung zu übernehmen, haben später aus der unteren Welt die Hölle und aus der oberen den Himmel gemacht. Bei den Schamanen vermittelt die untere Welt Kraft, Ausdauer, Körperlichkeit und Erdverbundenheit. Dort begegnet der Schamane jenen archetypischen Gestalten, die er »Krafttiere« nennt und die der modernen Kinderpsychologie als »unsichtbare Spielgefährten« bekannt sind. Die mittlere Welt ist jene, in der wir den Alltag erleben. Und in der oberen Welt liegen schließlich die lichten Regionen, in denen der Schamane Helfer für Geist und Seele findet, die er spirituelle Lehrer nennt. In Afrika nehmen nicht selten weise Ahnengeister deren Rolle ein. Bei den Hochreligionen sind es Figuren wie Schutzheilige oder Engel.

Yggdrasil – der Weltenbaum der nordischen Mythologie

Ein gutes Beispiel für die Dreigliederung in untere, mittlere und obere Welt liefert der Weltenbaum Yggdrasil der alten nordischen Mythologie, dessen Wurzeln bis in die tiefsten Tiefen und dessen Krone bis in den höchsten Himmel reichen. Als mittlere Welt galt dabei der alltägliche menschliche Lebensraum in Erdbodennähe und im Bereich der unteren Äste und Zweige. Auch im alten Griechenland findet sich diese Dreigliederung von der düsteren Unterwelt bis in die Höhen des Götterberges Olymp, auf dem Irdische damals noch nichts zu suchen hatten. Praktisch jeder Kulturkreis kennt solche mythologischen Bilder einer dreigeteilten Welt.

Die Viergliederung der alltäglichen Welt findet sich aber auch in der unteren und in der oberen Welt, wobei sie dort meist nicht so intensiv erlebt wird wie im irdischen Alltag. Auch die untere und die obere Welt kennen Tageszeiten und Himmelsrichtungen. Kombiniert man nun die Viergliederung mit dem Schema der drei Weltebenen und versucht, das Ganze grafisch auf einer Zeichenfläche darzustellen, so resultiert daraus fast zwangsläufig das Mühlesymbol mit seinen drei konzentrischen Quadraten. Die Verbindungslinien, auf denen man sich zwischen den drei Welten bewegen kann, liegen logischerweise in der Mitte der Quadratseiten, denn die »Ecken der Welt« gelten immer als jene fernsten Gebiete, die sich vom Menschen normalerweise nicht erreichen lassen.

Mühlesymbol und schamanisches Weltbild

Nachdem sich in den letzten Jahren mehr und mehr Archäologen mit schamanischen Vorstellungen auseinandergesetzt haben und auch für andere bisher ungeklärte Strukturen und

Rituale aus Vor- und Frühgeschichte Erklärungen in der Gedanken- und Erlebniswelt der Schamanen suchten, halte ich es für legitim, eine sinnvolle Erklärung für das Mühlesymbol ebenfalls in diesem Bereich zu suchen, zumal unabhängig davon ohnehin schon die Vermutung im Raum stand, die Mühle sei ein Weltordnungssymbol. Allein das global verbreitete schamanische Weltbild vermag aber schlüssig die Kombination des die irdische Ordnung repräsentierenden Quadrats mit der Dreifachstruktur und den Verbindungslinien der Mühle zu erklären.

Doch so naheliegend und verlockend dieser Denkansatz auch sein mag, einen Beweis für seine Richtigkeit gibt es bislang nicht. Vielleicht ließe sich die Kraft der Indizien dadurch erhärten, dass Ethnologen, die mit heute noch auf Steinzeitniveau lebenden Völkern arbeiten, deren Schamanen bitten, ein Schema der ihnen geläufigen Welt zu zeichnen. Wenn dabei wiederum spontan Mühlesymbole entstünden, wäre das nicht verwunderlich.

Tanz im Labyrinth

»Ferner schuf er darauf einen Reigen, der rühmliche Künstler,
Jenem ähnlich, den einstens in Knossos, der weiten Feste,
Daidalos hatte gefügt für die lockige Maid Ariadne. ...
Kreisend liefen sie bald mit wohl bemessenen Tritten
Leicht umher, so wie wenn ein Töpfer die passende Scheibe
Sitzend mit prüfenden Händen erprobt, wie schnell sie sich drehe;
Bald auch tanzten sie wieder in Reihen einander entgegen ...«

Diese Verse stehen in Homers *Ilias*. Der »rühmliche Künstler« ist Hephaistos, der griechische Gott des Schmiedefeuers. Der

Tanz wird einerseits als kreisend beschrieben, andererseits aber auch als gegenläufiger Reigen zweier Gruppen. Der Dichter verweist auf den Palast von Knossos und auf Ariadne, die kluge Tochter von König Minos, die der Legende nach dem Theseus einen Garnknäuel gab, den »Ariadnefaden«, mit dem er nach der Tötung des Ungeheuers Minotauros aus dem Labyrinth unter dem Palast herausfand.

Dieses Labyrinth ist es, auf das Homer mit seinen Versen anspielt. Aber wie kann man in einem Labyrinth tanzen? Homer beschreibt es: kreisend und gegenläufig zugleich. Verstehen kann das freilich nur, wer weiß, wie dieses alte Labyrinth, das Homer im Sinne hat, aussah. Das Bild auf dieser Seite zeigt es. Wer es tanzend bei A betritt, folgt dann zwangsläufig kreisbogenförmigen Gängen und muss siebenmal seine Richtung ändern, bis er schließlich im Inneren des Labyrinths bei Punkt B ankommt. Dort sieht er sich unvermittelt in einer Sackgasse und muss umkehren, um auf demselben Wege zum Eingang zurückzugelangen, der jetzt zum Ausgang wird. Sind mehrere Gruppen von Tänzern oder auch eine lange Tänzerkette unterwegs, begegnen die Tanzenden einander in benachbarten Gängen teils gegenläufig, teils tanzen ihre Reihen parallel zueinander. Mal sind sie einander ganz nahe, dann entfernen sie sich wieder voneinander.

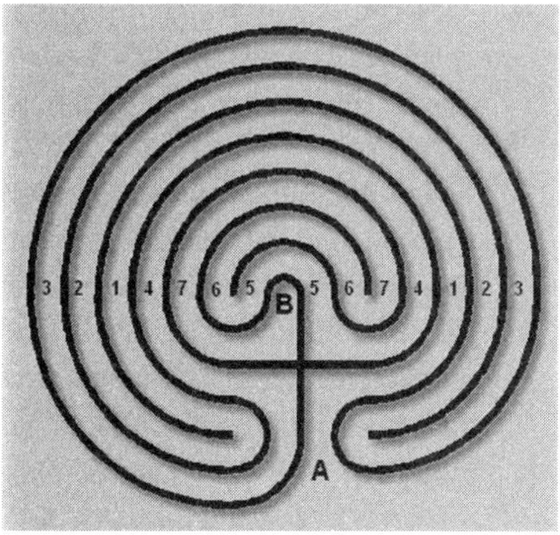

Das klassische Labyrinth ist kein Irrgarten, sondern eher so etwas wie eine Sackgasse mit sieben Pendelgängen nach jeder Seite.

Allerdings ist das ganze Gewirr von Gängen alles andere als das, was wir heute umgangssprachlich als Labyrinth bezeichnen. Es ist kein Irrgarten, in dem man sich verlaufen kann, denn die Richtung ist immer eindeutig vorgegeben. Das lässt am Sinn des Ariadnefadens als Hilfe für das Herausfinden zweifeln.

Das Labyrinth im Wandel der Zeiten

Wechseln wir zunächst einmal den Schauplatz vom antiken Griechenland ins England des 19. Jahrhunderts. Hier verfasste ein Dichter namens Bradfield 1864 die folgenden Verse:

»In einer Furche, tief im Rasen eingebettet
Und breit genug, den Füßen Platz zu bieten,
Nimmt mancher teil am Schäferwettlauf durch ein Labyrinth,
Das seine Form vor langer Zeit erhielt.
Die Füße werden müde, und der Geist wird irre,
Und doch erfreut der Lauf Herz und Verstand;
Gleicht er doch irgendwie dem Ablauf unseres Lebens,
Und wo du ihn beginnst, da muss er enden.«

Zwischen Homer und Bradfield liegen mehr als 2600 Jahre. Hat sich hier eine alte, rituelle Tanztradition nach ganz festen, durch eine geometrische Form vorgegebenen Regeln Jahrtausende hindurch erhalten? Die Frage lässt sich eindeutig mit Ja beantworten, denn wir kennen heute recht genau die historischen Wege dieser Überlieferung.

Von Griechenland ins Römische Reich

Rund 400 Jahre nach der mutmaßlichen Lebenszeit Homers berichtet Platon (427–347 v. Chr.) vom Labyrinth. Zwischen 300 und 70 v. Chr. werden in Knossos Münzen mit gerundeten und rechteckigen Labyrinthmustern geprägt. Zur gleichen Zeit kommt es aber auch zu einer Verwirrung um den Labyrinthbegriff, der nun auch der Bezeichnung von Irrgärten oder vielfach verzweigten Höhlensystemen dient, in denen man sich verlaufen kann. Möglicherweise ist an diesem Begriffsdurcheinander Homers Ariadnefaden nicht ganz unbeteiligt. Dessen tatsächlicher Hintergrund scheint aber ein anderer gewesen zu sein. Es gibt begründete Indizien dafür, dass der Ariadnefaden nicht als Wegmarkierung diente, sondern ein Symbol für den Lebensfaden war: Theseus sollte mit seiner Hilfe gesund und vor allem lebendig zum Ausgang zurückgelangen, der an sich nicht zu verfehlen war.

Zugleich mit den Münzen von Knossos taucht das Labyrinth im Römischen Reich auf, dort allerdings im Zusammenhang mit Leichenfeiern als ein Transformationssymbol, das den Übergang zwischen Leben und Tod markiert. Der Weg zum Mittelpunkt des Labyrinths führt nun an einen Punkt, an dem es zunächst scheinbar kein Weiterkommen gibt. Es ist ein Punkt der Umkehr und des Wandels. Wer danach das Labyrinth in Gegenrichtung durchschreitet, ist geläutert und innerlich ein Anderer geworden. Dieser Grundgedanke begleitete das Labyrinth durch Jahrtausende und durch viele Kulturen. Die alten Römer bezogen diese Läuterung auf den entscheidendsten Wandlungspunkt im Dasein des Menschen, den Tod.

Als transzendentales Symbol ist das römische Labyrinth weniger eine konkrete Tanzbodenfigur als ein grafisches Sinnbild. Als solches findet es sich vor allem auf römischen Fußbodenmosaiken wieder, dabei auch in erweiterten geometrischen Formen, die über das ursprüngliche siebengängige Labyrinth weit hinausgehen. Eines der berühmtesten und am besten erhaltenen dieser römischen Mosaiklabyrinthe befindet sich noch heute in einer Ruinenstätte der ehemaligen römischen Kolonie in Portugal, nämlich in Conimbriga in der Nähe des heutigen Coimbra. Es stammt aus der Zeit zwischen 250 und 200 v. Chr. An einem Türstock im 79 n. Chr. zerstörten Pompeji findet sich ein Labyrinth als Graffiti. Und um 100 n. Chr. schreibt Plutarch eine Abhandlung über das Labyrinth und das Ariadnethema, wobei er sich auf Texte von Homer, Apollodorus, Diodorus, Pausanias, Vergil und Ovid beruft. Das Sujet beschaftigte also nicht wenige große Geister der Antike. Römische Labyrinthmosaike entstehen bis etwa 450 n. Chr.

Christliche Labyrinthe in ganz Europa

Schon ab 324 übernimmt sie die christliche Kirche als Bodenlabyrinthe in Basiliken und anderen Gotteshäusern. Der Urgedanke des Lebensweges und des spirituellen Wandels wird jetzt von der christlichen Lehre überdeckt. Das Labyrinth bleibt ein Symbol des Wandels, aber es ist jetzt der Wandel vom sündhaften Leben zur Erlösung durch den Messias. Hier spielt auch der Lebensweg als Pilgerfahrt eine wichtige Rolle. Der Weg in das Labyrinth hinein ist eine Suche. Aber es ist keine blinde Suche, sondern eine vertrauensvolle, die dem zwar noch unverständlichen, aber von der Kirche fest vorgegebenen Pfad folgt, bis im Zentrum des Labyrinths das Ziel erreicht wird, der spirituelle Wallfahrtsort, an dem sich der Wandel zur Erlösung vollzieht, bevor der Pilger wieder ins Alltagsleben entlassen wird.

Das Felsbild eines Labyrinths bei Tintagle in Cornwall findet sich an einer senkrechten Wand. Zum Begehen eignet es sich natürlich nicht. Es ist reines Symbol.

Die Kirchenlabyrinthe knüpfen direkt an die römischen Fußbodenlabyrinthe an und sind wie diese gegenüber dem Urlabyrinth oft vielfältig künstlerisch-geometrisch erweitert. Es gibt sie zu Dutzenden, vor allem in Frankreich, aber auch in England und Deutschland. Hier entstanden bis in die allerjüngste Vergangenheit hinein immer neue Kirchenlabyrinthe, so zum Beispiel 1974 im Dom zu Trier, 1977 im Kölner Dom, 1991 in der Pfarrkirche St. Martin in Ralingen bei Trier oder 1995 in der Kirche St. Konrad in Freiburg. Im spanischen Barcelona schmückt ein Labyrinth in klassischer siebengängiger Form eine schwere Bronzetür der noch im Bau befindlichen gigantischen Kathedrale Sagrada Familia.

All diese römischen und christlichen Labyrinthe haben in

erster Linie Symbolcharakter. Sie eignen sich nicht zum Begehen oder gar zum Tanzen. Es passt offenbar nicht in die Gedankenwelt einer Hochreligion, die sich mit der Vorstellung einer die Menschheit belastenden Erbsünde und der Erlösung von dieser beschäftigt, den spirituellen Wandel mit lebensfrohen Tänzen zu verbinden.

Trojaburgen in Nordeuropa

Dieser Grundaspekt des Labyrinths ging aber keinesfalls unter. Er erwachte, mehr als 2000 Jahre nach Homer, im skandinavischen Raum zu neuem Leben. Ab etwa 1300 entstanden vor allem in Schweden und Dänemark sogenannte Trojaburgen, riesige, mit Steinen auf Rasenflächen oder am Strand ausgelegte klassische oder auch erweiterte Labyrinthe, in denen sich vorzüglich tanzen ließ und auch zum Teil heute noch tanzen lässt. Auch in England breitete sich der Brauch des Labyrinthtanzes aus. Hier sind die Gänge der Figuren meist nur tief ausgehobene Pfade im Rasen.

Dieses Riesenlabyrinth in Losone in der Schweiz wird auch heute noch jährlich erneuert.

Es ist nicht ganz klar, warum die Schweden ihre Labyrinthe Trojaburgen nannten und seit allerneuester Zeit auch wieder nennen. Der Gedanke liegt nahe, dass das Wort an die antike Stadt Troja anknüpft. Aber die Mehrzahl der Labyrinthforscher geht heute davon aus, dass dem nicht so ist, zumal sich bei Ausgrabungen am Palast von Knossos niemals so etwas wie ein Labyrinth finden ließ. Das labyrinthartige Gefängnis des Minotauros gehört wohl in den Bereich der reinen Legende. Das Wort Troja ist wahrscheinlich vom altlateinischen Verbum »truare« (»sich balgen«, »sich tummeln«) abgeleitet und bezieht sich auf rituelle Ritterkämpfe, die sich in Labyrinthen abgespielt haben sollen. Ob das wirklich stimmt, ist aber umstritten.

Jedenfalls heißen die Labyrinthe in Schweden von Anfang an Trojaburg oder auch Trelleborg. Ortsnamen wie Trælleborg, Trøjborg, Tröborg, Trollaborg oder Trellburre erinnern noch heute an die alten Anlagen.

Aber nicht nur Schweden ist reich an solchen historischen Tanzplätzen. Seit etwa dem 14. Jahrhundert waren sie in ganz Skandinavien verbreitet. In Schweden entdeckten Labyrinthforscher rund 300 derartige Anlagen, in Norwegen knapp zwei Dutzend, in Finnland 141 und in Dänemark 31. Später entstanden auch in Deutschland etwa 20 große Rasenlabyrinthe, besonders im Raum Halle-Magdeburg. Die meisten sind heute allerdings verfallen. Ein gut erhaltenes befindet sich noch im Eilenrieder Forst bei Hannover, zwei weitere lassen sich bei Graitschen auf der Höhe in Thüringen und in Steigra in Sachsen-Anhalt bewundern.

Labyrinthe in Asien und Amerika

Schon um 250 v. Chr. lässt sich eine Labyrinthdarstellung als Felsbild in Zentralindien nachweisen. Aber es gibt dort auch Steinlabyrinthe, die möglicherweise bereits um 1000 v. Chr. angelegt wurden, also schon vor Homers Zeiten. Das lässt die Frage aufkommen, wo das Labyrinthsymbol überhaupt seinen Ursprung hat. Von Indien aus gelangte das Labyrinth im 8./9. Jahrhundert n. Chr. nach Afghanistan, nach Java und Sumatra. Interessanterweise hat sich auch in diesem Kulturkreis die Religion dieses uralten Symbols bemächtigt. Spätestens im 18. Jahrhundert wird es mit tantrischen Texten in Zusammenhang gebracht.

Wann und wie das Labyrinth die Neue Welt erreichte, lässt sich nicht genau sagen. Jedenfalls hat es in die Mythologie der Hopi, der Navajo, der Pima, der Tohono O'odham und anderer Indianerstämme Eingang gefunden, wo man es als spirituelles Symbol, nicht als Tanzplatz findet. Es ziert die Böden von Flechttellern ebenso wie etwa künstlerischen Silberschmuck. Diese Indianerlabyrinthe haben eine Besonderheit: An ihrem Eingang steht eine kleine Figur. Jitoi heißt der kleine Mann, und die Tohono O'odham erzählen von ihm:

Diesen Silberarmreif der Hopi-Indianer schmückt ein Labyrinth, an dessen Eingang Jitoi steht.

»Die Geschichte von Jitoi ist auch die Geschichte jedes menschlichen Wesens, das durch das Leben reist wie durch ein Labyrinth. Man wechselt oft die Richtung und wird dabei stärker und weiser, während man dem Tod im dunklen Zentrum des Labyrinths näher kommt. Verfolgt man den hellen Weg des Labyrinths, dann wird man eine letzte Abbiegung am Ende finden, die vom Zentrum wegführt. Hier kann man auf den Weg zurückschauen und den letzten Schritt akzeptieren.«

Die Wurzeln liegen in grauer Vorzeit

Warum ist in diesem Buch, das von Vorzeiträtseln handelt, überhaupt des Langen und Breiten von einem Symbol die Rede, das sich wie ein roter Faden durch die gesamte Zeit von der klassischen griechischen Antike bis zum Jahr 2007 zieht? Bis 2007, weil auch heute immer wieder große Labyrinthausstellungen stattfinden und vielerorts Labyrinthworkshops angeboten werden – vom spirituellen Frühjahrstanz mit gleichgesinnten New Age-Adepten bis zu Seminaren für Labyrinthmeditation, Selbsterkenntnis, persönlichen inneren Wandel und Transformationserfahrungen. Das große Vorzeiträtsel liegt darin, dass wir nicht sagen können, wie alt das Labyrinthsymbol wirklich ist. Es hat die Menschen über Jahrtausende hinweg angesprochen, und sein Sinn scheint altgriechische Philosophen, mittelalterliche Kleriker, lebenslustige Skandinavier und sogar Indianerschamanen in gleicher Weise erfasst zu haben und von ihnen als *das* Lebenssymbol schlechthin verstanden worden zu sein.

Die Herkunft des Wortes »Labyrinth« hilft uns bei der Klärung dieser Frage kaum weiter. Die alten Griechen verwendeten zwar das Wort, es kommt aber nicht aus dem Griechischen. Die Silbe »-inthos« ist vorgriechisch und weist auf eine Ortsbezeichnung hin, während »labrys« vermutlich aus dem alten Kleinasien stammt. Der griechische Historiker Plutarch erwähnt, es sei eine Bezeichnung für eine kleine Doppelaxt. Dass dieses Wort im alten Griechenland ein Fremdwort war, geht schon daraus hervor, dass die Doppelaxt auf Kreta »wao« und in Griechenland »pelekys« hieß. »Labyrinth« könnte demnach ein altes Wort für »Platz der Doppelaxt« oder »Haus der Doppelaxt« sein. In der kultischen Doppelaxt der Antike und älterer Kulturen sehen manche Historiker ein Symbol für die ab- und zunehmende Mondsichel. Das könnte insofern auf einen Zusammenhang mit dem Labyrinth hinweisen, als auch dieses gleichsam »pendelt« und zudem das Urlabyrinth sieben Wandlungspunkte besitzt: $7 \cdot 4 = 28$ Tage beschreiben auch die Mondphasen.

Es gibt aber auch andere Vermutungen zum sprachlichen Ursprung des Wortes »Labyrinth«. Erstmals sprach der griechische Historiker Herodot, der 429 v. Chr. starb, im Zusammenhang mit dem altägyptischen Tempel von einem »Labyrinth«. Die Ägyptologen bezeichnen eine unter Pharao Amenemhet III. bei El Faijum gebaute riesige Tempelanlage als »Lape-ro-hunt« (»Tempel der Kanalmündung«). In ihrem Zentrum befand sich der stierköpfige Götze Minotauros. Das altägyptische Kunstwort »Lape-ro-hunt« ist somit eine Wortbildung des 20. Jahrhunderts und keine wirkliche etymologische Wurzel des Begriffes. Sprachlich tappen wir also nach wie vor im Dunkeln.

Etwas weiter führt die Artefaktenforschung, aber sie liefert auch eher neue Fragen als Antworten. Ich habe schon darauf hingewiesen, dass es in Indien möglicherweise Labyrinthdarstellungen in der Zeit um 1000 v. Chr. gab. Sie reichen also, falls die Datierung zutreffen sollte, weiter zurück als Homer. Damit wäre Kreta als Ursprungsort des Labyrinths aus dem Rennen. Es gibt noch andere Funde, die ältere Labyrinthe vermuten lassen. So lässt sich eine Felsritzung im spanischen Pontevedra, die ein Urlabyrinth zeigt, auf 900 v. Chr. datieren, und norditalienische Labyrinthpetroglyphen in der Val Camonica stammen wohl aus der Zeit um 800 v. Chr. Aber auch diese Daten sind nicht völlig sicher.

Durch einen Zufall blieben uns aber die Darstellungen zweier Labyrinthe auf den Scherben eines 1960 in Tell Rifa'at in Syrien gefundenen Tongefäßes erhalten. Sie lassen sich mit Sicherheit auf die Zeit um 1200 v. Chr. datieren. Aus derselben Zeit ist auch ein Tontäfelchen mit einer Labyrinthritzung aus dem Palast des Königs Nestor in Pylos im nordwestlichen Peloponnes erhalten. Auf der Rückseite dieses Täfelchens steht ein Text in der minoischen Silbenschrift »Linear B«. Friedrich Dürr hat ihn übersetzt:

»Beschütze, o Starke, die Schiffsladung vor der Meerestiefe.
– Errette!
Besorge für den schmalen Gang einen Faden! – Errette!
Am Faden entlang bis zu den Türflügeln werde ich
die Augen schließen. – Errette!
Ich bin unverzagt: Du wirst kommen und ich werde
jubeln. – ...
Zeige den Faden! – Errette!«

Schon hier ist offenbar vom späteren Ariadnefaden die Rede, und das in Zusammenhang mit dem Labyrinthsymbol, das in diesem Fall nicht für einen Irrgarten steht, sondern für eine scheinbar ausweglose Situation.

Geht das Labyrinth also auf die minoische Kultur oder auf einen Kulturkreis in Mesopotamien zurück? Wir wissen es nicht, denn schließlich gibt es auch noch eine Grabhöhle auf Sardinien, deren Wand das Ritzbild eines Labyrinthsymbols zeigt, dessen Entstehung die Archäologen auf 2500 v. Chr. schätzen. Als ebenso alt wird heute die Höhlenmalerei eines Labyrinths in Sizilien geschätzt.

Die Frage, wann und wo das Ursymbol für Leben, für Lebensweg, Lebensfaden, für Wandel und schließlich auch den Tod seinen Ursprung hat, wird wohl für immer im Dunkel der Vorzeit verborgen bleiben.

Bildergalerie in der Sahara

In einem Buch, das sich mit ungeklärten Fragen der Vor- und Frühgeschichte befasst, darf ein Kapitel über die Felskunst der Sahara nicht fehlen, denn die größte Wüste der Welt ist zugleich ihre größte Bildergalerie. Verstreut über rund 5 000 Kilometer liegen hier zwischen den Ufern des Nils und Westmarokko mehr als 2 000 heute bekannter Felsbildstellen mit insgesamt einigen hunderttausend einzelnen Malereien und Gravierungen. Zeitlich überspannt die Saharakunst mehr als zehn Jahrtausende. Trotz des immensen räumlichen und zeitlichen Umfangs und der großen Zahl der Darstellungen will ich zumindest versuchen, in groben Zügen die vielfältigen Probleme aufzuzeigen, mit denen sich die Felsbildforscher im Sahararaum konfrontiert sehen.

Heinrich Barth und andere Saharareisende

Einer der ersten Europäer, die sich weit in die Sahara vorwagten, war Mitte des 19. Jahrhunderts der deutsche Forschungsreisende Heinrich Barth. Männer, die um diese Zeit Neuland erkundeten, waren gleichermaßen wagemutige Abenteurer, überlegte und gewissenhafte Organisatoren von Expeditionen und vielseitig interessierte Wissenschaftler. Barth beschäftigten in der größten Wüste der Erde Phänomene der Geografie und Geologie ebenso wie sprachwissenschaftliche und ethnologische Fragen, die Architektur von Siedlungen und religiöse Aspekte. Womit er nicht gerechnet hatte, waren Felsbilder, auf die er tief in der libyschen Wüste, im Fezzan, im ausgetrockneten Wadi Tel Issaghen stieß. Einige davon hielt er in Skizzen fest und in seinem Reisebericht schrieb er darüber:

»Und zwar bestanden sie nicht aus Kritzeleien, sondern ... waren ... mit fester und ruhiger Hand, welche wohlgeübt in solcher Arbeit gewesen, in tiefen Umrissen eingegraben und trugen durchaus einen von allem, was sonst in diesem Landstrich gefunden wird, verschiedenen Charakter ... Sicherlich konnte ein Barbar, welcher nie Gegenstände der Kunst gesehen, noch seine Hand darin versucht hatte, nicht mit solcher Festigkeit die Linien eingraben und allen Figuren jene leichte und natürliche Gestaltung geben, welche sie bei aller ihrer Wunderlichkeit zeigt.«

Barth traute die Bilder der einheimischen schwarzen Bevölkerung ganz und gar nicht zu. Niemand in Europa hätte das Mitte des 19. Jahrhunderts getan, denn die Schwarzafrikaner galten generell als primitive Barbaren. Barth vermutete, dass die Felskunst im südlichen Libyen von »jemandem ausgeführt wurde, welcher in enger Beziehung zu den weiter fortgeschrittenen Völkern an der Küste stand« und hielt die Bilder für nicht sehr alt. Wie erstaunt wäre er gewesen, wenn er gewusst hätte, dass sie vor mehreren Jahrtausenden entstanden waren.

In der südlichen libyschen Wüste gibt es Felsgravierungen von Elefanten und anderen Steppentieren.

Nicht viel später als Barth stießen auch andere europäische Saharareisende auf die Felskunst. Um 1860 berichtete der Franzose Henri Duveyrier über Malereien in der Gegend von Rhat (Ghat) in Lybien. Neun Jahre später erreichte der deutsche Forscher Gustav Nachtigal als erster Europäer das Bergmassiv Tibesti, das Libyen zum Tschad hin abgrenzt, und entdeckte auch dort Felsbilder. Um 1877 fand Erwin de Bary im Aïrgebirge in der nigerianischen Südsahara Darstellungen von Menschen, Pferden und Kamelen. Und schließlich erforschte der Franzose G.B.M. Flamand gegen Ende des 19. Jahrhunderts im westlichen Saharaatlas, in den Bergen von Ksour, zahlreiche Petroglyphen, über die er aber erst 1921 zusammenfassend berichtete.

1913 zog der deutsche Ethnologe und Afrikaforscher Leo Frobenius mit einer großen Expedition in den Saharaatlas, eigens um dort Felsbilderforschung zu betreiben.

Eigenständige afrikanische Jägerkulturen

Inzwischen galt es zwar längst als erwiesen, dass die Saharafelsbilder nicht nur ein isoliertes Phänomen waren, aber immer noch wollte niemand eine eigenständige, in Afrika selbst gewachsene Kultur annehmen. Anfang des 20. Jahrhunderts glaubte man, die Felsbilder seien ein später Nachklang der europäischen Eiszeitkunst und meinte, sie wären durch Kulturdiffusion in die Wüste gelangt. Das änderte sich aber, als in den folgenden Jahrzehnten mehr und mehr Felsbilder aus den unterschiedlichsten Sahararegionen bekannt wurden, die nicht an die alten europäischen Höhlenmalereien anknüpften. Man musste sich also an den Gedanken des rein afrikanischen Ursprungs gewöhnen, so schwer das auch fiel. Wieder war es Frobenius, dessen Forschungsarbeit wesentlich zum Umdenken beitrug. Mitarbeiter seines Forscherteams hatten in den 1920er Jahren Felsbilder auch in Südafrika und in Zimbabwe gefunden und 1932 die Saharafundstellen von Uweinat und Gilf Kebir sowie des Fezzan in Libyen näher untersucht. Die Letzteren sprachen in ihrer Fülle ganz eindeutig für eine eigenständige Jägerkultur, die sie hervorgebracht haben musste.

Nachdem klar war, dass es einheimische Kulturen gewesen sein mussten, die diese Kunstschätze schufen, fragte man sich natürlich nach deren Ursprung. Vor allem Bilder von Menschen zeigten, dass hier keine weißhäutigen Künstler aus der Nordsahara am Werk waren. Die abgebildeten Gestalten zeigen durchweg Kopf- und Körperformen von Schwarzafrikanern.

Wüstenlack verrät das relative Alter

Eine der wichtigsten Aufgaben war es nun, die Felsbilder zu datieren. Es zeigte sich bald, dass sie keineswegs alle in derselben Zeit entstanden sind, was nicht nur aus dem sehr unterschiedlichen Stil der Malereien und Gravierungen folgte, sondern auch aus der verschieden starken Patina hervorging, die die gravierten Bilder überzieht. Steine in der Wüste haben an ihrer Oberfläche eine feine dunkle Schicht, die der Prähistoriker »Patina« und der Geologe »Wüstenlack« nennt. Diese Schicht ist typisch für trockenheiße Regionen. Wenn bei einem der seltenen Regenfälle Feuchtigkeit in die Poren des Gesteins eindringt, löst sie im Inneren Minerale auf. Durch die rasche Verdunstung an der Oberfläche des Gesteins wird das Wasser zusammen mit den gelösten Salzen schnell wieder aus dem Gestein herausgezogen. Es verdunstet, und zurück bleibt ein im Laufe der Zeit immer dicker werdender lackartiger Überzug aus diesen Salzen. Ritzt nun jemand eine Zeichnung in den Stein, zerstört er die Patina, und der hellere Untergrund wird sichtbar. Es dauert dann Jahrhunderte und Jahrtausende, bis der Wüstenlack auch die Ritzspuren wieder überzieht. An der Intensität dieser neuen Patina lässt sich erkennen, welche Gravierungen eines Fundorts jünger und welche älter sind. Leider ist damit aber keine absolute Datierung möglich.

Klimatologisch-zoologische Datierungen

Mit der Kohlenstoff-14-Methode lassen sich die Saharabilder nicht direkt datieren. Bei Ritzungen geht das ohnehin nicht, und die Malereien sind mit Farben gemalt, deren Bindemittel nicht tierisches Fett war, sondern Eiweiß, das sich im Laufe der Jahrtausende zersetzt hat, ohne verwertbare Kohlenstoffspuren zu hinterlassen.

Dennoch gibt es heute einige – durchweg indirekte – Methoden, um das absolute Alter vieler Saharafelsbilder zu bestimmen. Vier davon stehen im Vordergrund. Die erste geht von den klimatologischen Gegebenheiten aus. Wir wissen aus zahlreichen geologischen Befunden, dass sich das Klima in der Sahara während der vergangenen zehn Jahrtausende mehrfach veränderte. Bis etwa 6500 v. Chr. war es feuchtwarm, dann wurde es bis gegen 4500 v. Chr. zunehmend trockener. Darauf folgte wieder eine feuchte Periode von knapp einem Jahrtausend, die erneut von einer trockenen abgelöst wurde. Etwas mehr Niederschläge fielen dann in der Zeit zwischen circa 2500 und 1500 v. Chr. und danach nahm die Trockenheit bis heute wieder mehr und mehr zu – ein Prozess, der offenbar noch immer nicht beendet ist.

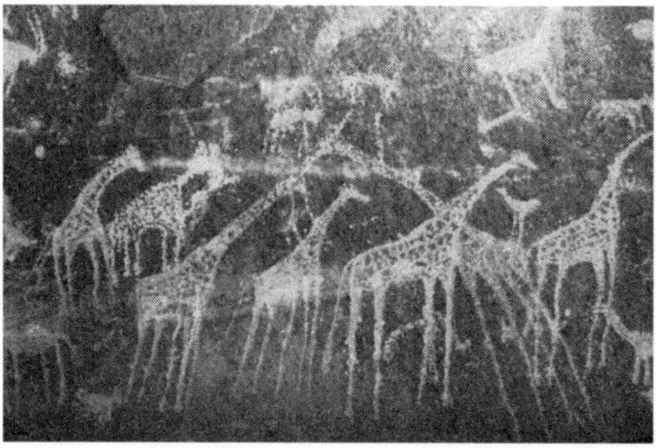

Giraffen auf einem Felsbild in der Region von Karkur Talh in Libyen.

Aus den klimatischen Verhältnissen lässt sich ableiten, welche Tiere in welcher Zeit in der Sahara gelebt haben können. Werden nun zum Beispiel Löwen und wild lebende Weidetiere dargestellt, ist das Bild kaum in einer Zeit entstanden, in der die Sahararegion eine dürre Wüste war. Kommen auf den Bildern nur Giraffen, aber keine Löwen und Elefanten vor, haben wir es mit klimatischen Zwischenzeiten zu tun, denn Giraffen vertragen zwar kein reines Wüstenklima, wohl aber wesentlich mehr Trockenheit als Löwen und Elefanten. Schließlich wissen wir, dass Pferde erst ab 1500 v. Chr. vom Mittelmeer aus durch fremde Völker in die Sahara gebracht wurden. Noch jünger sind mit Sicherheit Bilder mit Kameldarstellungen, denn Kamele gelangten erst nach der Eroberung Ägyptens durch die Perser im Jahre 525 v. Chr. über das Niltal in die Sahara. All diese klimatologischen und zoologischen Datierungshilfen liefern aber nur ein sehr grobes Zeitraster mit einer Fehlerspanne von vielen Jahrhunderten.

Probleme mit der Kohlenstoff-14-Methode

Eine zweite absolute Datierungsmethode setzt auf die mögliche Beziehung von Felsbildern zu benachbarten archäologischen Funden, die Kohlenstoff enthalten und deren Alter sich deshalb mit der Kohlenstoff-14-Methode bestimmen lässt. Aber auch dieses Verfahren birgt erhebliche Unsicherheiten. Zum einen sind archäologische Funde in der Sahara äußerst selten und in der Umgebung der meisten Felsbildstellen gibt es gar keine. Zum anderen existiert keinerlei Beweis dafür, dass man aus der räumlichen Nachbarschaft von Felsbildern und Siedlungsresten auf einen gemeinsamen Ursprung schließen kann. Drittens kann die materielle Kultur eines lokalen Stammes jahrhundertelang gleich geblieben sein, während sich der Stil der Bilddarstellungen in diesem Zeitraum veränderte.

Es gibt aber noch ein weiteres Problem mit der Kohlenstoff-14-Methode, das vermutlich das gravierendste ist. Neuere Untersuchungen haben nämlich gezeigt, dass die Methode keineswegs so zuverlässig ist, wie bisher geglaubt. Um das zu verstehen, müssen wir uns vergegenwärtigen, wie die Methode funktioniert. Der natürliche Kohlenstoff der Luft – dort vorhanden im CO_2 – besteht zu 98,89 Prozent aus Atomen mit 12 Protonen und Neutronen im Kern. Daneben gibt es aber auch einige wenige mit 13 und noch viel weniger mit 14 Kernbausteinen. Der Anteil des Isotops Kohlenstoff-14 beträgt nur 0,000.000.000.1 Prozent. Während Kohlenstoff-12 und Kohlenstoff-13 stabil sind, ist Kohlenstoff-14 radioaktiv, das heißt, seine Kerne zerfallen nach und nach von selbst. Dabei sinkt ihre Anzahl alle 5 730 Jahre auf die Hälfte. Der Kohlenstoff des CO_2 in der Luft ist aber von dieser Abnahme nicht betroffen, denn ebenso viele Kohlenstoff-14-Atome, wie in diesem zerfallen, entstehen ständig neu, weil die Atmosphäre fortwährend von kosmischer Höhenstrahlung bombardiert wird. Bei diesem Beschuss fangen Stickstoffatome ein Neutron ein und geben dafür ein Proton ab. Aus einem Stickstoff-14-Atom wird dadurch ein neues Kohlenstoff-14-Atom. Der Prozentsatz der Kohlenstoff-14-Atome am gesamten Luftkohlenstoff bleibt also immer gleich. Wird nun Kohlenstoff durch Photosynthese in Pflanzen eingelagert, erhält das Gemisch keinen Kohlenstoff-14-Nachschub mehr und der Kohlenstoff-14-Anteil sinkt durch den radioaktiven Zerfall. Aus dem messbaren Kohlenstoff-14-Verlust kann man dann das Alter pflanzlicher Überreste, zum Beispiel von der Holzkohle eines steinzeitlichen Lagerfeuers, errechnen. Das gilt auch für tierisches Gewebe, denn dieses enthält Kohlenstoff, der durch die Nahrungsmittelkette auf Pflanzen zurückgeht.

Bis vor wenigen Jahren galt die Kohlenstoff-14-Methode als äußerst zuverlässiges Datierungswerkzeug archäologischer Funde. In der zweiten Hälfte des 20. Jahrhunderts stellte sich aber heraus, dass oberirdische Atomwaffentests den Kohlenstoff-14-Prozentsatz in der Luft deutlich verändert haben. Daraufhin stellte sich die Frage, ob dieser Prozentsatz denn in der Vorzeit immer konstant war oder ob es vielleicht Zeiten mit verstärkter kosmischer Strahlung gegeben haben könnte, die diesen Wert verschoben haben. Das war offenbar der Fall. Das äußerst zuverlässige biologische Datierungswerkzeug der Dendrochronologie – hierbei zählt man Jahresringe fossiler Bäume – zeigt, dass die Radiokarbondaten nicht korrekt sind. So ist ein Objekt, für das die Kohlenstoff-14-Methode ein Alter von 10000 Jahren ergibt, in Wirklichkeit ziemlich genau 12000 Jahre alt und ein mit 4500 Jahren datierter Gegenstand hat tatsächlich 5200 bis 5300 Jahre auf dem Buckel.

Heute berücksichtigt man diese Fehler und rechnet sie in die Kohlenstoff-14-Datierungen ein. Würde man aber die gesamte archäologische Literatur der vergangenen 50 Jahre hinsichtlich ihrer Datenangaben korrigieren wollen, entstünde ein heilloses Durcheinander.

Datierung durch Sprachgeschichte

Seit Mitte der 1990er Jahre macht in Bezug auf die Saharakulturkreise ein weiteres Datierungsverfahren von sich Reden: die Glottochronologie. Sie ist noch sehr jung und nicht zuletzt deshalb in Fachkreisen heftig umstritten, zumal sie weder aus dem

Erst 2003 wurde eine neue bedeutende Saharafelsbildstelle im Westlichen Gilf Kebir in Libyen entdeckt.

Lager der Physiker noch aus jenem der Archäologen stammt, die materielle Kulturfunde vergleichen, noch aus dem der Geologen, die das Alter von Sedimentschichten bestimmen, in denen Funde gemacht wurden.

»Polyglott« bedeutet »vielsprachig«, und Glottochronologie ist eine wissenschaftliche Methode zur Datierung anhand von sprachlichen Entwicklungen. Ihre Grundlage ist, dass man interessanterweise Wortbildungen nach strengen Gesetzmäßigkeiten auch in die Vergangenheit hinein extrapolieren kann. Das ist dann möglich, wenn sich eine zunächst einheitliche Sprache zu einem bekannten Zeitpunkt in zwei oder mehrere regionale Sprachen aufspaltet, die sich getrennt weiterentwickeln. Stark vereinfacht lässt sich sagen, dass es auch für Sprachen so etwas wie eine »Halbwertszeit« gibt – und das offenbar unabhängig vom Kulturkreis und der Art der Sprache. Es zeichnet sich ab, dass von einer beliebigen Sprache nach 1000 Jahren nur noch rund 74 Prozent des ursprünglichen Wortschatzes vorhanden sind. Nach 2000 Jahren sind es ungefähr 55 Prozent und so weiter. Ein heute festgestellter Wert von nur noch 6 oder 7 Prozent des ursprünglichen Vokabulars würde dann auf eine Sprache hinweisen, die vor rund 11000 oder 9000 Jahren gesprochen wurde.

Vor allem der US-amerikanische Glottochronologe Christopher Ehrte hat seit den 1990er Jahren die alten Saharasprachen gründlichst studiert und chronologisch bearbeitet. Dabei ergab sich, dass diese ihre gemeinsamen Wurzeln nicht wie bisher allgemein angenommen im Mittleren Osten haben können. Die heute als »afrasisch« bezeichnete Sprachfamilie wurde bis vor Kurzem also fälschlich »hamito-semitisch« genannt. Ehret konnte für die afrasischen Sprachen folgenden Stammbaum rekonstruieren:

16000 v. Chr. bis 13300 v. Chr.		Proto-Afrasisch	
13000 v. Chr.	Eriträrisch		Omotisch
11000 v. Chr.	Nord-Eriträisch		Kuschitisch
9000 v. Chr.	Boreafrasisch		Tschadisch
8000 v. Chr.	Ägyptisch	Berberisch	Semitisch

Alles weist darauf hin, dass die gemeinsame Wurzel in Schwarzafrika südlich der Sahara zu suchen ist, möglicherweise im Raum des heutigen Äthiopien. Hier dürfte demnach auch der Ursprung für die frühen Saharakulturen liegen, die sich Jahrtausende hindurch in ihren Felsbildern ausdrückten. Was die Felsbilder betrifft, sind sich die Wissenschaftler heute einig, dass wir die folgenden Perioden unterscheiden können, die nach den hauptsächlichen Darstellungen benannt sind:

- Jägerperiode ?–6000 v. Chr.
- Rundkopfperiode 7000–6000 v. Chr.
- Rinderperiode 6000–1500 v. Chr.
- Pferdeperiode 1500 v. Chr. bis Christi Geburt
- Kamelperiode n. Chr.

Die angegebenen Zeiten entsprechen bisherigen Vorstellungen, die oft aufgrund nicht korrigierter Kohlenstoff-14-Daten entstanden sind. Sowohl die korrigierten Daten als auch die Glottochronologie liefern Werte, die vor allem für die älteren dieser Perioden bis zu zwei Jahrtausende weiter zurückreichen.

Aber selbst wenn es gelingen sollte, die Zeitmarken abzusichern, so wäre damit immer noch nur ein sehr grobes Skelett gegeben. Wir wissen bis heute nicht viel über die stilistischen und kulturellen Entwicklungen innerhalb der einzelnen Perioden, wir wissen nicht, ob und wie weit die Jägerperiode und die in etwa zeitgleiche Rundkopfperiode kulturell miteinander zusammenhingen. Wir wissen auch nicht, ob und wie die einzelnen Perioden auseinander hervorgingen und ob es regionale Fremdeinflüsse gab. Und wir wissen nur äußerst wenig über die Menschen, die die Bilder malten oder gravierten. Nur in groben Zügen lässt sich sagen, dass sie sich seit etwa 10000 v. Chr. oder früher von Jägern und Sammlern zu viehzüchtenden Nomaden entwickelt haben. Aber wir haben kaum Vorstellungen über ihre sozialen Strukturen, den Aufbau ihrer Völker und Stämme, ihre religiösen Vorstellungen und vieles andere mehr.

DIE GROSSEN BILDER – RÄTSEL UM GIGANTISCHE ERDZEICHEN

Giganten und Riesenrösser auf den Britischen Inseln

Heilige Tiere isst man nicht. Die Hindus tun keiner der ihnen heiligen Kühe etwas zuleide. In der arabischen Welt schlachtete man schon lange vor der Offenbarung des Koran keine Schweine, denn anders als im Islam waren die Borstentiere den alten Arabern heilig. Vielleicht hat Mohammed sie gerade deshalb als »unrein« gebrandmarkt, weil er mit den alten, vorislamischen Traditionen brechen wollte. Der Name des Landes Syrien stammt von dem Wort »Surija« ab, was die »weiße Muttersau« bezeichnet, die Verkörperung des mütterlichen Prinzips.

Heilige Pferde

Dass wir noch heute in den meisten aus dem germanischen Kulturkreis hervorgegangenen Ländern so wenig Pferdefleisch essen, liegt daran, dass unseren Vorfahren das Pferd als heiliges Reittier der Götter galt. Vor allem das weiße Ross fand seinen Eingang als edler Zelter in die Märchenwelt, sei es als das Pferd, auf dem traditionell der Prinz seine Auserwählte heimführt, sei es als sprechendes Tier, das kluge Ratschläge gibt, wie jenes Pferd Fallada, das die Gänseprinzessin im Märchen vor Unheil bewahrt.

Besonders auf den Britischen Inseln sind zahlreiche alte Legenden und Traditionen erhalten geblieben, die sich um – meist weiße – Pferde drehen. Noch heute hört man gelegentlich den folgenden Kinderreim, der von einer Schimmelreiterin erzählt:

Ride a cock horse to Banbury Cross,
See a fine lady upon a white horse.
Rings on her fingers and bells on her toes,
She shall have music wherever she goes.

(Reit' einen Hengst zum Banbury Kreuze hier,
eine Lady auf weißem Rosse begegnet Dir.
Mit Ringen am Finger und Glöckchen am Zeh,
Musik soll sie haben, wohin sie auch geh.)

Die Verse erinnern an die Legende von Lady Godiva, die, mit nichts als ihrem hüftlangen Haar bekleidet, einst auf einem weißen Pferd durch die Stadt ritt.

In Finchampstead in der Grafschaft Berkshire und an anderen von Spukgestalten heimgesuchten Orten Englands sollen noch heute weiße Geisterrosse – mit und ohne Reiter – ruhelos durch dunkle Nächte traben. Sie sind aber meist friedfertig und kümmern sich nicht um die heutigen Menschen.

Das Tal des weißen Pferdes

Die weißen Pferde geistern nicht nur durch Kinderreime, Legenden und Spukgeschichten, sie haben auch in der englischen Landschaft sichtbare Spuren hinterlassen. Weithin sichtbare Spuren sogar, denn die Pferdefiguren, die grasige Hänge weiter Hügel zieren, sind wahre Riesenrösser. Eines der bekanntesten findet sich bei Uffington im »Tal des weißen Pferdes« an der Oberkante eines langgestreckten tafelförmigen Höhenzugs. Kreidig weiß leuchtend hebt sich die stilisierte schlanke Pferdegestalt vom satten Grün des Rasens ab. Vom Kopf bis zur Spitze des schlanken Schwanzes misst das Tier nicht weniger als 112 Meter.

Das Pferdebild stammt aus der Vorzeit, lässt sich aber nicht mit »normalen« Felsbildern aus dieser Epoche vergleichen. Es ist nicht in den Fels gepunzt, sondern aus dem dünnen Humus herausgeschnitten. Die ganze Arbeit bestand darin, die Grasdecke einschließlich der Wurzeln und des mageren anhaftenden Erdreichs abzutragen und dadurch das kreidig-kalkige Gestein des Untergrunds bloßzulegen. Natürlich wäre das Pferd längst wieder zugewachsen, hätten es die Bewohner der Gegend nicht immer wieder freigelegt.

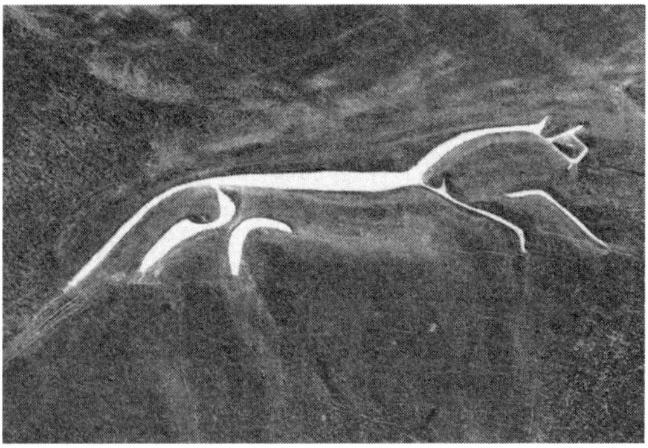

Das weiße Pferd von Uffington ist mit 112 Metern Länge eines der größten Bilder der Welt.

Kein Mensch weiß genau, wie alt der Schimmel ist. Datierungsversuche sind nur aufgrund des Stils unternommen worden, der dem von Bildern aus der eisenzeitlichen Latène-Kultur zwischen 500 v. Chr. und Christi Geburt ähnelt. Aber nicht wenige Archäologen halten die Hügelfigur für weitaus älter.

Das Pferd wurde von alters her in einer rituellen Handlung freigelegt. Jedes siebente Jahr zur Zeit der Sommersonnenwende »restaurierte« es die Landbevölkerung. Sie feierte ein Mittsommernachtsfest auf dem Hügel oberhalb des Pferdes und entfernte sorgsam das nachgewachsene Gras und Unkraut von der weißen Figur. Mit diesem ländlichen Fest war zugleich ein anderer Brauch verbunden, der zwar ungewöhnlich erscheinen mag, aber in England gar nicht so selten war: Über die Böschung unterhalb des Pferdes rollten die Bauern große runde Käse hinab – vielleicht das Überbleibsel eines Fruchtbarkeitszeremoniells, vielleicht aber auch eine späte Abwandlung der heidnischen Feuerräder, die in vorchristlicher Zeit in der Mittsommernacht in vielen Teilen Europas als hell lodernde Symbole für die Sonne zu Tal geschickt wurden. Noch heute erinnern in manchen europäischen Ländern Sonnenwendfeuer auf Berggipfeln an diese alte Tradition.

In der Tatsache, dass das weiße Riesenpferd von Uffington ausgerechnet alle sieben Jahre restauriert wurde, sehen Anhänger der Zahlenmystik einen Beleg dafür, dass hier ein Kult ausgeübt wurde, dessen Wurzeln nicht im Alltagsleben, sondern im Spirituellen, im Magischen, zu suchen ist. »Irdische« Zahlen sind solche, die sich überall in der Natur beobachten lassen, etwa die geraden Zahlen in Kristallsystemen, die Zahlen 2, 3, 5, 8, 13, 21... in der Pflanzenwelt oder die Grundzahlen bewährter Zählsysteme, also 5, 6, 10, 12, 10 oder 20. Die Sieben ist indes eine Zahl, die sich in der Natur nirgends findet und die auch niemals zur Basis eines Zählsystems wurde. Sie ist die Symbolzahl der unsichtbaren, der mystischen Welt, die Zahl der heiligen Schriften (sieben magere und sieben fette Jahre im Alten Testament usw.) und die Zahl der Märchenwelten (Sieben Berge, Zwerge, Raben, Schwaben ...). Ein Zeremoniell alle sieben Jahre zu vollziehen, weist auf eine Bedeutung jenseits der Alltagswelt hin.

Immerhin muss die Tradition um das weiße Ross von Uffington in der Bevölkerung fest verwurzelt gewesen sein, denn sie hielt sich aus grauer Vorzeit ununterbrochen bis zum Jahre 1857, auch wenn zu dieser Zeit die Menschen kaum noch gewusst haben dürften, warum sie das Fest feierten. Aber wer weiß schon heute noch, warum wir alljährlich Christbäume schmücken oder Ostereier verstecken?

Dass das Pferd von Uffington auch heute wieder gepflegt wird, hat keine kultischen Gründe, vielmehr hat sich der Denkmalschutz in Gestalt des staatlichen britischen Department of the Environment der Tradition angenommen.

Was haben die Pferde mit Wallburgen zu tun?

Der mystische Schimmel von Uffington ist nicht die einzige riesenhafte Kreidegestalt in Südengland. Wo die Hochebene von Salesbury zum Tal von Pewsy abfällt, liegt Westbury in der Grafschaft Wiltshire. Unweit davon, am Berghang von Bratton Down, leuchtet das weiße Pferd von Westbury aus dem grünen Rasen. In seiner heutigen, recht zeitgenössisch anmutenden Gestalt stammt es nachweislich aus dem Jahre 1778, aber zuvor befand sich an derselben Stelle ein anderes, viel älteres weißes Pferd, das völlig dem stilisierten Tier von Uffington glich und sehr wahrscheinlich aus derselben Zeit wie dieses stammte. Auf sein hohes Alter weist außerdem eine eigentümliche Wallanlage aus der Eisenzeit hin, die auf dem Hügelplateau oberhalb des Pferdes liegt. Viele Archäologen halten sie für eine alte Festungsanlage, aber das scheint mehr eine Verlegenheitserklärung mangels besseren Wissens zu sein. Wäre das System aus mehreren niedrigen konzentrischen Erdwällen wirklich eine Festung gewesen, hätte man zu ihrer Verteidigung rund eine Viertelmillion Soldaten benötigt. Es ist also weitaus wahrscheinlicher, dass dieses Eisenzeit-„Kastell« in Wirklichkeit ein Kultplatz für Mittsommernachtsfeste oder ähnliche rituelle Feiern gewesen ist, den man nicht verteidigen musste und bei dem die Wälle lediglich den sakralen Bereich deutlich von der Alltagswelt abgrenzen sollten. Auf jeden Fall scheint die eisenzeitliche Wallanlage in irgendeiner Beziehung zu dem weißen Riesenpferd gestanden zu haben, denn den flachen Hügel von Uffington krönt ein ähnliches Wallsystem. Und auch in unmittelbarer Nähe anderer überdimensionaler Kreidefiguren finden sich solche Anlagen.

Eine der bekanntesten und am besten erhaltenen Wallanlagen dieser Art ist Maiden Castel bei Dorchester. Mit rund 500 mal 1000 Meter Ausdehnung ist sie die größte eisenzeitliche Erdwallanlage Englands. Nach Auffassung verschiedener Wissenschaftler soll sie sogar auf die Jungsteinzeit zurückgehen, sie wurde aber auf jeden Fall von den Eisenzeitleuten noch bis zur römischen Invasion genutzt.

Zwar fand sich in unmittelbarer Nähe von Maiden Castle

bisher noch keine der weißen Riesenfiguren, aber vielleicht gab es eine solche, die heute einfach zugewachsen ist. Nur wenige Kilometer weiter existierte jedenfalls eine andere, kleinere Wallanlage, die wiederum einem Kreidebild benachbart ist. Den grasigen Hang dieses Giant Hill (»Gigantenhügel«) ziert jedoch kein Pferd, sondern eine riesige Götterfigur mit einer Keule in der erhobenen Linken.

Frühjahrsfeste und Fruchtbarkeitsriesen

Die Tradition, die mit der ständigen Erneuerung dieser Figur bis weit in historische Zeiten gepflegt wurde, unterscheidet sich von jener bei Uffington. Nicht das Mittsommernachtsfest wurde in der kleinen Wallanlage auf dem Giant Hill gefeiert, sondern ein Frühlingsfest am ersten Mai, jenem Tag, dem in unseren Breiten die Walpurgisnacht vorausgeht. Die heidnische Maifeier, die mit traditionellen uralten Tänzen einherging, war ein Fruchtbarkeitszeremoniell. Und Fruchtbarkeit spendete auch das gigantische Götterbild, der »Riese von Cerne Abbas« zu Füßen der Ringwallanlage. Manche Prähistoriker wollen in ihm den alttestamentarischen Gog sehen, eine wichtige Figur der vorchristlichen Mythologie, die die Bibel später im Kampf gegen heidnisches Kulturgut zum Verbündeten Satans gegen Christus machte. Abergläubische Engländerinnern störte das indes bis ins 19. Jahrhundert hinein wenig. Sie glaubten nach wie vor an die wundersame Kraft des Kreideriesen. Blieb ihre Ehe kinderlos, schliefen sie nachts auf

Der lange Mann von Wilmington misst von Kopf bis Fuß 77 Meter und ist damit die größte Menschendarstellung der Welt.

dem Körper des Giganten und hofften auf seine fruchtbringende Ausstrahlung.

Ein anderer Hüne inmitten der südenglischen Hügellandschaft ist der »Lange Mann von Wilmington«, der den Hang des Windover Hill unweit des Örtchens Wilmington in Sussex ziert. Mit stattlichen 77 Metern Höhe dürfte er die größte menschliche Figur der Welt sein. Auch in seiner Nähe finden sich Spuren einer alten Wallanlage. Der englische Archäologe T.C. Lethbridge sieht in ihm eine Kultfigur vorgeschichtlicher Sonnenverehrer. Aber das ist umstritten. Nach einer gut begründeten Theorie, die davon ausgeht, dass in Englands Vorzeit heilige Plätze und Monumente auf oft viele Kilometer langen, gedachten, schnurgeraden Linien lagen (den »old lays of the land«), gab es den Beruf des »dod man«, der so etwas wie ein vorzeitlicher Landvermessungstechniker war und – wie der Lange Mann von Wilmington – mit zwei langen Stäben in seinen Händen beschrieben wird.

Verschwundene Riesen

Natürlich blieben bei Weitem nicht alle alten Kreideriesen und weißen Pferde bis in unsere Zeit erhalten. Die meisten dürfte im Laufe der Jahrhunderte eine grüne Tarnkappe aus Gras unsichtbar gemacht haben. Aber zuweilen kann sich ein Archäologe gezielt auf die Suche machen; etwa dann, wenn alte Landmarkennamen oder auch Sagen auf eine solche Figur hinweisen. So berichtet eine Erzählung von einem Riesen in der Nähe eines Eisenzeitcamps irgendwo auf den Gogmagoghügeln in der Nähe von Wandlebury unweit von Cambridge. In den 1950er Jahren versuchte T.C. Lethbridge, diesen zu finden und hatte dabei mehr Erfolg, als er eigentlich erhoffen durfte. Neben einer Riesenfigur entdeckte er zwei weitere menschliche Gestalten und darüber hinaus einen Triumphwagen sowie ein Pferd, das jenem von Uffington ähnelt. Eine der Götterfiguren, die Lethbridge für den mythologischen Wandil hielt, schwingt ein Schwert. Ein zweiter Riese könnte Gog oder den alten heidnischen Sonnengott dargestellt haben. Die dritte, weibliche Figur deutete Lethbridge als Magog oder Epona, die alte gallische Pferdegöttin. Sie ist 40 Meter groß. Lethbridge legte sie teilweise frei und wagte sich an eine Altersabschätzung. Er glaubte, die Göttin stamme aus der Zeit um 200 v. Chr., ebenso wie das Pferd und der Wagen, während die beiden männlichen Götter seiner Meinung nach rund 150 Jahre jünger sind. Leider ist der Fundort inzwischen längst wieder verwildert.

Eine andere interessante Entdeckung machte 1963 S. G. Wildman, als er bei Tysoe in der Nähe von Banbury in Warwickshire nach einem roten Pferd suchte, das dort angeblich 1461 in Gedenken an das streitbare Ross des Grafen von Warwick verewigt wurde – wahrscheinlich an einem Ort, wo schon lange zuvor die Reste eines prähistorischen Pferdes bekannt waren. Wildman fand zunächst kein Pferd, aber den Reiter, einen Hünen mit einer Peitsche oder einem Seil in der Hand, dazu einen Wasservogel, vielleicht eine Gans, mit erhobenem Kopf. Und schließlich entdeckte er dann doch noch ein undefinierbares Tier. War es das rote Pferd oder ein um 1000 Jahre älterer Vorgänger?

Die Riesenfiguren: keine Zeichen für Außerirdische

Die englischen Hügelfiguren stecken voller Rätsel. Ihr Sinn lässt sich nicht mit Sicherheit erkennen, ihre gigantische Größe nicht erklären. Die Tatsache, dass sie samt und sonders riesig sind, verleitete manche Anhänger der Idee von in Ufos reisenden Göttern dazu, sie als Zeichen für Außerirdische zu deuten, denn sie würden sich schließlich nur aus der Luft als Ganzes überblicken lassen. Weit gefehlt! Weil die Figuren ausnahmslos an schrägen Hügelflanken prangen, lassen sie sich aus größerer Entfernung ebenso gut auch vom Erdboden aus sehen. Sind es Götterbilder, ist ihre gigantische Größe Ausdruck ihrer Bedeutung, wie es in der Kunst vieler Epochen üblich war? Aber wen diese Tiere und Menschen oder Götter wirklich darstellen sollten, dafür gibt es auch heute nur unsichere Indizien.

Nazca – Neue Funde liefern neue Erkenntnisse

Mit rätselhaften Überresten vorgeschichtlicher Kulturen lässt sich in unserer wissenschaftlich-nüchternen Zeit großes Geld verdienen. Der rationale Geist hat das Mystische und Wunderbare entmachtet und damit zugleich eine schmerzhafte Lücke gerissen. Wir wollen, dass nicht nur unser analytischer Verstand angesprochen wird, sondern auch unsere Fantasie und unsere Fähigkeit, auf höhere Mächte zu vertrauen. Unsere moderne Welt macht es schwer, eigene spirituelle Rituale zu entwickeln, denn der dominante Sachverstand sucht nach beweisbarer Sicherheit. Also sucht man das Mystische in der SF- und Fantasy-Literatur, in Rollenspielen in magischen Welten, aber auch in fremden Kulturen, die das Unverständliche und damit zwangsläufig Mystische praktizieren oder – besser noch – in grauer Vorzeit praktiziert haben.

Der davon ausgehende Zauber wäre allerdings schnell wieder zunichte gemacht, würde man sich mit rein wissenschaftlichen Erklärungen vorgeschichtlicher Kulturartefakte zufrieden geben. Je obskurer die Fantasien sind, die selbsternannte Vorzeitforscher ohne jegliche fachliche Qualifikation mit archäologischen Funden verbinden, umso leichter lassen sich ihre »Lehren« unter das Volk bringen, umso bereitwilliger werden sie akzeptiert und umso reicher werden ihre Erfinder. Für ernsthafte Archäologen, deren mühsam erarbeitete und vorsichtig formulierte Erkenntnisse weit weniger spektakulär sind und die entsprechend weniger Anhänger unter den Laien finden, ist das frustrierend.

Astronautengötter – moderne Mythen geschäftstüchtiger Fantasten

Eine der unsinnigsten Fantastereien ist die Vorstellung, irgendwann in vergangenen Zeiten seien Außerirdische auf der Erde gelandet und hätten bedeutende Kulturen geschaffen oder sogar zur Entstehung neuer Menschenrassen beigetragen. Was immer im Entferntesten dazu dienen kann, derartigen Schwachsinn zu untermauern, wird schonungslos ausgeschlachtet, ganz gleich, ob die daraus abgeleiteten Schlussfolgerungen überhaupt real möglich sind. Auf einem seiner Vorträge hielt ich einem der bekanntesten Exponenten des Astronautengötter-Mythos, Erich von Däniken, einmal vor, er würde einem Publikum, das noch nie eine blühende Wiese gesehen hat, einreden, alle Blumen seien blau, und diese – offensichtlich falsche – Aussage dadurch untermauern, dass er als Beispiele ausschließlich Bilder von blauen Blumen zeigt. Dänikens überraschend offene Antwort: »Natürlich zeige ich meinem Publikum nur Dinge, die meine Behauptungen untermauern, warum sollte ich ihnen etwas zeigen, das sie widerlegt. Von mir aus können sie das ja selbst herausfinden.«

Riesige Scharrbilder in Perus Küstenwüste

So viel zur wissenschaftlichen Objektivität zeitgenössischer Fantasten. Eines der inzwischen klassischen Spielfelder von Dänikens und Konsorten sind die Scharrbilder von Nazca. Sie erfüllen in nahezu perfekter Weise alle Voraussetzungen für einen modernen Mythos. Ernst zu nehmende wissenschaftliche Publikationen darüber sind sehr rar, und was einzelne seriöse Forscher bisher veröffentlichten, sind ausnahmslos Hypothesen, die sich zudem noch gegenseitig widersprechen. Von den Menschen, die die riesigen Artfakte zwischen dem 14. und 15. Breitengrad in der peruanischen Wüste geschaffen haben, wissen wir ebenso wenig wie von der Bedeutung der Aberhunderte oft kilometerlangen geraden Linien, der geometrischen Figuren und der gigantischen Darstellungen von Pflanzen, Vögeln, Spinnen, einem Affen und menschlichen Fabelwesen. Und die gewaltigen Dimensionen dieser Erdzeichnungen oder Geoglyphen, wie die Wissenschaftler sie nennen, lassen darauf schließen, dass man sie als Ganzes überhaupt nur aus der Luft erkennen kann. Was liegt näher als der Gedanke, ihre Schöpfer seien in der Lage gewesen zu fliegen oder – besser noch – sie seien von Außerirdischen besucht worden und die großflächigen Bilder seien nichts anderes gewesen als Lande- und Startmarkierungen für Ufos?

Es ist ein Treppenwitz der Archäologiegeschichte, dass wir Menschen der Neuzeit die Nazca-Erdzeichen in der Tat zunächst aus der Vogelperspektive, nämlich vom Flugzeug aus entdeckten, obwohl sie von gegenüberliegenden Hügeln genauso gut hätten gesehen werden können. Als sich Anfang des 20. Jahrhunderts die ersten Pioniere der Luftfahrt in abenteuerlichen Rekordflügen über immer abgelegenere Gebiete versuchten und dabei auch hohe Gebirgsketten und weite Wüsten überquerten, fielen einigen von ihnen in einem völlig unbewohnten Trockengebiet Perus die hellen Linien im ansonsten rostroten Boden in flachen Gebirgsmulden auf. Sie schenkten ihnen keine größere Bedeutung, denn sie hielten sie für Bewässerungskanäle alter Indiostämme, die einmal hier gelebt haben müssen. Lange Kanäle legten schließlich auch andere ackerbauende Indiokulturen an.

Kulturhistoriker vermutet Bewässerungssysteme

Erst 1939 kam Licht in die Angelegenheit. Paul Kosok, US-Kulturhistoriker und Spezialist für frühgeschichtliche Bewässerungssysteme, ging Eintragungen in den Logbüchern der frühen Piloten nach und wollte die vermeintlichen alten Indio-Bewässerungsgräben genauer untersuchen. Er reiste in die Region und musste enttäuscht feststellen, dass es dort von Wasserkanälen keine Spur gab. Dennoch kartografierte er viele der eigentümlichen in den oxidierten Wüstenboden gescharrten Linien, die den helleren Untergrund bloßlegten. Das entstehende Kartenbild weckte erneut sein Interesse, denn auf ihm wurden die bis dahin unbekannten riesenhaften Bilder der Nazca-Ebene deutlich.

Kosok fragte sich, was für einen Zweck diese Artefakte einer völlig unbekannten, ganz offensichtlich untergegangenen Kultur erfüllt haben könnten. Ihre Urheber mussten von der Landwirtschaft gelebt haben und waren deshalb wie alle Bauerngesellschaften auf ein Kalendersystem angewiesen. Die Inka, das wusste Kosok, verfügten über bedeutende Sonnen- und Mondobservatorien, und auch der britische Steinzeittempel Stonehenge sollte nach der Theorie einiger Astronomen eine Sonnenpeilanlage gewesen sein. Kosok war überzeugt davon, in den Nazca-Zeichen ebenfalls eine astronomische Anlage vor sich zu haben. Es war ihm aber nicht vergönnt, seine erste Vermutung zu untermauern, denn er starb 1959.

Ein Leben für die Nazca-Linien

Die deutsche Mathematikerin und Astronomin Maria Reiche, die für Kosok als Übersetzerin gearbeitet hatte, war von dessen Hypothese von Anfang an derart gefesselt, dass sie seine Forschungsarbeiten fortsetzte. Vier Jahrzehnte blieb sie in der lebensfeindlichen Wüste und erarbeitete in dieser Zeit ein umfangreiches, sorgfältig vermessenes Kartenwerk der Nazca-Linien. Dabei fand sie finanzielle und materielle Unterstützung durch die peruanische Luftwaffe, das peruanische Unterrichtsministerium, die Deutsche Forschungsgemeinschaft und die Lufthansa. An der Universität von San Marcos in Lima machte sich die Naturwissenschaftlerin bei Julio Tello mit dessen Arbeitsgebiet, der Archäologie, vertraut. Dabei entwickelte sich Reiche zur kompetenten Astroarchäologin, was ihre Arbeit lange erheblich erschwerte, denn in der Gründerzeit dieses neuen Wissenschaftszweiges wurden alle seine Exponenten von den klassischen Archäologen offen angefeindet und ihren Arbeiten wurde prinzipiell heftig widersprochen.

Reiche, die in mühsamer Arbeit bei einer großen Zahl der Nazca-Linien nachweisen konnte, dass sie für exakte Sonnen- und Mondpeilungen geeignet sind, erhielt aber auch Gegenwind aus den eigenen Reihen. Ausgerechnet der britische Astroarchäologe Gerald S. Hawkins (s. S. 72), der 1965 mit seinem Buch *Stonehenge decoded* Aufsehen erregte, kam 1968 nach einer Computeruntersuchung auf der Basis der von Reiche erstellten Messtischblätter der Erdfiguren zu dem niederschmetternden Urteil, dass sich die Wissenschaftlerin irre. Die möglichen Sonnen- und Mondpeillinien, die er unter den Nazca-Geraden fand, übersteigen nicht die Zahl von Zufallstreffern, die unter jeder größeren Anzahl von Linien vorkommen, argumentierte er.

Hawkins brachte die Arbeit von Frau Reiche in Misskredit und schadete ihrem wissenschaftlichen Ruf – aber zu Unrecht, denn zum einen wies sein Rechenprogramm einen gravierenden Fehler auf, zum anderen ging er bei seinen Berechungen davon aus, dass das auf den Karten dargestellte Gelände topfeben sei und deshalb für Sonne, Mond und Sterne bei ihrem Auf- und Untergang der wirkliche Horizont mit dem theoretisch errechneten genau übereinstimmen müsse. Das trifft aber gar nicht zu, denn die Hochflächen von Nazca sind von Hügelketten gesäumt, hinter denen die Gestirne natürlich später auf- und früher untergehen. Hawkins' Kritik an der Arbeit von Maria Reiche erwies sich als unbegründet. So galten denn die Erkenntnisse der deutschen Astroarchäologin bis vor Kurzem als die beste Hypothese für die Nazca-Erdzeichen.

Begräbnisstätten oder Zeremonialplätze?

Aber Reiches Theorie blieb nicht die einzige. Andere Wissenschaftler sehen die Nazca-Linien und -Figuren im Kontext mit Bestattungsritualen, denn in nächster Umgebung der Scharrbilder finden sich auch zahlreiche Begräbnisstätten. Der englische Forscher Tony Morrison wies darauf hin, dass auch bei anderen Kulturen Totenkulte oft Hand in Hand mit der Anlage langer gerader Linien gehen. Und: Wäre Nazca eine reine Kalenderanlage, was sollten dann die Pflanzen- und Tierdarstellungen bedeuten? Für Gestirnspeilungen genügen schließlich gerade Linien.

Wieder andere Wissenschaftler, darunter der US-amerikanische Anthropologe Anthony Aveni und seine Kollegin Helaine Silverman, sehen in den Nazca-Erdgravuren Zeremonienplätze. Auf den Linien wurde ihrer Meinung nach getanzt, geschritten, gelaufen ... Die Tierbilder sind nach dieser Theorie Stammeszeichen, also Totems verschiedener Indiofamilien oder Clans gewesen. Der Archäologe David Browne hält die Linien für vorgeschriebene Pfade religiöser Prozessionen in einer schamanisch geprägten Gesellschaft. An einen schamanischen Hintergrund der Erdbilder denkt auch der Anthropologe Piers Vitebsky vom Scott Polar Institute in Cambridge: »Von modernen Schamanen in peruanischen Dörfern habe ich erfahren, dass ihnen viele der Tierbilder, wie die Spinne und der Affe, als ›Geisterhelfer‹ vertraut waren.«

Ein magischer Wasserkult?

1996 trat dann der US-Amerikaner David Johnson auf den Plan. Im Auftrag der katholischen Kirche machte er auf den dürren Hochflächen von Nazca Videoaufnahmen, mit deren Hilfe er Hinweise auf Grundwasser finden wollte, um die Wasserversorgung der regionalen Bevölkerung zu verbessern.

Dabei fiel ihm auf, das sich die alten Erdzeichen fast immer dort befinden, wo Geländemerkmale auf geologische Verwerfungslinien hinweisen. Im Bereich solcher Brüche bilden sich oft unterirdische Wasserläufe, in deren Verlauf sich auch gelegentlich Quellen und Brunnen finden.

1998 initiierte Johnson zusammen mit Steve Mabee ein groß angelegtes Forschungsprojekt zur Untermauerung seiner Theorie, das durch Universitätsfakultäten, die National Geographic Society und sogar den deutschen Rotary Club unterstützt wurde. Die Arbeiten ergaben eine auf den ersten Blick erstaunliche Koinzidenz zwischen geologischen Verwerfungszonen, wasserführenden Gesteinsschichten, Süßwasserquellen, archäologischen Fundstätten und Geoglyphen. Johnson sah sich bestätigt.

Doch was besagt dieses häufige Zusammentreffen der fünf

Faktoren tatsächlich? Die ersten drei Merkmale, nämlich Verwerfungszonen, wasserführende Gesteinsschichten und Süßwasserquellen, fallen schon aus rein geologischen Gründen zusammen: Massives Gestein ohne Verwerfungszonen führt kein Wasser und ohne Wasser gibt es auch keine Quellen. Das Auftreten von archäologischen Fundstätten und Geoglyphen ausgerechnet in der Nähe von Quellen versteht sich aber auch beinahe von selbst: Wo es kein Wasser gibt, entstehen keine festen Siedlungen, und auch die Menschen, die in monate- oder gar jahrelanger Arbeit die Erdzeichen angelegt haben, mussten schließlich trinken. Ein wirklicher Beweis dafür, dass die Nazca-Erdzeichen in Verbindung mit einem Wasserkult gestanden haben oder auch nur oberirdische Karten für unterirdische, wasserführende Verwerfungslinien gewesen sein mögen, ist damit allein sicher nicht erbracht.

Palpa – die Mutter der Nazca-Kultur?

Inzwischen aber sind Fakten bekannt geworden, die die Erdzeichen von Nazca in einem neuen Licht erscheinen lassen. In den letzten Jahren des 20. Jahrhunderts entdeckten Wissenschaftler auf Luft- und Satellitenbildern ein weiteres ausgedehntes Gebiet mit Geoglyphen in der südperuanischen Region Palpa, etwa 400 Kilometer südlich der peruanischen Hauptstadt Lima und 40 Kilometer nördlich des Ortes Nazca. Diesmal standen die Vorzeichen für eine gründliche Erforschung günstiger. Archäologen, Geologen verschiedener Fachrichtungen, Physiker, Topographen und Luftbildspezialisten aus zahlreichen internationalen Instituten machten sich fachübergreifend an die Arbeit und lieferten ab 2003 erste fundierte Zwischenberichte.

Das neue Fundgebiet mit Erdbildern, die denen von Nazca sehr ähnlich sind, umfasst Wüstenregionen in der Nähe des Ortes Palpa und der Täler des Rio Grande, Rio Viscas und Rio Palpa. Aufregend ist, dass die Geoglyphen dieser Region wesentlich älter als jene von Nazca sind: Sind die Nazca-Scharr

Die breiten Scharrlinien am neu entdeckten Fundort Palpa sind rund ein Jahrtausend älter als jene von Nazca.

bilder zwischen 200 v. Chr. und 600 n. Chr. entstanden, so gehen die Geoglyphen von Palpa auf die Ära von 800 bis 200 v. Chr. zurück. Sie sind also die Vorfahren und somit die Wurzeln der Nazca-Kultur. Wer immer die Nazca-Linien schuf, konnte auf eine viele Jahrhunderte ältere Tradition zurückgreifen.

Die alte Kultur um Palpa wird heute Paracas-Kultur genannt. Den Namen verdankt sie der nördlich der Palpa-Region gelegenen Paracas-Halbinsel, von wo schon seit Längerem archäologische Befunde vorliegen, die auf dieselbe Zeit zurückgehen wie die Geoglyphen von Palpa.

Von der Paracas-Kultur wissen wir, dass sie sehr wohl Wasser- und Fruchtbarkeitsrituale kannte, was Johnsons Hypothese, die Scharrbilder hätten etwas mit Wasser zu tun, besser unterstützt als dessen eigene Erkenntnisse. Wichtig ist in diesem Zusammenhang, dass sich direkt im Verlauf der Geoglyphen von Palpa auch alte Steinbauten finden und in diesen Opfergaben, die eindeutig auf einen Wasserkult hinweisen. Aber noch wissen wir nicht, wie dieser Kult genau ausgesehen haben könnte und welche Bedeutung den Erdzeichen dabei zugekommen wäre.

Hatten die Geoglyphen mehrere Bedeutungen?

Prähistoriker neigen leider dazu, singuläre Hypothesen aufzustellen und diese dann vehement gegen scheinbar konkurrierende Theorien zu verteidigen. Warum sollten aber die Erdzeichen ausschließlich astronomische Aufgaben erfüllt haben, warum sollten sie ausschließlich einem Wasser- und Fruchtbarkeitskult gedient haben? Warum sollten die riesigen Tierdarstellungen ausschließlich schamanische Krafttiere gewesen sein? Wer in einigen Jahrtausenden etwa christliche Kirchen ausgräbt und nach ihrem Verwendungszweck fragt, wäre auch schlecht beraten, wenn er davon ausgeht, sie dienten ausschließlich Erntedankfesten, weil er zufällig die Überreste eines solchen in einer Kirche entdeckt.

Alte Kulturen (und auch die mancher heutiger Stammesvölker) sehen ihren Alltag stets als komplexes religiöses Gesamtsystem. Warum sollten ihre größten und bedeutendsten Artefakte völlig einseitiger Natur sein? Um den wahren Sinn der peruanischen Geoglyphen zu erfassen, reicht es wohl kaum, wissenschaftlicher Experte der einen oder anderen Fachrichtung zu sein. Wenn es uns nicht eines Tages gelingen sollte, so zu denken und zu empfinden wie jene Indios, die die Zeichen vor zwei Jahrtausenden in den steinigen Boden scharrten, werden wir schwerlich aus dem Wirrwarr konkurrierender Einzelhypothesen herausfinden und zu einem in sich konsistenten Gesamtbild kommen.

DIE ANDEREN PYRAMIDEN – TATSACHEN UND SPEKULATIONEN

Diffusion kontra Isolation

Pyramiden gibt es bekanntlich nicht nur in Ägypten. Sie finden sich im angrenzenden Sudan ebenso wie in Mesopotamien, in China ebenso wie in Nord-, Mittel- und Südamerika. Oft stellten sich Forscher die Frage, ob es kulturelle Zusammenhänge zwischen all diesen Pyramidenbauten gibt, oder ob völlig verschiedene Kulturkreise die Pyramiden unabhängig voneinander erfunden haben. Diese Frage führt sogar weit über die Pyramiden hinaus. Sie ist einer der strittigsten Punkte in der Kulturgeschichtsforschung überhaupt. Die Versuche, diese Frage zu beantworten, spalten die Wissenschaftler in zwei unterschiedliche Lager: die Diffusionisten und die Isolationisten.

Jede Hochkultur hat sich eigenständig entwickelt

Die Isolationisten vertreten die Auffassung, dass jede Hochkultur, also jede Kultur, die eine Infrastruktur mit Städten, Handwerk, Handel, eine eigene Religion, eine eigene Sprache und Schrift hervorgebracht hat, dies aus sich selbst heraus leistete, also quasi isoliert von fremden kulturellen Einflüssen. Sie sprechen derzeit von acht »Primärkulturen«, die im 4. bis 2. Jahrtausend v. Chr. auf diese Weise entstanden sein sollen:

- die Megalithkultur im europäischen und nordafrikanischen Raum (sie war allerdings noch keine Schriftkultur, also im eigentlichen Sinn keine Hochkultur)

- die altägyptische Kultur
- die minoische Kultur
- die kleinasiatische Kultur
- die mesopotamischen Kulturen
- die frühindische Kultur
- die chinesische Kultur
- die mesoamerikanische Kultur

Wie die Kapitel »Lag die Wiege der Kultur nicht in Mesopotamien?« und »Vor 5 500 Jahren: Krieg zwischen Hochkulturen im Nahen Osten« zeigen, wird diese Aufzählung allerdings möglicherweise revidiert werden müssen.

Keine Hochkultur hat sich eigenständig entwickelt

Die Diffusionisten sind völlig anderer Auffassung. Sie vertreten die Meinung, dass eine Hochkultur aus sich heraus gar nicht entstehen kann. Nach ihrer Überzeugung sind kulturelle Entwicklungsschübe dann und nur dann möglich, wenn das Gedankengut und das Wissen zweier oder mehrerer Volksgruppen zusammentreffen, sich gegenseitig durchdringen (diffusionieren), ergänzen und befruchten und dadurch eine höher stehende Kultur ermöglichen.

Dafür führen sie verschiedene Beispiele an, etwa die geistige Beeinflussung des Römischen Reichs durch die alte griechische Kultur oder – in neuerer Zeit – die Ausbreitung spanischer Kulturelemente in Mittel- und Südamerika zu einem neuen, eigenständigen Kulturraum.

Sie vergessen dabei aber, dass die Vermischung der römischen Kultur mit griechischen Kulturelementen und viel mehr noch der Export iberischen Kulturguts in die Neue Welt gar keine Diffusion im eigentlichen Sinne waren, sondern Hand in Hand mit einer Kolonialisierung erfolgten. Niemand wird bestreiten, dass schon lange vor dieser Ausweitung des Einflussraums die altgriechische und auch die iberische Kultur als eigenständige Hochkulturen existierten.

Unversöhnliche Positionen durch Spezialistentum

Nun ließe sich, dem gesunden Menschenverstand folgend, leicht ein zwischen beiden Hypothesen vermittelnder Standpunkt einnehmen: Es ist durchaus möglich, dass sich eine Hochkultur aus sich heraus entwickelt; es lässt sich aber gleichzeitig nicht ausschließen, dass zwei Kulturen sich gegenseitig befruchten und dadurch eine dritte entsteht. Diese kann entwicklungsgeschichtlich höher stehen, muss das aber nicht. Für eine solche Mischhypothese lassen sich die untereinander zerstrittenen Lager aber kaum erwärmen. Die meisten Vor- und Frühgeschichtsforscher vertreten in dieser Frage konsequent einen der beiden extremen Standpunkte.

Nun lässt sich nur schwer nachweisen, wie weit gegenseitige kulturelle Befruchtungen zwischen verschiedenen Volksgruppen stattfanden oder nicht, *bevor* sich hier oder dort eine Hochkultur entwickelte. Der Ansatz der Isolationisten scheint mir eher wissenschaftshistorisch bedingt zu sein. Wie in anderen Forschungsrichtungen beansprucht auch in der Altertumsforschung beispielsweise ein Ägyptologe als Arbeitsfeld ein in sich geschlossenes Gebiet und will mit Sinologie oder Altamerikanistik in der Regel nichts zu tun haben. Diesem Denkansatz kommt der Isolationismus natürlich entgegen, und so sind in diesem Lager heute auch die weitaus meisten Kulturforscher angesiedelt.

Ganz anders denken die Diffusionisten. Sie sind als Generalisten von der Vorstellung durchdrungen, alles müsse zwangsläufig mit allem irgendwie zusammenhängen, so wie das etwa in einem globalen Ökosystem der Fall ist. Sie müssen sich aber fragen lassen, wie zum Beispiel die Entwicklung des alten Ägypten mit der Entstehung der völlig anders gearteten Induskultur oder etwa dem mesoamerikanischen Kulturkreis zusammenhängen soll. Derartige Vorstellungen erscheinen aberwitzig. Und doch gibt es immer wieder verbissene Vertreter der Diffusionstheorie, die fest überzeugt sind, dass es derartige Kontinente übergreifende Verbindungen selbst in der Steinzeit schon gab. So gab es einer ihrer prominentesten Exponenten, Thor Heyerdahl, niemals auf, zu beweisen, dass die alten Ägypter in einfachen Papyrusbooten durchaus den Atlantik hätten überqueren können, um dann die Indios im Urwald vom Sinn und Zweck des Pyramidenbauens zu überzeugen.

Wem das nicht abenteuerlich genug erscheint, der greift, wenn er vom Gedanken der Verknüpfung aller frühen Hochkulturen untereinander nicht lassen will, heute zu noch gewagteren Thesen: Die Außerirdischen oder die Bewohner einer schon in grauer Vorzeit untergegangenen Hightech-Kultur seien das verbindende Element gewesen.

Die Nachbarn Ägypten und Nubien

Um wenigstens etwas Licht in die düsteren Querelen zwischen Isolationisten und Diffusionisten zu bringen, bieten sich zwei eng benachbarte und zeitweise innig miteinander verbundene Kulturkreise als Untersuchungsobjekt an: das alte Ägypten und das alte Nubien, das im Sudan zwar unmittelbar an Ägypten angrenzt, aber zu Lande durch lebensfeindliche Wüsten von diesem getrennt ist und auf dem Wasserweg durch die so gut wie unpassierbaren Nilkatarakte.

Aber nicht nur geografisch gibt es Barrieren zwischen beiden Regionen. Auch hinsichtlich der Bewohner bestehen klare Schranken. Die Ägypter sind weißhäutige Nordafrikaner, die Nubier die nördlichsten Vertreter Schwarzafrikas, die einer völlig anderen Welt entstammen.

Erste Begegnungen zwischen beiden Reichen, dem altägyptischen Reich und dem nubischen Reich Kush im äußersten Süden des heutigen Staats Ägypten und im Norden des heutigen Sudans waren kriegerischer Natur. Die Könige der 1. ägyptischen Dynastie eroberten gegen Ende des 4. vorchristlichen Jahrtausends das nördliche Nubien. Einige Jahrhunderte lang schafften sie immer wieder die dunkelhäutigen Männer und Frauen als Sklaven nach Nordägypten. So etwas wie ein merklicher kultureller Austausch fand indes nicht statt. Lediglich Baumaterial für monumentale Königsgräber ließen die Pharaonen aus nubischen Steinbrüchen holen.

Trotz der ägyptischen Präsenz und militärischen Dominanz im nördlichen Nubien behielt Kush seine kulturelle Identität, die von schwarzafrikanischen Elementen geprägt war.

Hier sorgte alle geografische und persönliche Nähe zunächst ganz und gar nicht für eine kulturelle Diffusion. Das änderte sich interessanterweise erst in einer Zeit, in der das alte ägyptische Reich seine Vormachtstellung verlor, nämlich zwischen etwa 1630 und 1540 v. Chr. Zu dieser Zeit dienten zahlreiche Nubier in Ägypten als Legionäre und wurden so enger mit dem ägyptischen Alltag vertraut.

Als später Thutmosis I. (er regierte von 1493 bis etwa 1482 v. Chr.) wieder im nördlichen Nubien festen Fuß fasste, regierte ein ägyptischer Vizekönig das schwarze Reich mit seinen zwei Provinzen Wawat im Norden und Kush im Süden. Nubien wurde regelrecht kolonialisiert. Ägyptische Beamten, Händler und Priester bestimmten das Alltagsleben. Die Ägypter exportierten ihre Sprache und ihre Schrift ebenso nach Nubien wie ihre religiösen Vorstellungen.

Doch trotz dieser massiven kulturellen Fremdbeeinflussung hielt sich eine generelle kulturelle Diffusion in Grenzen. In der Öffentlichkeit gezwungen, die ägyptischen Götter zu verehren, bestanden inoffiziell der Glaube an die alten kushitischen Gottheiten und schwarzafrikanische religiöse Vorstellungen fort.

Als das ägyptische Reich im 11. Jahrhundert v. Chr. erneut Schwächen zu zeigen begann und schließlich 671 v. Chr. von assyrischen Truppen eingenommen wurde, gewann Nubien Schritt für Schritt seine Selbstständigkeit zurück.

Das Königreich Kush

Schon im 8. Jahrhundert v. Chr. wurde Kush von einem eigenen schwarzen Königshaus regiert und die »Ägyptionismen« verloren rasch an Bedeutung. Die Kushiten entwickelten eine eigene Sprache, die sie zunächst noch mit ägyptischen Hieroglyphen schrieben, bald aber in einer neuen, eigenen »Kursivschrift«.

Von einer durch diffusionistischen Kulturkontakt entstandenen, höheren Kultur konnte in Nubien keine Rede sein, aber auch nicht in Ägypten, das in der Folge unter den Einfluss der Perser, Griechen und Römer geriet.

Interessanterweise entstand in den über 2000 Jahren kulturellen Kontakts zwischen Ägypten und Kush in Nubien keine einzige Pyramide. Dann aber, als die Ägypter endgültig das schwarze Reich verlassen hatten, begannen nubische Könige und hochgestellte Beamte und Privatpersonen, ihre Gräber als pyramidenförmige Mausoleen zu gestalten. Zwischen etwa 750 und 350 v. Chr. entstanden in Nubien weit mehr Pyramiden, als Ägypten jemals beheimatete.

Die Pyramidenfelder von Kush

Der erste Kushitenkönig, der sich unter einer Pyramide bestatten ließ, war Piankhi (Piye), der sich selbst noch als ägyptischer Pharao sah und als solcher krönen ließ. Damit begründete er die 25. ägyptische Dynastie. Mit seinem pyramidenförmigen Mausoleum knüpfte er aber nicht an ägyptische Traditionen an, denn die ägyptischen Pharaonen hatten zu dieser Zeit bereits seit acht Jahrhunderten keine einzige Pyramide mehr gebaut. Piankhi regierte im nubischen Napata und ließ sich im nahen el-Kurru beisetzen. Seine Grabpyramide erinnert nur äußerst entfernt an die alten ägyptischen Pyramiden und ist mit lediglich 5 Meter Basiskantenlänge im Vergleich zu diesen winzig. Dafür ragen ihre Flanken unter einem Winkel von 68 Grad in den Himmel auf und sind damit erheblich steiler als jene der ägyptischen Pyramiden. Die in den Felsboden gehauene Grabkammer unter dem Mausoleum ließ sich einfach über eine Treppe erreichen, die vom Pyramidenvorplatz aus unter die Erde führt.

Hier in el-Kurru, zu Füßen des Gebel Barkal, eines Wüstenberges, entstanden in der 25. Dynastie über 220 weitere Pyramiden als Grabstätten für Könige und Privatpersonen. Sogar 24 Pferde und zwei Hunde wurden unter Pyramiden bestattet, und das ganz nach nubischem Ritual: enthauptet und in stehender Position.

Charakteristische nubische Pyramiden am Gebel Barkal.

Mit der Zeit ließen die Könige von Kush immer größere Pyramiden am Gebel Barkal errichten. Taharqa, den die Bibel (2. Könige 19, 9) als Tirakah erwähnt, liegt unter einem 40 bis 50 Meter hohen Pyramidenhügel von 51,75 Meter Basiskantenlänge begraben. Auch diese großen Pyramiden sind mit rund 68 Grad Flankenwinkel außerordentlich steil und lassen sich schon rein äußerlich nicht mit den alten ägyptischen Mausoleen verwechseln.

Vier große Pyramidenfelder

Als sie den militärisch überlegenen Assyrern ausweichen mussten, verlegten die Nubier ihre Hauptstadt und damit auch ihre Totenstätten mehrfach weiter nach Süden. So kommt es, dass wir heute insgesamt vier nubische Pyramidenfelder kennen. Neben dem am Gebel Barkal jene von Nuri, von Meroë und von Napata. Am ausgedehntesten ist jenes von Meroë mit über 200 Grabpyramiden von 10 bis 30 Meter Höhe.

Aus Aufzeichnungen wissen wir heute, warum die Nubier ihre vornehmen Toten unter Pyramiden beisetzten. Anders als die alten Ägypter, die an ein Totenreich glaubten, in dem die Pharaonen weiterleben und das den Charakter einer unterirdischen Welt trägt, glaubten die Kushiten an die Erhebung der Verstorbenen in den Himmel. Den steil aufragenden und in eine Spitze zulaufenden Pyramidenwänden kam dabei die Aufgabe zu, die Seelen der Toten in diese lichten Höhen zu geleiten. Wie Finger weisen sie geradewegs in den Himmel.

Diffusion und Isolation gleichermaßen

Die geografische Nähe und vor allem die jahrtausendelange politische Verflechtung Ägyptens und Nubiens haben ganz selbstverständlich zur Übernahme zahlreicher kultureller Elemente im Sinne einer Diffusion geführt. Aber von so etwas wie eine Akkulturation, gar noch begleitet von einer Anhebung der Kulturstufe, wie die Diffusionisten das unterstellen, kann keine Rede sein.

Die wesentlichen nichtmateriellen Kulturelemente der Nubier entwickelten sich immer dann eigenständig, wenn von Ägypten kein starker militärischer Druck ausging. Wäre die ägyptische Kultur den Nubiern ein Vorbild gewesen, hätten diese an den neuesten Stand dieser Kultur angeknüpft und nicht an ein längst fallengelassenes Kulturgut. Kein Staat, der sich etwa heute Deutschlands Zivilisation und Kultur zum Vorbild nehmen würde, käme auf die Idee, spätmittelalterliche Burgen und romanische oder frühgotische Kirchen zu bauen. Die nubischen Pyramiden waren eine eigenständige Entwicklung. Sie entstanden isolationistisch.

Warum überhaupt Pyramiden?

Nun bleibt natürlich die Frage, warum Menschen zu verschiedenen Zeiten in benachbarten, aber auch in voneinander geografisch völlig getrennten Gebieten immer wieder aufs Neue Pyramiden bauten, und warum es sich dabei – wie in Ägypten, Nubien und China (s. S. 196 ff.) – meist um Grabstätten handelte.

Einige Archäologen vertreten dazu die pragmatische Auffassung, dass sich Pyramiden rein architektonisch geradezu anbieten, weil sie technisch die einfachste Möglichkeit darstellen, stabile Bauwerke großer Höhe mit primitiven Methoden zu errichten. Ein hoher Turm oder auch ein würfelförmiges Gebäude mit senkrechten Wänden lassen sich mit den vergleichsweise geringen architektonischen Fähigkeiten vor zwei, drei oder vier Jahrtausenden weitaus schwerer errichten als eine Pyramide. Wenn kleine Kinder am Strand Sandburgen bauen, entstehen nicht Türme, sondern fast immer pyramiden- oder kegelförmige Gebilde beziehungsweise Mauern, die sich nach oben verjüngen.

Es gibt aber noch einen ganz anderen Grund für die Pyramiden, der spiritueller Natur ist. Im Kapitel über das Mühlesymbol (s. S. 125 ff.) ist die Rede von der spirituellen Weltsicht der Schamanen, in der die Vierteilung der alltäglichen Welt eine ebenso wichtige Rolle spielt, wie der vertikale Aufbau in untere, mittlere und obere Welt, in spirituelle Bereiche, die der Schamane auf seinen Trancereisen besucht. Mythologisch findet diese Weltsicht zum Beispiel im Weltenberg Meru ihren Ausdruck. Dieser Übergang von der realen alltäglichen Welt in spirituelle Welten ist aber nicht nur für den lebenden Schamanen von Bedeutung, sondern vor allem für den verstorbenen Menschen, der von der Alltagswelt der Lebenden in spirituelle Sphären wandert. Hier fällt der Pyramide eine wichtige symbolische Bedeutung zu, ganz gleich, ob sie verschiedene Stufen aufweist, die verschiedene spirituelle Existenzebenen repräsentieren, oder ob ihre Flanken glatt sind, was symbolisch eher einen gleitenden Übergang zwischen den verschiedenen spirituellen Bereichen darstellt.

Pyramiden kommen nicht nur als Bauwerke in verschiedenen Kulturkreisen vor, auch das gestaffelte Quadrat (wie etwa im Mühlesymbol oder auch in altchinesischen Zeichnungen spiritueller Weltbilder) wiederholt diese schamanische Kosmologie wieder und wieder – und das unabhängig von jeglicher kultureller Diffusion.

Kernbohrungen in Abusir – Ein Rätsel, das keines ist

1883 veröffentlichte der britische Archäologe William M. Flinders Petrie ein erstes fundamentales Buch über die berühmten Pyramiden Nordägyptens: *The Pyramids and Temples of Gizeh*. In diesem Werk wies er darauf hin, dass die alten Ägypter Löcher in den Stein gebohrt haben, und zwar keine »gewöhnlichen« Löcher, sondern Kernbohrungen. Bei dieser Technik wird statt eines kompakten Drillbohrers ein röhrenförmiger verwendet. Das entstehende Bohrloch ist also eine tief ins Gestein reichende kreisförmige Rinne, in deren Zentrum ein massiver Steinzylinder stehen bleibt, den man dann an seiner Basis abbricht und als Ganzes aus dem Loch zieht. In der Neuzeit wurde diese Technik von dem Schweizer Ingenieur G. Leschot 1862 erstmals angewandt, wobei er ein Stahlrohr benutzte, an dessen Ende eine Bohrkrone aus Diamantsplittern angesetzt war.

Kannten die alten Ägypter Diamantbohrer?

Flinders Petrie fragte sich, wie es den alten Ägyptern möglich gewesen sein konnte, schon vor mehr als viereinhalb Jahrtausenden Kernbohrungen auszuführen. Er dachte zuerst an Diamantbohrer, ließ diesen Gedanken aber rasch wieder fallen, weil in Ägypten keine Diamanten vorkommen und die Ägypter damals offenbar auch keine importierten. Dann vermutete Petrie, es könnten Bronzerohre mit einer Korundbohrkrone verwendet worden sein, eine technisch unmögliche Zusammenstellung. Schließlich gab er dann doch wieder der Diamantbohrkrone den Vorzug, ohne allerdings eine Erklärung dafür zu finden, wie die alten Ägypter eine derartige Technik beherrscht haben könnten.

Auf Petrie folgte unter anderen der Experimentalphysiker Horst-Detlef Gassmann, ein Experte auf dem Gebiet von Bohrwerkzeugen. Er kam zu dem Ergebnis, ohne Diamantbohrer könne es nicht möglich gewesen sein, derartige Löcher zu erzeugen.

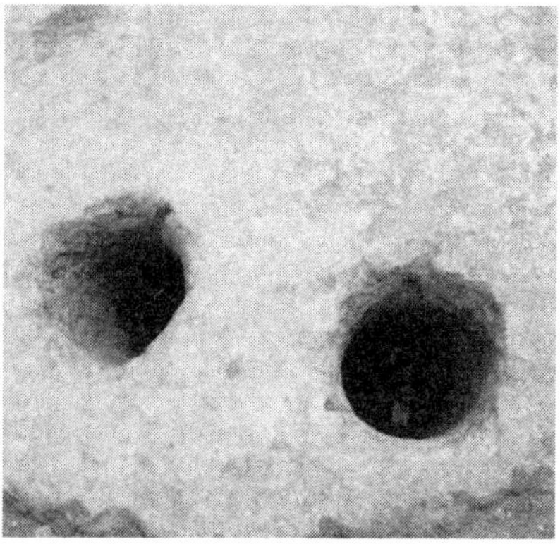

Sehr ähnliche Kernbohrungen wie in Abusir finden sich auch in den Vorzeittempelanlagen von Malta.

Wilde Spekulationen von Pseudoarchäologen

Ein solches Thema ist natürlich ein gefundenes Fressen für esoterische Spekulanten jeglicher Art. Als einer der lautstärksten meldete sich Christian Sollner zu Wort: »Das Gestein in Abusir (einer Ruinenstätte, die rund 15 km von Gizeh entfernt ist) kann nicht mit Steinwerkzeugen, Holz, Knochen oder anderen weichen Werkzeugen mit einer derartigen Präzision bearbeitet worden sein. Zum Vergleich: Diamant ist mit dem Härtegrad 10 das härteste Material. Diorit (das angebohrte Gestein in Abusir) nimmt auf dieser Skala den Wert 8,4 ein. Die heutigen Kernbohrer durchlöchern Diorit immerhin mit einem Pressdruck von 200 Atmosphären. – Wie waren die Ägypter vor mehr als 4500 Jahren dazu in der Lage?«

Die Antwort auf Sollners Frage liefert – wie könnte es anders sein – Erich von Däniken: »Den ägyptischen Baumeistern müssen Arbeitsgeräte zur Verfügung gestanden haben, von denen wir bisher keine Kenntnisse haben. Für eine Kernbohrung wird das richtige Werkmaterial benötigt, beispielsweise eine mit Diamanten bestückte Bohrspitze. Dazu muss der harte Kunststoff, welcher die Diamanten mit dem Bohrer verklebt, entwickelt werden. Schließlich ist eine Apparatur zur präzisen Führung des Bohrers erforderlich ... Für all dies ist ein Lernprozess langjähriger Erfahrung von Nöten – vor über 4000 Jahren? Oder haben meine All-Mächtigen im alten Ägypten etwa Nachhilfeunterricht erteilt?«

Von Däniken ist mit seinen Astronautengötter-Fantastereien nicht der Einzige, der solch dubiose Antworten auf unsere Frage anbietet. In seinem Artikel »Abusir – Mysterium einer vergessene Technik« schreibt Thomas H. Fuss: »Auch wenn einige Ägyptologen immer noch daran festhalten – mittels Holz und Kupfer waren solche Leistungen nicht möglich. Selbst heute sind wir nur unter Zuhilfenahme besagter Kernbohrtechnik, einem Bohrpressdruck von etwa 2 Tonnen und vor allem Diamanten als Schneidematerial in der Lage, Bohrungen in Gestein wie Granit oder Diorit durchzuführen. Fazit: So neuzeitlich die Bohrungen von Abusir anmuten, so modern und hoch technisiert muss zwangsläufig auch das dafür verantwortliche ›Arbeitsgerät‹ gewesen sein. Doch woher nehmen ...?« Fuss gelangt ebenfalls zum Schluss, dass außerirdische Lehrmeister ihre Hände im Spiel gehabt haben müssen. Er untermauert seine These mit einem Rückgriff auf alttestamentarische jüdische Quellen. Der Talmud und der Sohar erwähnen Schamir, einen »Schneidewurm« oder »metallspaltenden Wurm«, der, so will Fuss den alten Quellen entnehmen, den Menschen von Gott (in seiner Leseweise: von Göttern) gebracht worden sei. Dass die alten Ägypter diesen Schneidewurm gekannt und benutzt haben, ist aber Unsinn! Wie schon der Jurist Klaus Richter in seinen Arbeiten über die Kernbohrungen betonte, entstanden die jüdischen Quellen 2 500 Jahre nach den Bohrungen im alten Ägypten. Auch sprechen die jüdischen Quellen von keiner Hochtechnologie.

Schließlich reiht sich in die Schar der Fantasten noch ein Graham Hancock ein, der zwar nichts von Göttern wissen will, dafür aber behauptet, die Bewohner des untergegangenen Atlantis hätten die ägyptischen Handwerker die Kernbohrtechnik gelehrt. In ihrer eigenen Hochkultur war sie selbstverständlich bekannt. Fragt sich nur, wie Hancocks Atlanter Kontakt zu den alten Pharaonen aufgenommen haben sollten, denn der Mysteryautor siedelt sein Atlantis im Bereich einer frühen eisfreien Antarktis an.

Der wirkliche Zweck der Bohrungen

Was sind nun die Fakten, die hinter all diesen abenteuerlichen Spekulationen stehen? – In der Tat finden sich in Abusir in einem Feld alter, weitgehend verfallener Pyramiden zahlreiche Steine aus Diorit mit tiefen Löchern, die nachweislich in Kernbohrtechnik ausgeführt worden sind. Und Diorit ist wirklich eines der härtesten Gesteine, das wir kennen. Aber während sich die pseudoarchäologischen Fantasten fast ausschließlich auf Abusir konzentrieren und zudem oft behaupten, es sei völlig unbekannt, wozu diese Bohrungen gedient haben, sind Kernbohrungen aus fast allen ägyptischen Tempelanlagen des Alten Reiches bekannt. Bearbeitet wurden auf diese Weise eine Vielzahl unterschiedlicher Gesteine – vom weichen Kalk- und Sandstein bis zu Granit und Diorit.

Der Zweck dieser Bohrungen ist vielfältig, aber den Archäologen gut bekannt. Zunächst, schon in der Jungsteinzeit, durchbohrte man kleine Perlen, später erzeugte man mit Kernbohrungen vor allem die zylindrischen Aushöhlungen von Vasen und anderen steinernen Gefäßen. Kernbohrlöcher nehmen die Angeln von Türen auf, deren Zargen meist aus hartem Gestein bestanden. Zur Zeit der Monumentalarchitektur der vierten Dynastie erforderten die gestiegenen Ansprüche an die Statik der Tempelbauten besondere Verbindungstechniken für die steinernen Bauelemente. Im Chephrentempel sind Pfeiler und Decksteine mit Schwalbenschwänzen verzahnt und zum Teil auch mit bis zu 25 Kilogramm schweren Runddübeln aus massivem Kupfer verbunden, die von 8 Zentimeter tiefen Kernbohrungen aufgenommen werden. Der Zweck der Bohrungen ist also mehr als hinreichend dokumentiert.

Wo sind die Werkzeuge geblieben?

Was die ernsthafte Erforschung des Wie erschwert, ist die Tatsache, dass sich unter den archäologischen Funden so gut wie keine Bohrgeräte entdecken ließen. Das ist es wohl, was Gassmann auf den Gedanken gebracht hat, die alten Ägypter hätten ihre vermeintliche Hochtechnologie streng geheim gehalten. Doch muss man das Fehlen von Bohrgeräten im archäologischen Material im größeren Kontext sehen: Nicht nur Bohrwerkzeuge fehlen, sondern auch jede Art anderer Geräte, sogar Hammer und Meißel, von denen wir sicher wissen, dass sie in großer Zahl verwendet wurden. Es muss also andere Gründe dafür geben, dass praktisch keine Werkzeuge erhalten blieben. Ernsthafte Archäologen vermuten, dass die wenig stabilen Geräte nach dem Gebrauch derart stark abgenutzt waren, dass man sie sofort verschrottete oder – noch wahrscheinlicher – ihr verbleibendes wertvolles Material (z.B. Kupfer) für neue Geräte wieder aufbereitete.

Reliefbilder beschreiben die Technik

Aber auch ohne Werkzeugfunde wissen wir heute durchaus, wie die alten Ägypter ihre Kernbohrungen ausgeführt haben. Geheim waren diese Techniken keineswegs. Auf Reliefbildern sind so gut wie alle handwerklichen Arbeitsweisen ausführlich dargestellt – was allerdings von von Däniken und Konsorten mit keinem Wort erwähnen.

Abgebildet sind zwei verschiedene Arten von Kernbohrern: der Drill- oder Fiedelbogenbohrer, wie er in der Dritten Welt vielfach noch heute verwendet wird, und der Kurbelbohrer, wie ich ihn selbst in ähnlicher Form noch unter den alten Werkzeugen meines Vaters aus dem frühen 20. Jahrhundert fand. Bei beiden Varianten war kein Spiralbohrer eingespannt, sondern ein besonderer Bohrkopf – entweder ein Kupferzylinder oder ein gabelförmiger Bohrkopf aus Feuerstein. Weil erschmolzenes Kupfer ein relativ weiches Material ist, verwendeten die alten Ägypter offenbar Kupfer, das durch Hämmern oder Glühen und Abschrecken gehärtet wurde. Gegen Ende des Alten Reiches gab es auch Bohrkronen aus Zinnbronze.

Derartige Kernbohrer waren so gut bekannt, dass es dafür sogar von der 5. bis zur 26. Dynastie eigene Hieroglyphen gab. Der Kurbelbohrer hieß *snht-* oder auch *hmt-*Bohrer. Die Hieroglyphe *hmt* wurde später zur allgemeinen Bezeichnung für Handwerk verwendet. Der Drill- oder Fiedelbohrer wurde mit der Hieroglyphe *htjt* wiedergegeben.

Das bloße Metall oder auch der Feuerstein waren allerdings nicht hart genug, um Kernlöcher in Granit oder Diorit zu bohren. Dennoch hatten die Kupferrohre keine Bohrkronen aus Korund, Diamant oder Ähnlichem, man verwendete vielmehr einfach Schleifpulver. Und auch dafür gibt es eine eigene Hieroglyphe: *hmwt*. Im einfachsten Fall war dieses Schleifpulver wohl reiner Quarzsand, während man zum Bohren sehr harten Gesteins wahrscheinlich Pulvergemische aus Wasser, Quarzsand und Gips einsetzte. Der Ägyptologe Mark Lehner wies darauf hin, dass sich getrocknete Überreste dieses Gemischs in tiefen Einschnitten von Basaltblöcken aus Cheops' Totentempel noch nachweisen lassen – rot gefärbt vom Kupfer des Werkzeugs.

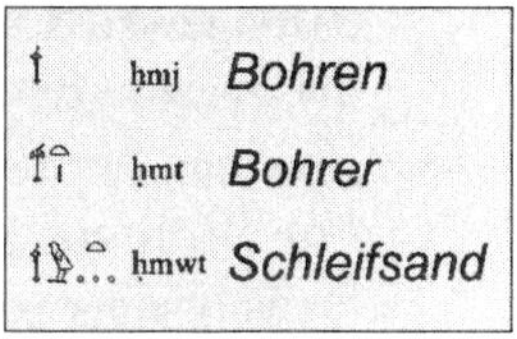

Denys Stocks rekonstruiert altägyptische Kernbohrer

Bleibt die Frage, ob die Interpretationen der alten Reliefbilder und der Hieroglyphenschrift korrekt sind. Um das herauszufinden, führte Denys A. Stocks aus Manchester schon vor 25 Jahren praktische Versuche durch, deren Ergebnisse er seit 1986 in mehreren Zeitschriften veröffentlichte, darunter in *Popular Archaeology* und dem renommierten wissenschaftlichen Fachblatt *Antiquity*. Bis heute rekonstruiert Stocks alte ägyptische Werkzeuge und erprobt sie praktisch. Besonders aufschlussreich ist ein Experiment, das er 1999 mit einem Drillbohrer an Rosengranit aus Assuan durchführte. Er setzte einen Bohrzylinder von 8 Zentimeter Durchmesser ein, der auf eine hölzerne Triebstange gesteckt war. Ein Fiedelbogen mit Seilsehne diente als Antrieb, den Bohrdruck erzeugte er mit einem Gewicht aus Sandstein. Drei Handwerker betätigten das Gerät: Einer hielt den Gewichtsstein und zentrierte damit zugleich den Bohrer; die beiden anderen hielten und bewegten je ein Ende des Fiedelbogens und trieben den Bohrer damit wechselweise links- und rechtsdrehend an. Als Schleifmittel verwendete Stocks lediglich trockenen Quarzsand. Auf diese Weise bohrten die drei Arbeiter in 20 Stunden ein 6 Zentimeter tiefes, exakt ringförmiges Loch in den Granit. Der Bohrkern ließ sich leicht durch einen Meißel herausbrechen, der in den Spalt zwischen Kern und Wand gesteckt wurde. Die Bohrkerne, die Stocks erhielt, waren alle leicht konisch; ihr Durchmesser nahm mit der Bohrtiefe geringfügig ab. Genauso sehen auch die in Abusir gefundenen Bohrkerne aus!

Verglichen mit der heutigen Steinmetztechnik ist die Leistung der drei Männer in den 20 Stunden nicht gerade überwältigend, aber angesichts der fast unbegrenzten Arbeitskraft, die einem Pharao zur Verfügung stand, und gemessen an den jahrelangen Bauzeiten bei Großprojekten war diese Art des Bohrens durchaus praktikabel. Von Astronautengöttern übermittelter Hochtechnologie bedurfte es dafür keineswegs.

Quarzsand als Schleifmittel

Wie sich der Bohrvorgang im Detail abspielte, fand übrigens nicht erst Stocks heraus. Schon 1912 hatte Uvo Hölscher beschrieben, wie Quarzsand als Schleifmittel wirkt: »Wenn sich nun ein scharfes Schmirgelkorn seitlich in das weiche Kupfer der Krone eingedrückt hat und nun mit rundum gerissen wird, so schneidet es eine schwache Rille in das Gestein, welche bei den folgenden Drehungen der Krone vertieft wird, bis entweder das Korn aus seiner Fassung springt oder zermalmt wird, oder aber bis der Bohrer aus dem Loch gezogen wird, damit man das Bohrmehl beseitigt.«

Nicht alles auf den ersten Blick archäologisch Unverständliche ist also ein Rätsel, das nur den Schluss auf außerirdische Lehrmeister oder mysteriöse untergegangene Hochkulturen zulässt. Oft genügt es zur Klärung, etwas gründlicher zu forschen und eventuell mit einfachen Versuchen zunächst hypothetisch gefundene simple Erklärungen einfach mal praktisch umzusetzen.

Amerikas älteste Pyramiden

Dass nicht nur die alten Ägypter Pyramiden bauten, sondern auch verschiedene Indiovölker Mittel- und Südamerikas, ist seit der Entdeckung der Neuen Welt kein Geheimnis. Berühmt sind die mexikanischen Mayapyramiden von Chichén Itzá, Palenque, Cobá, Uxmal und anderen Kultplätzen auf der Halbinsel Yucatán, aber auch die Pyramidenbauten von Teotihuacán und El Tajín in Mexiko. Zahlreiche Pyramiden aus präkolumbianischen Zeiten stehen auch in Belize (Caracol u.a.), Guatemala (Tikal u.a.), Honduras (Copán) und Ecuador, wo – wie wir seit Kurzem wissen – eine noch nicht näher erforschte Gruppe von nicht weniger als 180 Pyramiden im Urwald schlummert.

Haben die amerikanischen Pyramiden ägyptische Wurzeln?

Die Frage, ob die mittel- und südamerikanischen Pyramiden ihr Vorbild in den berühmten Pyramiden am Nil hatten, drängt sich geradezu auf und mehr als ein Kulturgeschichtler versuchte, Anhaltspunkte für eine mögliche Antwort zu finden. Längst ist bekannt, dass nicht Kolumbus auf der Suche nach dem Seeweg nach Indien die Neue Welt entdeckte, sondern Seefahrer aus der Alten Welt schon vorher zu Besuch waren. Der Wikinger Erik der Rote soll die Gestade der Neuen Welt bereits um 1000 erreicht haben. Und Thor Heyerdahl lieferte mit seinen Papyrusbooten Kontiki und vor allem Ra II (1970) den Nachweis, dass Seeleute aus dem östlichen Mittelmeer bereits zur Zeit der alten Ägypter in der Lage gewesen waren, mithilfe der Meeresströmungen und günstiger Winde den Atlantik zu überqueren.

Warum also sollte nicht irgendwann auch die Kunde von den ägyptischen Pyramiden über den Großen Teich gelangt sein und mit ihr zugleich religiöse Vorstellungen, die unter den

Indios Anhänger gefunden haben könnten – mit der Folge, dass sie ebenfalls Pyramiden bauten?

Pyramiden zwischen beiden Welten

Thor Heyerdahl, der sein Lebenswerk der Frage nach möglichen kulturellen Beeinflussungen der Indianer durch das alte Eurasien vor Kolumbus widmete, war es auch, der 1991 ein Forschungsprojekt auf der Kanareninsel Teneriffa in die Wege leitete.

Dort gibt es von alters her in der Nähe des Ortes Güímar sechs größere aus Stein errichtete, terrassierte Hügel, denen zuvor niemand größere Aufmerksamkeit geschenkt hatte. Man hielt sie allgemein für Abraumhalden der Landwirtschaft. Teneriffa ist ein vulkanisches Land, wo überall Steinbrocken herumliegen, und wenn Bauern ein Feld anlegen wollen, dann ist es ganz natürlich, dass sie zuerst einmal die störenden großen Steinbrocken abräumen. Natürlich kann man sie nicht einfach auf das Nachbarfeld legen, weshalb man sie zu hohen Haufen aufschichtet. Solche Steinhügel sind in der Landschaft der Kanarischen Inseln nichts Außergewöhnliches.

Thor Heyerdahl aber fiel auf, dass die sechs Steinanlagen bei Güímar etwas grundlegend anderes sein mussten. Zum einen waren die Steine hier nicht einfach irgendwie aufgetürmt, sondern sehr gewissenhaft in Form rechteckiger Stufenpyramiden angelegt. Zweitens zeigten vor allem die Ecksteine ganz deutliche Bearbeitungsspuren. Kein Bauer würde ihn störende Steinbrocken zunächst mühevoll bearbeiten, bevor er sie entsorgt. Am wichtigsten aber war die Feststellung, dass die Steine, aus denen die pyramidenförmigen Anlagen aufgebaut sind, gar nicht von den umliegenden Feldern stammen konnten. Hier lagen nämlich rundliche Ackersteine herum, während die Steinhügel aus kantigen Lavabrocken waren.

Heyerdahls Vermessungen der Anlagen ergaben, dass sie alle nach bestimmten Himmelsrichtungen orientiert sind und alle eine Treppe auf ihrer Westseite besitzen. Der Form nach sind es Stufenpyramiden, allerdings nicht mit quadratischem, sondern länglich rechteckigem Grundriss. Ein Indiz dafür, dass es sich um sehr alte Anlagen handelt, ist die Tatsache, dass in einer Höhle unter einer der Pyramiden offenbar Ureinwohner von Teneriffa gelebt haben.

Früher soll es bei Güímar noch drei weitere Pyramiden gegeben haben, aber die sind heute nicht mehr erhalten.

Wie alt die Pyramiden auf Teneriffa sind, wissen wir nicht. Aber sie könnten Heyerdahls Hypothese untermauern, dass schon in vorgeschichtlichen Zeiten Seefahrer aus dem östlichen Mittelmeerraum den Pyramidengedanken über die Kanarischen Inseln nach Westen getragen haben.

Tausend Jahre nach den Pharaonen

Die hohe Zeit der großen ägyptischen Pyramiden lag in der Mitte des 3. vorchristlichen Jahrtausends. Bis vor Kurzem galt als älteste bekannte mittelamerikanische Hochkultur jene der Olmeken in Mexiko, die ungefähr in die Zeit um 1600 v. Chr. zurückreicht. Kritiker der Diffusionstheorie, derzufolge die amerikanischen Pyramiden ihre Wurzeln in der alten Kultur am Nil haben sollen, führten immer wieder ins Feld, es sei äußerst unwahrscheinlich, dass amerikanische Indios einen irgendwie zu ihnen gelangten tausend Jahre alten Gedanken zu neuem Leben erweckt haben könnten. Aber dieses Argument zieht nicht recht, denn es gab in der Weltgeschichte immer wieder vor allem religiöse und philosophische Ideen, die lange nach ihrem Untergang in ihrer Urheimat anderenorts eine Renaissance erlebten.

Die Diskussion über mögliche abendländische Vorbilder der amerikanischen Pyramiden wäre verebbt, hätte nicht die jüngste Vergangenheit völlig neue Fakten ans Licht gebracht und damit völlig neue Perspektiven eröffnet.

Kulturhypothesen

Seit Langem ist eine der brennendsten Fragen der Frühgeschichtsforschung wie gesagt jene nach dem Ursprung der

Hochkulturen. Hochkulturen entstehen nicht zwangsläufig. Viele Steinzeitkulturen existierten Jahrzehntausende hindurch, ohne dass die Menschen jemals auf die Idee kamen, plötzlich große Metropolen zu bauen, hierarchische Verwaltungsstrukturen zu entwickeln, in großem Maße Arbeitsteilung zu betreiben und in einem Staatssystem sesshaft zu werden. Wenn allerdings eine Hochkultur gleichsam aus dem Nichts heraus entsteht, dann geschieht das immer relativ rasch; in der Regel innerhalb weniger Jahrhunderte. Was aber ist das auslösende Moment dafür?

Jahrzehntelang lieferten sich die Experten einen Streit darüber, ob extensiver Ackerbau diese treibende Kraft sei oder aber der Handel. Beides erfordert die Entwicklung von Infrastrukturen und bis zu einem gewissen Grad Planwirtschaft. Um größere Felder zu bestellen, muss man sie in trockenen Gebieten bewässern und dafür Irrigationssysteme anlegen. Das überfordert den einzelnen Bauern, und zugleich muss für eine gerechte Wasserverteilung unter den verschiedenen Landwirten gesorgt werden. Wasserbau und Wasserrecht machten kommunales Vorgehen unumgänglich. Der Weg zur Arbeitsteilung, zum Verwaltungssystem und damit zur politischen Obrigkeit und zur urbanen Kultur war vorgezeichnet. Was für diese These spricht, ist die Tatsache, dass sich die frühen Hochkulturen weitestgehend in ariden Gebieten mit fruchtbaren Böden entwickelt haben.

Die zweite Theorie, die auf den Handel als treibende Kraft setzt, liefert ebenfalls plausible Argumente. Handel erfordert einerseits eine Überschussproduktion von Waren, andererseits ein Vertriebssystem und schließlich ein organisiertes Transportwesen. Zugleich werden Lagerhaltung und eine wenigstens einfache Buchführung nötig. Auch das sind Kräfte, die Arbeitsteilung und Verwaltungsstrukturen nach sich ziehen.

Der Streit zwischen beiden Parteien wogte unversöhnlich hin und her, als sich in den 1970er Jahren lautstark eine dritte Partei mit der Botschaft »Der Krieg ist der Vater aller Dinge«

zu Wort meldete. Die Vertreter dieser dritten Partei sahen in Kriegen auch die ausschließliche Voraussetzung für das Entstehen primärer Hochkulturen. Menschen schließen sich dann zu größeren Gruppen und damit zu größeren Wohnsiedlungen zusammen, wenn sie von außen bedroht werden. Sie verschanzen sich in Städten, bauen Schutzanlagen wie Mauern, Türme und Burgen und bilden Soldaten aus. Sie verfügen über Waffensysteme und Rüstkammern und schließlich über eine Streitmacht. Das alles erzwingt zwar ebenfalls Arbeitsteilung, Organisation und Verwaltung; das stärkste Argument für urbanes Wohnen ist aber der Schutz in der Gruppe, ist die Verteidigungsmöglichkeit der Stadt.

Hauptvertreter dieser durchaus plausiblen Theorie waren 20 Jahre hindurch der Kulturhistoriker Jonathan Haas und seine Frau und Fachkollegin Winifred Creamer aus Chicago.

Casma – eine Mutterstadt?

Um die Streitfrage bezüglich der Entstehungsursache primärer Hochkulturen nicht nur hypothetisch zu untersuchen, sondern die Theorien mit Fakten abzusichern, suchten die Kulturhistoriker lange vergeblich nach einer sogenannten »Mutterstadt«. Darunter verstehen sie die erste Stadtanlage eines neu entstandenen Kulturkreises. Nur sie konnte eindeutig die Frage klären helfen, was zuerst da war: die Henne oder das Ei. Landwirtschaft, Handel und auch Schutz vor kriegerischen Angriffen konnten zwar die Ursachen, durchaus aber auch die Folgen der ersten Urbanisierung sein. Gab es in einer Mutterstadt keine Anzeichen von Handel, dann ließe sich die Handelshypothese klar widerlegen. Gleiches gilt natürlich auch für die beiden anderen Faktoren.

Trotz intensiver Suche konnten die Archäologen weder in Mesopotamien noch in Indien oder China bisher so etwas wie die Mutterstadt einer frühen Hochkultur finden. Alle entdeckten urbanen Zentren waren erst *nach* der Entstehung der jeweiligen Kultur gebaut worden.

Seit rund zwei Jahrzehnten verlegten sie deshalb die Suche verstärkt in die Neue Welt und dort vor allem nach Peru, der Heimat der Inka-Kultur. 1993 war es dann so weit. Im wüstenartigen Casmatal, rund 15 Kilometer landeinwärts der westperuanischen Küste, entdeckten Tom Pozorski von der University of Texas-Pan American und seine Frau Sheila die Überreste einer prähistorischen Stadt. Alles, was sie hier fanden, stand kulturell auf einer äußerst einfachen Stufe. Und weil die beiden Wissenschaftler auch einige hölzerne Pfosten ausgraben konnten, hatten sie geeignetes Material für eine Kohlenstoff-14-Analyse. Die Stadt Casma stammte aus der Zeit um 1500 v. Chr. und war damit älter als alle bisherigen Inkafunde. Sie stand ganz offensichtlich am Anfang der peruanischen Hochkultur. Casma musste die gesuchte Mutterstadt sein.

Dabei zeigte sich, dass Haas mit seiner Hypothese offenbar recht behalten sollte. Es gibt gravierte Bilder in Casma, die Krieger neben ihren enthaupteten und aufgeschlitzten Opfern darstellten, deren Körper sogar halbiert sind! Angst, Schrecken und Krieg waren also Paten bei der Entstehung dieser Hochkultur.

Casma lieferte aber noch einen zweiten kulturhistorisch bedeutenden Fund: eine Pyramide, die zudem mit rund zwei Millionen Kubikmetern verbautem Material zu den größten Pyramiden der Welt gehört. Sie ist das Zentrum einer regelrechten Pyramidenstadt und war von vier riesigen freien Plätzen umgeben, die groß genug waren, um einige tausend Menschen aufzunehmen. Und im Umfeld dieser Plätze gibt es zahlreiche weitere, aber weitaus kleinere Pyramiden.

Die Frage ist natürlich wieder, ob diese um 1500 v. Chr. entstandenen Pyramiden in einem Wüstental unweit der peruanischen Westküste vom alten Ägypten her beeinflusst sein konnten.

Ruth Shady sucht auf eigene Faust

Knapp ein Jahr nach der Entdeckung von Casma zog Ruth Shady, eine Archäologin der San Marcos Universität in der peruanischen Hauptstadt Lima, in die Wüste. Sie folgte Gerüchten über unbekannte Grabhügel in einer lebensfeindlichen Landschaft und wollte sich selbst ein Bild davon machen. Dabei durchstreifte sie ein in 450 Metern Höhe gelegenes ödes Tal in der südlichen Cordillera Negra und stieß auf eine riesige alte Stadt von rund 60 Hektar Fläche.

Eine Prozessionsstraße führt geradewegs auf diese Pyramide von Caral zu.

»Als ich 1994 das erste Mal in das Tal kam«, erklärte die Archäologin in einem BBC-Interview, »war ich überwältigt. Dieser Platz ist irgendwo zwischen dem Sitz der Götter und der Heimat der Menschen angesiedelt. Es ist ein äußerst eigenartiger Platz.«

Shady nannte die Stadt Caral. Die Ausgrabungsarbeiten in den folgenden Monaten und Jahren, an denen sich nicht zuletzt auch das peruanische Militär beteiligte, zeigten, dass Caral sowohl eine Wohnstadt als auch ein religiöses Zentrum war. Die Stadt gliedert sich in zwei Bezirke: eine Oberstadt, die reines Wohngebiet war, und eine Unterstadt mit Sakralbauten und Gebäuden der Verwaltung. Herz dieser Unterstadt ist eine große zentrale Plaza, flankiert von sechs Pyramiden. Ein Amphitheater und ein Tempel runden diesen Komplex ab.

Die größten Bauwerke sind die Pyramiden, die ihre genaue Gestalt erst nach umfangreichen Ausgrabungsarbeiten preisgaben, denn der Lehm von Jahrtausenden hatte sie überdeckt. Ihr Umfeld zeigte Spuren von gepflasterten Böden, bemalten Fassaden und Treppenfluchten.

In die Pyramiden mit eingearbeitet waren Tragsäcke aus Shicra-Schilfgras, mit denen das Baumaterial herbeigeschafft wurde. Das erwies sich als Glücksfall, denn diese Säcke bestehen aus organischem Material, das sich mit der Kohlenstoff-14-Methode datieren lässt. Und diese Datierung ergab eine Sensation: Die Pyramidenstadt Caral wurde um 2600 v. Chr. errichtet, also 1000 Jahre vor Casma!

Mit dieser Datierung brechen zwei große Hypothesen auf einen Schlag in sich zusammen. Die Pyramiden von Caral standen bereits an ihrem Platz, als die Pharaonen in Ägypten ihre Pyramiden gerade erbauten. Damit ist der kulturelle Diffusionsgedanke endgültig vom Tisch.

Der Krieg ist *nicht* der Vater aller Dinge

Wenn es im nordwestlichen Peru die »Mutterstadt« einer Kultur gab, musste es Caral sein. Das rief sofort Jonathan Haas auf den Plan. Er suchte umgehend nach Spuren kriegerischer Auseinandersetzungen in Caral, konnte aber keine finden. Weder war die Stadt befestigt, noch gab es Waffen, Abbildungen von Kriegern oder die geringsten Anzeichen irgendeines Konfliktes. Doch Caral war unleugbar das urbane Zentrum einer frühen Hochkultur und zur Zeit seiner Entdeckung die älteste Stadt auf dem amerikanischen Doppelkontinent. Es scheint die Mutterstadt eines ganzen Kulturkreises gewesen zu sein, aber alle Funde in Caral deuten auf Wohlstand in Ruhe und Frieden und sogar auf eine regelrechte »Spaßgesellschaft« hin. Die Archäologen entdeckten künstlerisch geschnitzte Flöten aus Vogelknochen und fanden Überreste der Früchte von Achiotepflanzen. Die werden von manchen Regenwaldindios noch heute verwendet und dienen als Farblieferanten für Körpermalereien und als Lebensmittelfarben, aber auch als sexuelles Stimulans. Offenbar waren auch andere stimulierende Drogen in Gebrauch, denn die Archäologen fanden Samen des Colastrauchs und Behälter mit gebranntem Kalkpulver, das die Wirkung des Kokains verstärkt. Dazu fanden sich auch aus Knochen gefertigte Inhalationsröhrchen.

Woher kam der Reichtum der alten Stadt in der Wüste? Im Umfeld gibt es zahlreiche Indizien für Ackerbau und ein umfangreiches Bewässerungssystem. Angebaut wurde neben Gemüsepflanzen wie Mais und Hülsenfrüchte vor allem in großem Maßstab Baumwolle. Caral, dafür gibt es Beweise, lebte von der Baumwolle. Seine Bewohner fertigten Fischernetze an und handelten mit ihnen. Sie tauschten sie gegen Fische aus den Küstendörfern und sogar gegen Waren aus den Anden und den fernen Regenwäldern Ecuadors.

Bewässerung und Landwirtschaft einerseits und Handel zum anderen scheinen also die wahren Grundlagen für die Urbanisation gewesen zu sein, nicht der Krieg.

Caral war über 1000 Jahre lang eine blühende Stadt, und Jonathan Haas sah das Fundament seiner zwanzigjährigen wissenschaftlichen Arbeit zusammengebrochen. Er musste konstatieren: »Es kann nicht tausend Jahre Frieden geben, wenn der Krieg eine natürliche Eigenschaft des Menschen ist.«

Noch ältere Urpyramiden?

Es scheint, dass Caral seinen Rang als älteste Pyramidenstadt der Neuen Welt nur sehr kurz innehatte, denn bei Ausgrabungen im Casmatal stießen Berliner Archäologen jüngst auf das Fundament einer möglicherweise einstmals bis zu 100 Meter hohen Stufenpyramide, die nach geophysikalischen Untersuchungen bereits um 3200 v. Chr. errichtet sein soll und damit sogar noch älter wäre als die altägyptischen Monumentalbauten. Sechín heißt der Fundort. Grabungen werden hier seit 2003 unter der Leitung von Peter Fuchs

Erst 2003 entdeckt: die Pyramidenstadt Sechin, die bereits um 3200 v. Chr. entstand.

durchgeführt. Noch ist es zu früh, um Abschließendes über den Ursprung und die Bedeutung der Pyramide von Sechín zu sagen. Vielleicht aber werden wir schon in wenigen Jahren Genaueres wissen.

Chinas Pyramiden – Gerüchte und Fakten

Die Internetwebsite von ZetaTalk rühmt sich Anfang 2007 damit, sie habe bereits am 15. Oktober 1996 veröffentlicht, dass die chinesischen Pyramiden von denselben humanoiden Bewohnern des 12. Planeten gebaut worden seien, die auch die riesigen Pyramiden und ähnliche Strukturen auf der ganzen Welt errichtet haben. In ihrem neuesten Auftritt weist ZetaTalk darauf hin, dass diese Aussage jetzt durch Arbeiten von Hartwig Hausdorf bestätigt worden seien. Hausdorf: noch ein »Pyramidiot«, wie die etablierten Wissenschaftler heute allzu fantasievolle Interpreten von all jenem nennen, was auch nur entfernt wie eine Pyramide aussieht. Nun, im Gegensatz zu den mutmaßlichen Pyramiden in Bosnien (s. S. 217), die wahrscheinlich gar keine sind, gibt es in China tatsächlich Pyramiden, und zwar mehr als in Ägypten oder Mittelamerika.

Waffenhändler entdecken chinesische Pyramiden

Erstmals trugen die australischen Kaufleute Fred Meyer Schroder und Oscar Maman Kunde davon in die westliche Welt. Offiziell handelten sie mit Tabak und Kerzen, in erster Linie aber versorgten sie die Mongolen mit Waffen, weshalb sie denn auch im chinesischen Norden, genauer gesagt in der Provinz Shaanxi unterwegs waren. Als einheimischen Führer hatten sie einen Mönch namens Bogdo angeheuert, der ihnen von sieben Pyramiden in der Nähe der alten Stadt Sian-Fu (dem heutigen Xian) berichtete. Himmelhohe Berge seien das und vermutlich

Gräber von Kaisern oder Kaiserinnen. 5 000 Jahre alte Schriften, die über diese Pyramide berichteten, so erzählte der Mönch, verzeichneten damals schon, dass diese Pyramiden sehr alt seien. Danach müssten sie aus der Zeit vor 3000 v. Chr. stammen. Schroder selbst, der die Pyramiden gesehen haben will, beschrieb die größte davon als 300 Meter hoch mit einer Basislänge von 500 Metern. Damit wäre sie doppelt so hoch wie die ägyptische Cheopspyramide und besäße die zwanzigfache Baumasse. Nach den Angaben von Schroder würde es sich um die größte Pyramide der Welt handeln.

US-Pilot »sieht« 300 Meter hohe weiße Pyramide

Nach diesem frühen Bericht über chinesische Pyramiden herrschte bis 1947 in der westlichen Welt Ruhe, was dieses Thema anbelangt. Im März dieses Jahres druckten dann sowohl die *New York Times* wie der *Los Angeles Daily Express* Artikel über die Entdeckung einer chinesischen Pyramide durch den US-Piloten Colonel Maurice Sheehan, der eine Luftaufnahme von einer angeblich etwa 300 Meter hohen Pyramide von 450 Metern Basislänge geschossen hatte. Beide Blätter zeigten das Bild, aber schon einige Tage später erreichte ein Brief von einer chinesischen Behörde die Presseagentur Associated Press, aus dem hervorging, dass es eine derartige Pyramide gar nicht gäbe.

Ein französischer Kenner chinesischer Geschichte, Patrick Ferryn, meldete sich zu Wort: Die Fotografien ließen nichts erkennen, was als Maßstab geeignet wäre. Die Höhe habe Sheehan vermutlich falsch geschätzt und es handle sich wahrscheinlich um nichts anderes als einen Grabhügel, denn genau so sehe das Objekt aus. Damit war die Sensation zunächst keine mehr. Daran änderte auch das schon 1938 erschienene (und schnell vergessene) Buch *Chinaflug* des deutschen Piloten Wulf Diether Graf zu Castell nichts, der für die Eurasia-Gesellschaft flog und in seinem Werk ebenfalls zwei Fotografien von chinesischen Pyramiden veröffentlichte.

Geheimhaltung durch das Pentagon

Zwar gab es während des Zweiten Weltkriegs noch einen Piloten, der in China eine Pyramide gesehen und auch fotografiert haben will, doch der bekam vom US-Verteidigungsministerium zunächst Redeverbot. Er war der Air-Force-Flieger James Gaussman, der Aufklärungsflüge über dem Reich der Mitte durchführte. Über einen dieser Flüge südwestlich der Großstadt Xian nahe des Qin-Ling-Shan-Gebirges berichtete er später: »Ich flog um einen Berg, und dann kamen wir über ein ebenes Tal. Direkt unter uns lag eine gigantische weiße Pyramide. Es sah aus wie im Märchen. Die Pyramide war von schimmerndem Weiß umhüllt. Es hätte auch Metall sein können oder irgendeine Art von Stein. Sie war an all ihren Seiten völlig weiß. Das Bemerkenswerteste aber war die Spitze: ein großes Stück edelsteinähnliches Material. Es war für uns unmöglich zu landen, obwohl wir es gerne getan hätten. Wir waren von der gewaltigen Größe dieses Dings tief beeindruckt.«

Dass Gaussman die Fotos, die er von der weißen Pyramide machte, nicht veröffentlichen durfte, lag an den militärisch relevanten Aufklärungsbildern, die sich ebenfalls auf dem Film befanden. Angeblich wurde das Material erst 1986 freigegeben. Das behauptet jedenfalls der australische Autor Brian Crowley, der das Bild einer chinesischen Pyramide in seinem reichlich spekulativen Buch *The Face on Mars* 1986 veröffentlichte. Er behauptet, es handle sich um eine der Aufnahmen von Gaussman und will aus dem Bild darauf schließen, dass die Pyramide, die es zeigt, rund 300 Meter hoch sei und eine Basislänge von 485 Metern aufweise.

Rätselraten um eine alte Luftaufnahme

Allerdings lassen Crowleys Behauptungen hinsichtlich der Herkunft des Fotos Zweifel aufkommen. Auf dem Bild in seinem Buch ist zwar eine pyramidenförmige Struktur zu erkennen, aber im Hintergrund sieht man zahlreiche flache Häuser eines benachbarten Dorfes. Gaussman aber hatte davon gesprochen, die leuchtend weiße Pyramide stünde völlig isoliert in einer einsamen Ebene. Zudem liefern die Häuser in etwa einen Größenmaßstab. Danach ist die abgebildete Pyramide erheblich kleiner als die von Gaussman beschriebene. Weiß ist das Bauwerk auf dem Foto in Crowleys Buch auch nicht. Es hat dieselbe Farbe wie die vermutlich lehmige Umgebung und zeigt tiefe Erosionsrinnen an einer Flanke. Und obenauf befindet sich auch kein »edelsteinartiges Material«, sondern eine simple Plattform. Es war also von Anfang an fraglich, ob die Quellenangabe des veröffentlichten Fotos nicht ebenso ins Reich der Fantasie gehört wie Crowleys ganzes Buch.

Im November 2001 gelang es Mark und Richard Wells, die von Crowley gezeigte Pyramide auf einem Satellitenfoto zu identifizieren. Auch danach kann es sich sicher nicht um die mysteriöse große weiße Pyramide handeln.

Pyramidenfakten und Pyramidenfantasien

Es gab also zunächst keinen Grund, sich allzu ernsthafte Gedanken über Chinas Pyramiden zu machen. Das änderte sich aber 1994, als der Österreicher Hartwig Hausdorf in das Geschehen eingriff. Ihm verdanken wir heute eine Flut von Fotografien Dutzender chinesischer Pyramiden. Nach eigenen Angaben gestatteten chinesische Behörden ihm aufgrund seiner guten Kontakte zum Fremdenverkehrsministerium, im März 1994 erstmals in »verbotene Zonen« in der Nähe der Stadt Xian in der Shensi-Provinz zu reisen. Dort sah er sechs der legendären Pyramiden. Bei einem zweiten Besuch im Oktober desselben Jahres machte er Film- und Fotoaufnahmen, die bei genauer Betrachtung weitere Pyramiden im Hintergrund erkennen ließen. Hausdorf gibt an, dass er in einem Areal von 2000 Quadratkilometern insgesamt über hundert Pyramiden entdeckt habe. Das Einzige, was er vor Ort darüber erfuhr, stammte von einem Archäologen namens Xia Nai, der sagte, die chinesische Regierung verbiete zurzeit Ausgrabungen. Sie lasse schnell wachsende Nadelbäume auf den Pyramidenhängen pflanzen, sodass sie in etwa 20 Jahren die Existenz der Pyramiden negieren könne. Die große weiße Pyramide liegt nach Hausdorf weiter nördlich, im Qin-Lin-Tal, doch diese Region habe er nicht besuchen dürfen, weil dort streng geheime Anlagen des chinesischen Raumfahrtprogramms stünden.

Was die Aussagen über die Existenz von mehr als hundert Pyramiden in der Qin-Chuan-Ebene nördlich von Xian betrifft, hat Hausdorf sicher recht. Heute kann sie jedermann mühelos vom Schreibtisch aus mit dem Computerprogramm Google Earth aufspüren. Was aber Hausdorf aus der bloßen Existenz dieser Pyramiden ableitet, ist Schwachsinn. Er sieht eine große Ähnlichkeit mit den mittelamerikanischen Pyramiden in Mexiko und Guatemala und vermutet daher, sie seien von denselben Astronautengöttern errichtet worden wie diese. Dabei ist die Ähnlichkeit rein äußerlich. Während die mesoamerikanischen Pyramiden aus Stein aufgebaut sind, handelt es sich bei den chinesischen Bauwerken um reine Erdpyramiden. Und während die Pyramiden in der Neuen Welt zwischen 600 und 900 n. Chr. entstanden, sollen nach Hausdorfs Meinung ihre chinesischen Gegenstücke über 5 000 Jahre alt sein. Schon das spricht gegen »Himmelssöhne« als gemeinsame Baumeister.

Auch ist die Geheimniskrämerei, die Hausdorf und seine zahlreichen Anhänger, darunter der Wiener Autor Peter Krassa, um die chinesischen Pyramiden machen, völlig aus der Luft gegriffen. Es ist keineswegs so, dass chinesische Behörden deren Existenz leugnen oder jemals geleugnet hätten. Auch an ihrer »Entdeckungsgeschichte« ist nichts Mysteriöses, wie es die ständig wiederholten Erzählungen von den australischen Waffenhändlern und dem US-Militärflieger vermuten lassen, dessen Filmmaterial vom Pentagon vor rund 40 Jahren beschlagnahmt wurde.

Die historischen Tatsachen sind gut bekannt

Faktum ist, dass Ch'ang-an, die heutige Millionenstadt Xian, während der westlichen Han-Dynastie (206 v. Chr. bis 25 n.

Chr.) Hauptstadt des chinesischen Reiches und damit Sitz des jeweiligen Kaisers war. Diese Kaiser ließen sich in gewaltigen Mausoleen beisetzen, die auf Chinesisch »ling« heißen. Von den elf Kaisern der Han-Dynastie wurden lediglich Wen-Ti (180–157 v. Chr.) und Hsüan-Ti (74–48 v. Chr.) in natürlichen Bergen bestattet, die neun anderen Kaiser fanden ihre letzte Ruhestätte in künstlichen, aus Stampferden errichteten pyramidenförmigen Grabhügeln in einer Flussebene nördlich der Hauptstadt.

Nun stellt sich sofort die Frage, warum wir heute an die hundert Pyramiden kennen, wenn hier doch nur neun Kaiser in derartigen Monumenten beigesetzt wurden. Die Antwort fällt nicht schwer. Auch die Frauen und Nebenfrauen der Monarchen sowie hohe Staatsbeamte wurden auf diese ehrenvolle Weise bestattet. Als Beispiel soll hier die Grabanlage Yangling des Kaisers Ching-Ti (er regierte 157–141 v. Chr.) etwas näher betrachtet werden. Die kaiserliche Pyramide liegt rund 20 Kilometer nördlich von Xian und ist schon lange gut bekannt. Großes Aufsehen erregte die Bestattungsstätte aber 1991, als bei Ausgrabungsarbeiten in unmittelbarer Nähe der Pyramiden in unterirdischen Räumen die inzwischen weltberühmte Terrakotta-Armee des verstorbenen Kaisers entdeckt wurde, tönerne Soldaten in Lebensgröße, die den Monarchen im Jenseits schützen sollten. Im Umfeld der Kaiserpyramide von Yangling stehen noch rund 30 weitere, kleinere Pyramiden, darunter die der Gemahlin von Ching-Ti und solche

Eines der zahlreichen Pyramidengräber nordöstlich der Stadt Xian.

von zahlreichen seiner Konkubinen. Keine der Pyramiden ist bisher geöffnet worden, um die Totenruhe der Verstorbenen nicht zu stören. Lediglich im Umfeld der Pyramiden wird nach Grabbeigaben gesucht.

Mausoleen von Kaisern, Konkubinen und Höflingen

Eine weitere bedeutende Pyramide, rund 40 Kilometer westlich von Xian gelegen, ist Maoling, die Kaiser Wu-Ti (Regierungszeit 141–87 v. Chr.) als Mausoleum für sich selbst errichten ließ. Sie ist mit 46 Meter Höhe und 360 Meter Basiskantenlänge die größte Pyramide aus der Han-Zeit. Alle anderen kaiserlichen Mausoleen waren 40 Meter hoch. Und sie ist es auch, die auf dem 1986 in Australien veröffentlichten Foto zu sehen ist, das angeblich der US-Militärflieger Gaussman aufgenommen hat. Von einer großen weißen Superpyramide kann also zumindest in diesem Fall nicht die Rede sein. Auch steht die Pyramide Maoling nicht so isoliert, wie der Pilot berichtete. In ihrem Umfeld finden sich 20 weitere Pyramidengräber. Mag sein, dass im Grab Maoling die Wurzel jener angeblich in China kursierenden Legende zu suchen ist, von der Hausdorf sagt, sie schreibe den Bau der Pyramiden Astronautengöttern zu, denn der Kaiser Wu-Ti, der hier begraben liegt, führte den Titel »Sohn des Himmels« (t'ien-tzu). Aber das weist nicht auf einen Außerirdischen, sondern auf einen »Gottkaiser« hin, wie zum Beispiel auch viele russische Zaren, japanische Tennos oder etwa die Kaiser Äthiopiens tituliert wurden.

Auch die paar Dutzend anderen Pyramiden der Han-Zeit sind seit Langem gut bekannt und können ausnahmslos den verschiedenen Kaisern und ihren Frauen und Hofbeamten zugeordnet werden.

Und eine Geheimniskrämerei seitens der chinesischen Behörden gibt es auch nicht. Wer mit dem Auto von Xian zur Grabpyramide Maoling fährt, kommt am Maoling-Museum vorbei, in dem der Besucher Grabbeigaben aus dem Umfeld der Pyramide bewundern kann, darunter Statuen eines Pferds, eines Tigers und eines Bullen, eines Elefanten, eines Froschs, zweier Fische, eines bärentötenden »Monsters« und einiger anderer Tiere.

Pyramiden in der T'ang-Zeit

Mit dem Untergang der Han-Dynastie hörte zunächst auch die Tradition des Grabpyramidenbaus auf. Aber während der T'ang-Dynastie (618–906 n. Chr.) lebte sie erneut auf. Zwar setzte man jetzt die meisten der 18 Kaiser in natürlichen Bergen bei, aber vier Monarchen fanden ihre letzte Ruhe wiederum in künstlichen Pyramidenhügeln: Kao-tsu (618–626), Wut-tsung (840–846), Ching-tsung (824–827) und Hsi-tsung (873–888). Ihre Grabpyramiden sind bekannt als Xianling, Duanling, Chuanling und Jingling und liegen rund 60 Kilometer südwestlich von Xian.

Doch auch in der Nähe der kaiserlichen Bestattungsstätten in natürlichen Bergen finden sich regelmäßig Totenstädte mit zahlreichen Pyramiden. Hier ruhen die Gebeine der Mitglieder des jeweiligen Hofstaats. So finden sich im Umfeld des Berggrabes Qianling des Kaisers Kao-tsung (649–683) nicht weniger als 17 Grabhügel. Dort sind zwei Kronprinzen, drei Fürsten, vier Prinzessinnen und acht Reichskanzler bestattet. Auch hier gibt es keine Geheimniskrämerei. In den Jahren 1971/72 ließ die Regierung fünf dieser Gräber öffnen. Die reichen Grabbeigaben reisten in einer Wanderausstellung »Kunstschätze aus China« um die ganze Welt.

Im Gegensatz zu den wilden Spekulationen der »Pyramidioten« lassen sich die historischen Fakten bezüglich der Pyramidengräber sehr gut belegen, denn in allen bisher geöffneten Gräbern gibt es Inschriften, die recht gut die Geschichte der jeweiligen Zeit wiedergeben.

Gibt es die mysteriöse »weiße Riesenpyramide«?

Bleibt als einziges »Rätsel« die mysteriöse große weiße Pyramide. Aber die scheint schlechterdings gar nicht zu existieren.

Außer der Höhenschätzung des australischen Waffenhändlers Schroder (gemessen hat er nach eigenem Bericht nicht) und den Angaben des Fliegers Gaussman, der diese Pyramide nur aus der Luft sah und dessen ihm zugeschriebenes Foto eine völlig andere Pyramide zeigt, haben wir keinerlei Hinweis auf ihre Existenz. Der Neuseeländer Kapitän Bruce L. Cathie, der das Tagebuch Schroders fand und es reichlich fantasievoll interpretierte, schrieb, die große Pyramide liege nördlich von Xian, und der ebenfalls sehr fantasiebegabte Autor Walter Hain will nach dem Bericht sogar die genauen Koordinaten ermittelt haben: 34,26° nördlicher Breite und 108,52° östlicher Länge. Dort gibt es wirklich eine Pyramidengrabanlage. Aber es ist nicht die mysteriöse weiße Pyramide. Es handelt sich vielmehr um zwei dicht beieinander stehende Erdmausoleen von jeweils etwa 150 Meter Basiskantenlänge.

Ein anderer Autor, Marc Carlotto, gibt die Position der weißen Pyramide mit 100 Kilometer südwestlich der Stadt Xian an. Dort aber gibt es im weiten Umkreis keine Ebene, wie sie Gaussman beschrieben hat, sondern nur reichlich unwegsames, schroffes Gebirge.

Erdrutsch enthüllt älteste chinesische Pyramiden

Mit den gut bekannten sachlichen Fakten müsste den Pyramidenfantasten der Boden unter den Füßen entzogen sein. Aber vielleicht finden sie heute schon wieder einen neuen Stoff für ihre Fantasy-Archäologie. Am 21. Juni 2006 meldete nämlich die Internetplattform Chinaview, dass chinesische Archäologen in der Stadt Jiaohe in der nordöstlichen Provinz Jilin nach einem Erdrutsch aufgrund starker Regenfälle auf einem 1 000 mal 500 Meter großen Areal pyramidenförmige Grabhügel gefunden haben, die wenigstens 3 000 Jahre alt sind. Es handelt sich um sieben Pyramidengräber, von denen allerdings die sechs kleineren so stark verwittert sind, dass sich nicht einmal mehr ihre Pyramidenform mit Sicherheit bestätigen lässt. Die größte, gut erhaltene Pyramide habe eine Grundfläche von 50 mal 30 Metern und sei oben von einer ovalen, rund 15 mal 10 Meter großen Plattform begrenzt. Auf dieser Plattform stand ein steinerner Sarkophag. Die Gräber stehen in Verbindung mit der schon seit Langem gut bekannten Grabungsstätte Xituanshan, die seit 1950 erforscht und der chinesischen Bronzezeit zugeordnet wird. Standen hier die »Urväter« aller chinesischen Pyramiden?

Yonaguni – Wunschdenken schafft Wunderwelten

Kihachira Aratake ist Tauchlehrer auf Yonaguni, der südlichsten der japanischen Ryukyu-Inseln. Geleitet von dem Wunsch, für seine Kunden neue interessante Sporttauchregionen zu erschließen, erkundet er immer wieder neue Unterwassergebiete seiner Heimat. So auch 1985, als er vor den felsigen Steilküsten im äußersten Süden der Insel taucht. Diese Region ist als Hiseki Point bekannt. Im kristallklaren Wasser stößt Aratake hier auf einen mächtigen Felsklotz von etwa 20 mal 50 Meter Oberfläche, der sich fast 20 Meter hoch über den umgebenden Meeresboden erhebt. Aber Aratake sieht keinen gewöhnlichen Felsen. Die gesamte steinerne Struktur scheint von Menschenhand geschaffen. Sie zeigt eine verwirrende Vielfalt streng geometrischer Formen: messerscharfe rechtwinklige Kanten, Treppenstufen unterschiedlicher Höhe, glatte Plateaus, straßen- und rampenartige Strukturen, ein paar Steinsäulen, von senkrecht aufragenden Wänden begrenzte enge Gassen und irgendwo auch ein regelrechtes Tor. Der stufenförmige Aufbau des Monolithen erinnert Aratake an die terrassierten Pyramiden Lateinamerikas.

Geologe entdeckt versunkene Pyramidenstadt

Der Sporttaucher zieht einen renommierten Wissenschaftler hinzu: Masaaki Kimura, Meeresgeologe und Geophysiker an der Ryukyu-Universität in Naha, der Hauptstadt der großen Insel Okinawa. Kimura, der selbst taucht, untersucht die von Aratake entdeckte Unterwasserformation ausgiebig und kommt zu einem erstaunlichen Ergebnis:

Die Pyramide von Yonaguni, wie der unterseeische Felsklotz bald genannt wird, ist nicht natürlichen Ursprungs, sondern von Menschen geschaffen. Das muss zu einer Zeit geschehen sein, als der Meeresboden, auf dem diese Struktur heute steht, trockenes Festland war. Der Meeresspiegel lag vor rund 10 000 Jahren, als in der Eiszeit gewaltige Wassermassen als Gletscher auf dem Festland gebunden waren, rund 30 Meter niedriger als heute.

Professor Kimura ist schnell davon überzeugt, dass für die Strukturen eine unbekannte frühere Hochkultur verantwortlich sein muss. Dafür nennt er zahlreiche auf den ersten Blick plausible Indizien: Die exakten 90°-Winkel und die präzisen Kanten der Unterwasserfelsen lassen sich nicht auf natürliche Weise erklären. Die ganze Anlage erscheint sinnvoll konzipiert, denn um sie herum führt so etwas wie eine Straße nach oben zu einer riesigen Plattform. Das Ganze hat den Charakter eines Tempelberges. Tiefe Löcher, die sich an einigen Stellen im ansonsten völlig glatten Gestein finden, weisen darauf hin, dass hier einmal Pfähle eingelassen worden sein müssen. Auch glaubt Kimura, von Menschenhand geschaffene große Steinplastiken entdeckt zu haben: Eine rund 1,5 Meter lange Schildkröte, einen 7 Meter hohen Felsen, der wie das Gesicht eines Menschen aussieht und ihn an die Moai-Steinköpfe auf der Osterinsel erinnert. Der Professor beschreibt ein 1,7 Meter hohes und 1 Meter breites steinernes Zugangstor zu der Gesamtanlage, hinter dem sich zwei parallel aufgestellte Steinsäulen befinden. Und dann sind da noch ein paar in Steinplatten eingeritzte Linien, vielleicht alte Schriftzeichen oder Symbole.

Spekulationen über Lemuria

Kimura vergleicht die Unterwasserstrukturen mit 500 Jahre alten Kastellen auf der Insel Okinawa und entdeckt Ähnlichkeiten. Weil die ältesten Überreste eines vorgeschichtlichen Menschen, die man in Japan fand (sie sind rund 10 000 Jahre alt), ebenfalls von Okinawa stammen, kommt ihm der Gedanke, die Okinawa-Kultur selbst könnte so alt sein. Nur so lassen sich die relativ jungen Kastelle unter einen Hut mit der eiszeitlichen Unterwasserpyramide bringen. Kimura schreibt sie zunächst Menschen der 10 000 Jahre alten Jomon-Kultur zu. Doch diese ist bisher lediglich als eine Kultur einfacher steinzeitlicher Jäger und Sammler bekannt. Allerdings konnten diese frühen Japaner nachweislich Steine bearbeiten, denn von ihnen sind uns Grabkammern bekannt, die sie in massiven Korallenkalk gehauen haben. Auch Gefäße aus Sandstein und andere einfache Steinmetzarbeiten blieben aus ihrer Zeit erhalten. Aber die Unterwasserstrukturen ähneln in keiner Weise den Jomon-Grabhöhlen. Wenn sie von Menschenhand geschaffen sein sollten, muss hier eine andere Kultur ihre Blütezeit gehabt haben, die zugleich mit den Jomon-Leuten existierte.

Kimura ist der Auffassung, dass diese frühe Hochkultur sich nicht nur für die Unterwasserpyramide von Yonaguni verantwortlich zeichnet, sondern zahlreiche ähnliche, heute generell überflutete Strukturen im gesamten pazifischen Raum errichtet hat, vielleicht sogar auf der ganzen Welt. Auf Okinawa vermutet er einen einst bedeutenden See- und Handelshafen, der schon in der Eiszeit entstand. Die Hochkultur, die Yonaguni und all die vermeintlichen anderen Anlagen geschaffen haben soll, war nach Kimuras Auffassung die der Bewohner des legendären Kontinents Mu oder Lemuria, eines im Pazifik versunkenen großen Reiches, das man als Gegenstück zu Atlantis betrachten kann, das im Atlantik versunken sein soll.

Spätestens diese Spekulationen des ansonsten fachlich hoch qualifizierten Meeresgeologen lassen den Verdacht aufkommen, seine Untersuchungen der Yonaguni-Pyramidenstadt seien von Wunschdenken getrübt und ließen an wissenschaftlicher Sachlichkeit zu wünschen übrig. Bezeichnend dafür scheint auch, dass er sich für die Publikation seiner Ansichten keiner Fachkollegen versichert, sondern auf das Urteil eines englischen Bestsellerautors baut, der für archäologische Fantasieprodukte bekannt ist: Graham Hancock (s. S. 182). Auch der ist ein erklärter Anhänger der Lemuria-Sage.

Ernüchternde Expertise eines Meeresgeologen

1997 gewinnt besagter Hancock den Bostoner Geologen Robert Schoch dafür, mit ihm zusammen einen Tauchgang zu dem Unterwassermonument am Hiseki Point durchzuführen, in der Hoffnung, ein unabhängiger Wissenschaftler würde seine Meinung bestätigen. Doch Schoch kommt zu einem anderen Urteil: Der merkwürdige Felsblock sei allein durch Erosionsvorgänge so gestaltet worden, wie er heute aussieht. Spuren menschlicher Arbeit erkennt der Geologe nicht. Auch die Bezeichnung »Pyramide« trifft nicht zu, weil das ganze Gebilde in keiner Weise einer Pyramide ähnelt. Allerdings schließt Schoch auch nicht völlig aus, dass die natürliche Felsformation irgendwann durch Menschen verändert worden sein könnte, aber nicht im Sinne der Anlage eines Bauwerks, sondern etwa durch Nutzung

Die Untwasserwelt von Yonaguni: natürliche Felsformation oder von Menschenhand geschaffene Pyramidenstadt?

als Steinbruch oder Ähnliches. Konkrete Spuren für eine solche Tätigkeit findet er jedoch auch nicht.

Wolf Wichmann erklärt geologische Details

Bleibt die Frage, wie die Natur es angestellt hat, eine derart künstlich wirkende Struktur zu schaffen. Hier brachte das große Interesse der Massenmedien Licht in die Angelegenheit. 1999 beauftragte Spiegel-TV den deutschen Geologen und Tauchexperten Wolf Wichmann mit einer Expertise. Zusammen mit einem Greenscreen-TV-Produktionsteam untersuchte er die Felsformation vor dem Hiseki Point. Relativ schnell gelangte der mit meeresgeologischen Phänomenen gut vertraute Geologe zu demselben Ergebnis wie Schoch, ohne dass er dessen Gutachten gekannt hätte: »Die mir gezeigten Formen waren alle auf relativ einfache Weise durch die vor Ort wirkenden Kräfte der Verwitterung und Abtragung erklärbar«, fasste er die Situation zusammen.

»Gibt es eine Stellungnahme von Professor Kimura zu Ihrer Ansicht?«, wollte später *Spiegel online* von ihm wissen. Wichmann: »Ich habe Stellung zu Professor Kimuras Behauptungen bezogen und ihn mit meiner Auffassung konfrontiert. Er sagte mir, meine Ansicht würde sich im Wesentlichen mit derjenigen decken, die auch alle japanischen ›normalen‹ Geologen vertreten. Ich weiß nicht so recht, was ich damit anfangen soll.«

In einem im Internet veröffentlichten Aufsatz mit dem Titel »Yonaguni/Hiseki Point – die Reste des sagenhaften Lemurien oder einfach ›nur‹ ein Naturwunder?« gibt Wichmann eine ausführliche meeresgeologische Erklärung für den so faszinierend strukturierten Unterwasserfelsen:

»Das gesamte Formeninventar des Hiseki Point entspricht in Geologie, Mineralogie und Morphologie der benachbarten Steilküste. Sämtliche Einzelformen sind als Ergebnis natürlicher küstenerosiver Prozesse eindeutig abzuleiten.« Wichmann ordnet die hier anstehenden Felsen der geologischen Yeayama-Formation aus bankartig gelagertem Sand- und Siltstein zu und schreibt weiter: »Die in dieser Region wirksamen endogenen Prozesse haben im Verlauf der vergangenen Jahrtausende zur Ausbildung interner Schwächezonen geführt. Dies sind in erster Linie die tektonischen Verwerfungen im Zusammenhang mit den Plattenbewegungen entlang der Subduktionszone des Japan-Inselbogens/Ryukyu-Grabens. Die hier häufig auftretenden Erdbeben haben das Gesteinspaket der Yeayama-Formation tiefgründig zerklüftet. Seismische Ereignisse können auch als Auslöser größerer Felsabstürze angesehen werden, deren Spuren man überall entlang der Steilküste antrifft. Die anschließende physikalisch-mechanische Zerstörung des anstehenden Felsens vollzieht sich im Wesentlichen durch die hohe Strömungs- und Wellenmechanik. ... Die durch die hohe Wellenenergie in Bewegung gehaltenen Lockermassen in der Brandungszone ... wirken als Erosionswaffen ... Diese Formen physikalischen Abtrags sind in situ an vielen Stellen entlang der Steilküste zu beobachten ...«

Im Detail benennt Wichmann dann weitere erosive Kräfte wie physikalisch-chemische Lösungs- und Zersetzungsvorgänge durch Meer- und Regenwasser, durch Feuchte und Austrocknung, Salzverwitterung und so weiter, die alle in ihrer Wirkungsweise geologisch gut bekannt sind.

Bleibt noch die Frage nach Strukturen wie den tiefen Löchern, die Kimura als »Pfostenlöcher« auffasst. Die größeren davon lassen sich problemlos als Strudeltöpfe erklären, ähnlich wie die in den Alpen reichlich vorkommenden »Gletschermühlen«. Liegt Geröll in einer natürlichen Vertiefung, dann wird es durch strudelndes Wasser immer wieder herumgewirbelt und schleift und schmirgelt sich dann tiefer und tiefer in das Gestein, wobei ein sauber geschliffenes zylindrisches Loch entsteht. Für die kleineren, wie Bohrlöcher aussehenden und oft in geraden Reihen nebeneinander liegenden Vertiefungen, die man an dem Yonaguni-Felsen finden kann, gibt Wichmann folgende Erklärung: »Dominierend sind in diesem Bereich vor allem Seeigel, die teils entlang vorgegebener Kluftlinien, teils aber auch auf planen Flächen tiefe Löcher, gerade Linien oder auch skurrile Muster mehrere Zentimeter tief in den Felsen schaben.«

Diese »skurrilen Muster« sind es auch, die sich mit einiger Fantasie als »rätselhafte Inschriften oder Symbole« missdeuten lassen. Aufrecht stehende monolithische Felsblöcke sieht Wichmann als Indizien für Felsstürze, die üblicherweise durch Erdbeben ausgelöst worden sind.

Zu dem Formenreichtum von Yonaguni gehören schließlich auch noch die zwischen hohen senkrechten Felswänden eingeschlossenen »Straßen und Gassen«. Sie verlaufen in der Regel senkrecht zur Brandungslinie und lassen sich als sogenannte Gezeitenkanäle erklären, ähnlich den Prielen im norddeutschen Wattenmeer. Gibt es erst einmal einen flachen natürlichen Kanal, etwa eine Versatzlinie im Gestein, dann strömt das Wasser bei Ebbe und Flut immer wieder durch diesen und vertieft ihn fortwährend durch das schleifende mitgeführte Geröll.

Weder Stadt noch Pyramide

Wie Schoch schließt auch Wichmann nicht völlig aus, dass Menschen während der Steinzeit Hand an den damals nicht überfluteten Felsen von Yonaguni gelegt haben könnten. Doch diese Aussage ist eigentlich rein akademischer Natur. Schließlich gab es vor rund zehn Jahrtausenden Menschen auf der Insel, die grundsätzlich Stein bearbeiten konnten. Es ist also nicht völlig auszuschließen, dass sie am Yonaguni-Felsen einzelne Steinbrocken abgeschlagen haben könnten. Aber das ist nur eine denkbare Möglichkeit, irgendwelche konkrete Spuren dafür finden sich nicht.

Wenn Kimura behauptet, die alte Kultur, die seiner Meinung nach die »Pyramide« von Yonaguni geschaffen hat, habe auch anderenorts im Pazifik ähnliche Strukturen erzeugt, dann mag er aus seiner Sicht dafür Indizien finden. Die geologische Formation ist nämlich durchaus nicht so einmalig, wie man zunächst meinen könnte. Ganz ähnlich terrassierte Sedimentfelsen finden sich zum Beispiel im flachen Unterwassergebiet der Bermudainseln, wo ebenfalls schon »Unterwasserpyramiden« oder sogar komplette überflutete Stadtanlagen vermutet worden sind. Aber – und das schüttet einen Wermutstropfen in das Wunschdenken des »Experten« und anderer Verfechter mysteriöser früher Hochkulturen – auch in Gebieten wie an der französischen und britischen Kanalküste lassen sich mancherorts ähnliche Strukturen in den Kreidekalksedimenten erkennen, hier allerdings direkt in der Brandungszone und noch unmittelbar im Entstehen begriffen. Sollte der Meeresspiegel durch eine globale Erderwärmung noch einmal um 10 bis 20 Meter ansteigen, dann könnten vielleicht auch hier Archäologen in zehn Jahrtausenden einmal rätselhafte Pyramidenstädte auf dem Meeresboden entdecken.

Zwei rätselhafte Stufenpyramiden im Herzen Europas

Das österreichische Waldviertel umfasst ungefähr 65 mal 70 Kilometer und ist eine dünn besiedelte Hügellandschaft mit Höhen bis zu etwa 1000 Metern, die an Tschechien grenzt. Zu Ostblockzeiten war es ein strukturschwaches Grenzgebiet und lag zudem weitab von allen großen Verkehrswegen.

Anfang der 1990er Jahre lud mich Professor Alf Kraulitz, Theaterwissenschaftler und seinerzeit Intendant der Wiener Donaufestspiele, in seinen Bauernhof inmitten des Waldviertels ein.

In diesen Tagen durchstreifte ich immer wieder die Landschaft, hatte aber dabei das eigenartige Gefühl, dass im Vergleich mit anderen ländlichen Gegenden, die ich kenne, irgendetwas fehlte: irgendeine Art von regionalem Baustil. Die Dörfer und Städtchen hier scheinen mir allesamt anonym und charakterlos. Alles ist schlicht und funktionell, aber es drückt so gar kein Gefühl, keinen Lebensstil aus. Es gibt auch keine traditionellen Trachten, keine traditionellen Volkslieder und keine traditionelle Küche, von einem lokalen Baustil schon ganz zu schweigen. Aber eines gibt es hier: Rätsel und Mysterien. Keine großen Legenden und Epen freilich, sondern nur kurze, nüchterne Berichte.

Einmal ist es eine Quelle oder ein kleines Moorgebiet, in dem von alters her in Mondnächten Feen tanzen, ein anderes Mal steht im Wald ein Stein, an dem Druiden Opfer dargebracht haben sollen. An wieder anderer Stelle hat ein mächtiger Zauberer einen tonnenschweren Granitblock so auf den felsigen Untergrund gelegt, dass er wackelt. Die Flut dieser Berichte macht das Gebiet zum »mysteriösen« Waldviertel. Gegen diesen allgegenwärtigen Zauber kam offenbar keine eigene, bodenständige Folklore auf. Alles, was hier Bedeutung hat, ist viel älter als die Menschen, die heute hier leben.

Besiedlung seit der Altsteinzeit

Versucht man, dieser viel älteren kulturellen Schicht auf den Grund zu gehen, sieht man sich unvermittelt einer wahren Flut von Informationen gegenüber. Schon vor rund 50 Jahrtausenden war das Waldviertel besiedelt, und bis in die christliche Ära löste hier eine vorzeitliche Kultur die andere in ununterbrochener Folge ab: von den Neandertalern über altsteinzeitliche Jägerhorden vor 30 000 bis 20 000 Jahren, von der Übergangszeit der Mittelsteinzeit bis etwa zum 6. vorchristlichen Jahrtausend und bis zu den jungsteinzeitlichen Bauernkulturen der Schnurkeramik- und der Glockenbecherleute; dann darüber hinaus bis in die Bronzezeit mit verschiedenen Kulturhorizonten wie der Aunjetitz- und der Urnenfelderzeit und schließlich in die späte Eisenzeit der Latène-Ära. Kurz nach der Zeitwende drangen die Römer nach Norden vor, machten aber an der Donau Halt und ließen das Waldviertel ungeschoren. Bis auf einige vagabundierende germanische Stämme interessierte sich niemand für die Region und sie versank in den ersten Jahrhunderten unserer Zeitrechnung in Kulturlosigkeit. Später, ab etwa dem 8. Jahrhundert, wurden in bescheidenem Umfang slawische Bauern in dem weltfernen kalten Hügelland sesshaft, aber auch sie vorwiegend nur im südlichen und östlichen Bereich des Waldviertels. Der Nordwesten blieb bis heute dünn besiedelt. Und genau dieses Gebiet ist es, das von Rätseln und Mysterien aus grauer Vorzeit überquillt.

Okkultes – »sanft« vermarktet

Das Sammelsurium von Okkultem, dessen sich das Waldviertel heute rühmt, ist alles andere als in sich konsistent. Allenthalben finden sich natürliche groteske granitene Felsgebilde, denen die mythenschaffende menschliche Fantasie magische Eigenschaften angedichtet hat und die heute so abenteuerliche Namen tragen wie Weltkugel, Fiedelstein, Beim Totenkopf, Feenhaube, Steinerne Stube, Skorpionsteine, Adlerstein, Totenkopfstein oder Teufelsmauer. Und immer wieder gibt es »Wackelsteine«.

Neben diesen Naturmonumenten hat die Prähistorie steinerne Zeugen hinterlassen, um die sich ebenfalls manche mysteriöse Geschichten ranken: Tumuli und Dolmen, Näpfchensteine und steinerne Opfertische. Eine Besonderheit sind die »Erdställe«, enge, oft spaltförmige unterirdische Kultkammern unbestimmten Alters, über denen der Klerus später nicht selten kleine ländliche Kirchen errichten ließ. Irgendwo im Wald steht eine riesige vertikale Felsplatte mit alter nordischer Runenschrift. Wie es heißt, stammt sie allerdings aus der Zeit des Dritten Reiches, als ein versponnener Landadliger auf altes germanisches Stammestum zurückgreifen wollte.

Die Bewohner des Waldviertels hatten offenbar zu allen Zeiten einen Sinn für Obskures. Die neueste Sehenswürdigkeit der Region ist am Stadtrand von Waldhofen an der Thaya errichtet: 1994 baute ein selbst ernannter Künstler mit großem

Aufwand ein weiträumiges Menhirfeld, das der weltberühmten Steinzeitanlage von Carnac in der Bretagne nachempfunden ist.

In den letzten Jahren greift die Vermarktung Raum. Die »Kraftarena Groß Gerungs« fasst zahlreiche der mystischen Stätten der Umgebung zu einem großen Touristenzirkus zusammen und verspricht dem Besucher neben »Rätselhaftem, Unerklärlichem und Geheimnisvollem« vor allem Esoterisches: alte druidische Treffpunkte, Kraftplätze mit anregender oder auch beruhigender Erdstrahlung, geomantische Orte, an denen sich Rutengänger und Pendler nach Herzenslust austoben können, und vieles mehr. Auch Spukfreunde kommen auf ihre Kosten: Alle paar Jahre wieder erscheinen wie von Geisterhand die Spuren eines jahrhundertealten Henkerwagens im Wald von Greillenstein. Das Ganze wird, so betont ein Tourismusprospekt, »sanft vermarktet«.

Rätselhafte Stufenpyramide

Inmitten dieses Durcheinanders natürlicher Kuriositäten, die sich leicht geologisch erklären lassen, oder Vorzeitdenkmäler gibt es aber eine wirklich rätselhafte Anlage. Sie gilt als die einzige vorgeschichtliche Pyramide Mitteleuropas und erhebt sich auf einem 726 Meter hohen flachen Hügel namens Steinberg in der Nähe des Ortes Oberneustift zwischen Zwettl und Groß Gerungs. Das rund 7 Meter hohe Gemäuer hat einen kreisrunden Querschnitt von 14 Meter Durchmesser an der Basis und ist als Stufenpyramide in fünf Ebenen aus grob behauenen großen Steinquadern errichtet. Die einzelnen Stufen sind durchschnittlich 1,5 Meter hoch.

Bis 1999 war das Bauwerk frei zugänglich und wer wollte, konnte nach Herzenslust darauf herumklettern. Im Jahre 2000 ließ das österreichische Bundesdenkmalamt die Pyramide restaurieren und mit einem einfachen Staketenzaun schützen.

Bisher gibt es keinerlei Anhaltspunkte, aus welcher Zeit das Bauwerk stammt. Erste vorsichtige Datierungen deuten auf ein

Alter zwischen 1500 und 2000 Jahren hin, was auf keltischen Ursprung schließen ließe. Aber wozu diese Pyramide im Herzen Europas diente, ist völlig unklar. Ein bloßer Aussichtsturm war sie wohl nicht, denn einerseits gibt es in der Nähe Berge mit weitaus besserem Rundblick, und zum anderen überragt die Pyramide nicht einmal die umstehenden Bäume. Um ein Grabmal handelte es sich wohl auch nicht, denn vor der Restaurierung war die Pyramide auf einer Seite weitgehend zerstört und man konnte ihr Inneres sehen: ein kompakter Stein- und Erdhaufen ohne irgendwelche Grabkammern. Bleibt noch die Vermutung, es könne sich um einen Kultplatz gehandelt haben, aber diese Zuweisung ist sehr allgemeiner Natur und besagt im Grund nur eines: Wir wissen nicht, wozu das Ding gebraucht wurde.

Die Stufenpyramide bei Oberneustift wurde 2000 restauriert.

Die größte Bedeutung dieser merkwürdigen Anlage liegt wohl in ihrer Einzigartigkeit. Es gibt kein zweites Bauwerk dieser Art in Mitteleuropa.

Tuiflslammer – Steinzeitpyramide oder keltisches Bauwerk?

Vielleicht gab es aber doch ähnliche Anlagen, die lediglich im Laufe von zwei Jahrtausenden dem Zahn der Zeit zum Opfer gefallen sind. Dieser Gedanke wäre bloße Spekulation, gäbe es da nicht in unmittelbarer Nähe der Mendelstraße, etwa 14 Kilometer von Bozen in Südtirol entfernt, ebenfalls eine alte Stufenpyramide. Folgt man beim Kilometerstein 231/4 einem schmalen Trampelpfad einige Dutzend Meter weit in dichtes Gebüsch, steht man unvermittelt vor ihr.

Die Bauern der Gegend kennen sie als »Attilas Grab«. Doch das macht keinen Sinn, denn der Hunnenkönig starb in der Gegend des Rheins an einer inneren Blutung und wurde sehr wahrscheinlich im Bettelwald bei Ommersheim beigesetzt. Bekannt ist die Pyramide lokal aber auch als »Tuiflslammer«. Unter Lammer verstehen die Südtiroler einen Steinhaufen, der von einer Geröllawine stammt.

Doch das Gebilde ist mehr als ein bloßer Steinhaufen. Der Südtiroler Wallburgenforscher Joso Schmoranzer beschreibt den planmäßigen Aufbau der Stufenpyramide schon in den 1970er Jahren so: »Wo man den Kegel anschnitt, überall traf man auf vertikale Mauern, die immer weitere Terrassen bildeten. Die auf dem Grunde stehenden Räume wiesen Pflasterboden auf. Es scheint sich um angebaute Wohnräume zu handeln. Funde auf der obersten Terrasse machen die Sache noch mysteriöser: Zwei zeitlich um Jahrhunderte, ja Jahrtausende auseinander liegende Objekte, die hier in wenigen Metern Distanz auf gleichem Niveau zutage treten: ein neolithisches Flachbeil aus Stein und eine eiserne Stoßaxt aus der Keltenzeit ... Auf dem Kegel und auch im Inneren lagen eine Menge Schlackensteine. War auch eine Schmelzanlage vorhanden? Ein großer Kupferkessel scheint darauf hinzuweisen. Rätsel über Rätsel!«

Was birgt das Innere dieser Pyramide noch? Wir wissen es nicht, denn bis jetzt ist sie nicht vollständig untersucht.

Sonnenpyramide oder Erosionshügel?

Die internationale Presse apostrophiert den dynamischen Bosnien-Amerikaner Semir Osmanagić aus Houston gelegentlich als bosnischen Indiana Jones. Der Ausdruck trifft, denn der 1960 geborene Schlapphutträger gibt sich als archäologischer Forscher auf eigene Faust und arbeitete als solcher 15 Jahre lang immer wieder in zahlreichen Ländern Süd- und Mittelamerikas sowie Europas, um dort – nach eigenen Angaben – uralte Kulturen zu erforschen. Derzeit schreibt er an einer Dissertation über die Mayazivilisation, auch etliche Bücher über archäologische Themen hat er bereits veröffentlicht.

Der Hügel von Visočica, in dem Osmanagić eine überwachsene »Sonnenpyramide« sieht.

Bosniens »Indiana Jones« und seine »Pyramide«

»Nachdem ich an die hundert Pyramiden gesehen und erklettert habe«, sagte er in einem Exklusivinterview mit *Wien international*, »wurden meine Sinne geschärft. Als ich genau vor einem Jahr nach Visoko (Bosnien) kam, gaben mir der erste Blick auf die Erhöhung von Visočica, die ebenmäßige Geometrie und die Orientierung nach den Himmelsrichtungen ausreichend Argumente, um die Hypothese aufzustellen, dass es sich dabei um eine Pyramide handelt.«

Diese »Erhöhung von Visočica« ist ein rund 200 Meter hoher grüner Hügel, dessen Form in der Tat an eine regelmäßige vierseitige Pyramide erinnert. Im August 2005 beginnt Osmanagić zusammen mit einer Handvoll freiwilliger Helfer an der Spitze der mutmaßlichen Pyramide zu graben. Unmittelbar unter der lockeren Erde stößt er auf regelmäßige Steinplatten, die offenbar von Menschenhand sauber bearbeitet sind. Die Auswertung von Satellitenbildern der Region ergibt, dass die Hänge des pyramidenförmigen Hügels alle eine Neigung von genau 45 Grad aufweisen, die Seitenflächen nach den vier Himmelsrichtungen ausgerichtet sind und der Pyramidenberg in einem Plateau gipfelt. Weil diese Form Osmanagić an die Sonnenpyramiden mittel- und südamerikanischer vorkolumbianischer Hochkulturen erinnert, nennt er den Hügel »Sonnenpyramide«. Auf Satellitenbildern erkennt er außerdem drei weitere, kleinere Pyramiden, die er Mond-, Drachen- und Erdpyramide nennt, und darüber hinaus noch eine vierte, die bis heute keinen Namen hat. Am Fuß des großen Hügels findet Osmanagić ein ausgedehntes System von Tunneln unbestimmten Alters.

Freiwillige aus ganz Europa helfen graben

Diese ersten Erfolge ermutigen Osmanagić weiterzumachen. Dabei erweist er sich als glänzender Organisator, denn schon bald arbeitet für ihn ein ganzes Heer ehrenamtlicher selbst ernannter Freizeitarchäologen aus ganz Europa.

Ende 2006 kann die Gruppe bereits auf rund 100 000 Mannstunden Ausgrabungsarbeiten zurückblicken. Inzwischen hat der Initiator auch einen »Archeological Park: Bosnian Pyramid of the Sun« gegründet.

Stolz berichtet diese Organisation im Internet von den Fortschritten ihrer Arbeit. Hier sind einige der angeführten Highlights:

15. April 2006:

Die Vermessung der Pyramidenseiten ergibt gleichschenklige Dreiecke mit 365 Meter Basislänge und 60-Grad-Winkel, das heißt, die Dreiecke sind nicht nur gleichschenklig, sondern gleichseitig.

18. April 2006:

Minenexperten der nahe gelegenen Tuzla-Mine finden tief in den Tunneln unter den bosnischen Sonnenpyramiden Lüftungsöffnungen.

18. April 2006:

An der Nordostkante der Pyramide werden in ca. 1 Meter Tiefe Steinquader in gutem Erhaltungszustand gefunden, deren Ursprung kein natürlicher ist.

2. Mai 2006: An der Ost-, West- und Nordseite der Pyramide werden gleichermaßen Steinblöcke gefunden, die zeigen, dass hier überall Pyramidenwände existieren.

15. Mai 2006:

Einer der führenden ägyptischen Pyramidenexperten, Ali Abdallah Barakat (nach Osmanagićs Schreibweise Berekat), Geologe der ägyptischen »Mineral Resources Authority«, bestätigt, dass die auf dem Visočica-Hügel – der bosnischen Sonnenpyramide – ausgegrabenen Steinblöcke nicht natürlichen Ursprungs sind, sondern menschliche Artefakte.

Darüber hinaus berichtet Osmanagić von weiteren Entdeckungen. Mehrere menschliche Skelette, beigesetzt zwischen großen, schräg liegenden Sandsteinplatten, fanden sich ebenso wie unbekannte Schriftzeichen an der Wand eines der Tunnel.

Die »Sonnenpyramide«: ein Medienereignis

Natürlich blieben die sensationellen Funde in Bosnien der Weltöffentlichkeit nicht verborgen. Nahezu alle bedeutenden Tageszeitungen berichteten darüber, zumal die großen internationalen Presseagenturen France Press, Associated Press und Reuters Journalisten an die Grabungsstätten geschickt hatten. Vor Ort waren die ARD, ein von *National Geographic* gesponsertes Team des polnischen Fernsehens, das kroatische Staatsfernsehen HRT, der italienische TV-Sender TG5, das ungarische Staatsfernsehen, der serbische Sender PG Mreža-Beograd und eine Nachrichtenredaktion von ABC London.

Das Material für eine prähistorische Sensation wäre perfekt, gäbe es da nicht internationale Proteste entsetzter archäologischer Experten. Und in der Tat ist nicht alles Gold, was da auf den ersten Blick auf Websites und in den Medien glänzt.

Osmanagićs wilde Fantasien

Zunächst einmal stellt sich die Frage: Wer ist Osmanagić? Die Medien bezeichnen ihn zumeist als Archäologen. Aber das trifft in keiner Weise zu: Der in Bosnien geborene Wahl-US-Bürger schnupperte an der Universität von Sarajevo in Vorlesungen über Politik und Wirtschaftswissenschaften herum und befasste sich vorübergehend auch mit Soziologie. In den USA machte er dann einen Abschluss in internationaler Volkswirtschaft. Er ist also ein Hansdampf in allen Gassen mit Schwerpunkt Wirtschaft. So nimmt es nicht wunder, dass er in Houston eine kleine Agentur auf dem Bausektor betreibt. Manche Medien weisen darauf hin, dass Osmanagić zurzeit an einer Dissertation über die Maya-Kultur arbeitet, die er angeblich 15 Jahre lange erforscht hat. Wer indes vermutet, bei dieser anvisierten Doktorarbeit handle es sich um so etwas wie ein wissenschaftliches Traktat, der irrt sich gründlich.

In einem Buch mit dem Titel The World of the Maya gibt Osmanagić die Ergebnisse seiner Mayastudien wieder: »... Vor 11500 Jahren erlebte die Erde eine schmerzliche Periode. Die großen Zivilisationen von Atlantis und Mu (der sagenhafte Kontinent Lemuria), die für mehr als 20 000 Jahre in Frieden miteinander gelebt hatten, begannen einen Krieg. Hass und kriegerische Zerstörungen waren allgegenwärtig. Bald kochten die Ozeane von Blut, verursacht durch Massenvernichtungswaffen. Der lange Frieden wurde zur nurmehr flüchtigen Erinnerung, und die Geschichte vernichtete alle Spuren zweier mächtiger Zivilisationen. Weit entfernt im Weltall, in der Konstellation der Plejaden, beobachteten die geistigen Führer die Probleme, die ihre jungen Brüder auf der Erde ereilten. Die hoch entwickelten Geister der Plejaden reisten sehr leicht durch Zeit und Raum ...«

An anderer Stelle seiner »alternativhistorischen« Schrift gibt

Osmanagić noch Wirreres von sich: »Es ist meine These, dass wir die Maya als Uhrmacher des Kosmos betrachten sollten, deren Mission es ist, die Erdfrequenz zu justieren und sie in Einklang mit den Schwingungen der Sonne zu bringen. Wenn die Erde in Harmonie mit der Sonne zu schwingen beginnt, kann Information unbegrenzt in beiden Richtungen fließen. Und dann werden wir verstehen, warum alle alten Völker die Sonne verehrten und ihr Rituale widmeten ... Und mit harmonisierter Frequenz wird die Erde über die Sonne mit dem Zentrum der Galaxis verbunden sein. Diese Fakten werden außergewöhnlich wichtig, wenn wir uns dessen bewusst werden, dass wir uns rapide dem Dezember 2012 nähern, einem Datum, das die Maya als den Zeitpunkt der Ankunft des galaktischen Energieclusters bezeichnet haben, das uns erleuchten wird.« – Dann ist noch von den alten Zivilisationen Atlantis und Lemuria die Rede, die die ersten Energiepotentialpunkte-Tempel auf der Erde errichtet haben sollen und damit zu Toren für andere Welten und Dimensionen wurden. Die Atlanter kamen seiner Ansicht nach ursprünglich von den Plejaden mit der Aufgabe, für den Bau von Pyramiden in aller Welt zu sorgen ...

So viel zur archäologischen Qualifikation Osmanagićs, der in Expertenkreisen wie seine Helfer und gläubigen Anhänger zu den »Pyramidioten« zählt.

Pyramide oder Erdhaufen?

Nun könnte man aber argumentieren, dass es schließlich völlig egal sei, was Osmanagić selbst glaube, offenbar habe er doch etwas auf dem Visočicahügel entdeckt. Wenn mein Hund in der Erde wühlt und dabei zufällig auf prähistorische Ruinen stößt, spielt es für deren Bedeutung auch keine Rolle, dass der Vierbeiner kein archäologischer Experte ist.

Was also hat Osmanagić gefunden? Zunächst einmal bestreitet die Fachwelt, dass es sich überhaupt um Artefakte handelt. Professor Sejfudin Vrabac von der Fakultät für Bergbau und Geologie der Universität Tuzla und eine von ihm geleitete

Kommission kommen zu dem Schluss, dass der »Pyramidenhügel« nichts als eine geologische Formation ist, die sich aus klassischen Sedimentschichten unterschiedlicher Stärke aufbaut, und dass seine Gesamtform auf erddynamische Prozesse im Postmiozän zurückzuführen ist. Allein im Bergbaubecken von Sarajevo-Zenica gibt es, so der Professor, Dutzende gleichartiger morphologischer Strukturen.

Zweifelhafte »Zeugen«

Nun berichtete Osmanagić, dass der ägyptische Pyramidenspezialist und Geologe Barakat eine natürliche Struktur ausgeschlossen hatte und von Artefakten sprach: »Meine Meinung ist, dass es sich um eine Art Pyramide handelt, vermutlich eine recht primitive Pyramide.« Barakat soll, so Osmanagić laut Reuters, von der ägyptischen Mineral Resources Authority nach Bosnien geschickt worden sein, um die Ausgrabungen zu inspizieren. Eine telefonische Nachfrage der US-Zeitschrift *Archaeology* (SCA) beim Leiter dieser Institution, Dr. Hawass, der Barakat ausgesandt haben soll, ergab indes die Antwort: »Herr Barakat weiß nichts über ägyptische Pyramiden. Er wurde nicht von der MRA entsandt, und wir unterstützen seine Aussagen nicht und stimmen auch nicht damit überein.« Hawass fügte hinzu, dass es sich offensichtlich um eine natürliche geologische Formation handelt und dass Herrn Osmanagićs Theorien reine Halluzinationen seien.

Ein kanadischer Archäologe, Chris Mundigler, der ebenfalls von Osmanagić als Garant für die Echtheit seiner Funde angeführt wird, bestätigte der Zeitschrift *Archaeology* schriftlich, er habe niemals mit Osmanagić zusammengearbeitet und würde auch niemals seine Zustimmung für eine Mitarbeit an dessen Projekt geben. Ein dritter von Osmanagić zitierter Experte erwies sich als schlechthin nicht auffindbar.

Der Tourismus boomt

Das alles riecht nicht nur nach archäologischem Wunschdenken eines Fantasten, sondern klingt nach offenem Betrug. Doch was für ein Interesse sollte Osmanagić daran haben, die Fachwelt, die ihn von Anfang an übel beschimpft, weiter an der Nase herumzuführen? Nun, er ist Volkswirt und Geschäftsmann und hier geht es schließlich um Geld. Wer heute nach Visoko reist, merkt das sehr schnell. Das größte Hotel des Ortes, das bisher unter dem Namen »Hollywood« firmierte, benannte sich flugs in »Bosnische Sonnenpyramide« um und wirbt im Internet dafür, von seinem Restaurant im sechsten Stock aus habe der Gast einen herrlichen Blick auf die »Sonnenpyramide«. Die einheimische Gastronomie serviert ihre Menüs neuerdings auf dreieckigen Tellern, andere bieten »Pyramidenpizzas« oder Slibovitz in pyramidenförmigen Flaschen an. Und natürlich gibt es eine Unzahl von Pyramidensouvenirs. Allein 2006 schleppte die Pyramiditis mehr als 200 000 Touristen in das einst verschlafene bosnische Provinznest. Und der ganz große Kommerz steht durch die Aktivitäten des archäologischen Parks erst noch bevor.

Nicht alle Einheimischen profitieren freilich von diesem Rummel. Rund zwei Drittel der Bosnier plädieren für einen sofortigen Stopp der »Ausgrabungen«, eine Forderung, der sich auch alle Wissenschaftler im Lande anschließen. Aber die Regierung und besonders die nationale Tourismusorganisation unterstützen Osmanagić.

Weltweite Proteste der Archäologen

Verärgerte Bosnier rufen in einer Internetaktion dazu auf, den Schwachsinn sofort zu stoppen, und veranstalteten hierzu eine Unterschriftenaktion. Auf ihrer Website betonen die Initiatoren, dass in Bosnien Wissenschaftler und andere Experten nichts zu sagen hätten, sondern nach wie vor die Funktionäre des alten kommunistischen Systems, die weiterhin im Regierungsapparat säßen. Und sie scheuen nicht vor der Aussage zurück, dass in Bosnien damit so etwas wie eine Talibanära beginnen könne, getragen von »Politikern und einer korrupten Justiz im Mafiastil«.

Neben dieser stark politisch motivierten einheimischen Pyramidenopposition etablierte sich aber auch rasch eine internationale fachliche Opposition aus Archäologen, die offen zum Boykott aufruft. Hier ist ihr aus dem Englischen übersetzter Appell: »Wir, die unterzeichnenden professionellen Archäologen aus allen Teilen Europas, protestieren nachdrücklich gegen die fortlaufende Unterstützung seitens der bosnischen Behörden für das ›Pyramidenprojekt‹, das auf den Hügeln in und in der Nähe von Visoko durchgeführt wird. Bei diesem Vorhaben handelt es sich um einen dreisten Betrug an der ahnungslosen Öffentlichkeit und es verdient keinen Platz in der Welt der wahren Wissenschaft. – Es stellt eine Verschwendung von knappen Ressourcen dar, die man viel besser für die Bewahrung des wahren archäologischen Erbes verwenden könnte, und es lenkt von den dringlichen Problemen ab, mit denen sich professionelle Archäologen in Bosnien und Herzegowina tagtäglich auseinandersetzen müssen.«

Unterzeichner dieses Aufrufs sind sieben international anerkannte Professoren und Vorsitzende internationaler archäologischer Verbände und Institute in Deutschland, den Niederlanden, Frankreich, Polen, Bulgarien, Tschechien und Großbritannien, unter ihnen Hermann Parzinger, der Chef des Deutschen Archäologischen Instituts in Berlin.

Im Einzelnen werfen die Unterzeichner Osmanagić vor, fachlich nicht qualifiziert zu sein. Das gehe schon daraus hervor, dass er als Entstehungszeit seiner »Sonnenpyramide« einmal »mindestens 12 000 v. Chr.« nennt und ein anderes Mal meint, sie könne zwischen 12 000 und 500 v. Chr. entstanden sein. Die Höhenangaben variieren ebenfalls: Von 70 Metern, 100 Metern und 220 Metern ist die Rede. Auch die geometrische Beschreibung der mutmaßlichen Pyramiden ist in sich voller Widersprüche. Die in dem Tunnelsystem gefundenen

»Schriftzeichen« schließlich seien ursprünglich gar nicht vorhanden gewesen, sondern erst später angebracht worden.

Unsachliche Experten

Auch die Experten müssen sich allerdings unwissenschaftliches Vorgehen vorwerfen lassen:

1. Nur ein Einziger der Unterzeichner des Appells hat Visoko überhaupt persönlich gesehen, der tschechische Geologe Anthony Harding. Er hielt sich aber lediglich für eine Viertelstunde am Ort des Geschehens auf und kam nach nur flüchtigem Hinsehen zu dem Befund, es gäbe dort nichts.
2. Der Vorwurf, die bosnische Regierung würde Gelder verschwenden, die für andere Arbeiten dringend benötigt werden, ist nicht stichhaltig, da Osmanagićs Arbeiten zu 90 Prozent mit Mitteln aus den USA und Malaysia und größtenteils aus privaten Quellen finanziert werden.
3. Die Experten werfen den »Pyramidenausgräbern« vor, sie würden durch ihre vom bosnischen Staat erlaubten Machenschaften eine archäologisch bedeutende mittelalterliche Stadt unwiederbringlich zerstören. Das trifft aber nicht zu, denn deren Ruinen liegen einige hundert Meter entfernt vom Visočicahügel.
4. Die Aussagen der Wissenschaftler sind in sich nicht widerspruchsfrei. Zum einen heißt es, der Hügel sei ausschließlich natürlichen geologischen Ursprungs, zum anderen räumen die Experten angesichts der Skelettfunde ein, dass es sich dabei um prähistorische Gräber aus der Jungsteinzeit handle, wie sie auf dem Balkan weit verbreitet seien. Gibt es nun Artefakte auf dem Hügel oder nicht?
5. Das Tunnelsystem unter dem Berg, von dem bisher rund 20 Kilometer entdeckt wurden, erwähnen die Wissenschaftler nur in Bezug auf die vermeintliche Inschrift, die aber schon Osmanagić selbst als zweifelhaft erklärt hatte. Er meint, es könnten Schriftzeichen, aber auch Kratzspuren von den

Entdeckungsbegehungen sein. Die Frage, wozu die erstaunlich langen Tunnelsysteme dienten und aus welcher Zeit sie stammen, scheint die Experten eher zu stören als zu interessieren. Dabei lässt sich ihr Alter vermutlich schon bald klären, denn in einigen Gängen sind Stalaktiten gewachsen, die sich mit der Kohlenstoff-14-Methode datieren lassen.

Gewiss ist die Vermutung nicht vom Tisch, Osmanagić sei entweder ein »Pyramidiot« oder gar ein Betrüger. Aber mit ihrer leider sachlich nicht hinreichend begründeten Petition haben auch die Experten ein Vorgehen bewiesen, das alles andere als wissenschaftlich fundiert ist. Auch der Versuch der Archäologen, mit einem Brief an die UNESCO deren Experten an einem geplanten Besuch von Visoko zu hindern, lässt Fragen offen. Was wäre schlimm daran, wenn endlich renommierte Fachleute vor Ort dem unseriösen Spuk ein für allemal durch eine qualifizierte Expertise den Garaus machen würden?

Der Rummel geht weiter

Osmanagić hat also noch immer Oberwasser und kündigte 2007 der Weltöffentlichkeit den endgültigen Beweis für die Existenz der Sonnenpyramide an, um dann mit den Arbeiten an den anderen vermuteten Pyramiden zu beginnen, das Tunnelsystem weiter zu erkunden, für Touristen zugänglich zu machen und zu datieren und schließlich 2012 die Arbeiten mit einer Aufnahme in die Liste der Weltkulturerbestätten der UNESCO abzuschließen. Es kann also noch unterhaltsam werden. Zu erwarten ist aber wohl ein pseudoarchäologischer Flop.

DAS MITTELMEER – SCHAUPLATZ DER VORZEIT

Talayotes, Taulas und Navetas

Die alten Kulturen im mittleren Osten, von Kreta und Mykene, Kleinasien und Ägypten, sind heute gut bekannt und deshalb nach wie vor ein beliebter Tummelplatz der Archäologen. Neue Funde in diesen Regionen lassen sich in der Regel leicht und zuverlässig in das bekannte Gesamtbild einordnen und sind geeignet, ihrem Entdecker bei seiner Etablierung als renommierter Wissenschaftler zu helfen. Warum also sollte man sich auf spekulatives Gebiet wagen, auf brüchiges Eis, das sich als nicht tragfähig erweisen könnte? Warum in Gebieten forschen, in denen sich zwar Relikte aus der Vorzeit finden, für die es aber bisher kaum eine sinnvolle Erklärung gibt und sich nur schwer neue Hypothesen erstellen lassen, Hypothesen, deren Richtigkeit sich zudem nur in Ausnahmefällen beweisen lässt, weil es an schriftlichen Dokumenten aus der fraglichen Zeit fehlt? Wird eine neue Hypothese widerlegt, ist es um den Ruf ihres Urhebers in der Fachwelt geschehen. Hat sie aber Hand und Fuß, ruft sie auf der Stelle Neider auf den Plan, die lauthals verkünden: »Das lässt sich durch nichts beweisen, der Verfasser ist ein profilneurotischer Scharlatan.«

Die Balearen: Stiefkinder der Archäologen

Ein geografisches Gebiet, an das sich bis heute die internationale Gilde der Vorzeitforscher kaum herantraut, ist die Inselwelt der Balearen, allen voran Mallorca und Menorca. Zwar gibt es in der spanischen Literatur recht gute Bestandsaufnahmen steinzeitlicher Ruinen auf diesen Inseln, aber es fehlt so gut wie jeder ernst zu nehmende Versuch, Herkunft oder Bedeutung dieser alten Bauwerke zu interpretieren.

Zugegeben, es dürfte sehr schwer sein, konkrete Aussagen über Sinn und Zweck der steinzeitlichen Monumente der Balearen zu machen. Aber sicher wären sie eine gründliche Erforschung wert. Selbst den Millionen Mallorcaurlaubern sind sie kaum bekannt. Wer Sardinien bereist, kann nicht umhin, von den Nuraghen zu hören und zumindest einen oder zwei davon zu besichtigen. Wer in der Toskana Urlaub macht, stößt fast unvermeidlich auch auf die Spuren der alten Etrusker, und sei es auch nur in einem der unzähligen Souvenirläden. Dem Maltareisenden werden schon im Hotel Besichtigungstouren zu den Vorzeittempeln der Insel angeboten. Und die prähistorischen Bauten der Bretagne, der Britischen Inseln, in der niederländischen Provinz Drente oder etwa in Südschweden besuchen Jahr für Jahr Hunderttausende Touristen. Nicht so die Dutzende von vorgeschichtlichen Dörfern auf den Balearen, die einst rund 1000 Vorzeittürme auf Mallorca, von denen heute noch eine ganze Reihe gut erhalten ist, oder die zyklopenhaften Steinsetzungen auf der kleinen Nachbarinsel Menorca. Nicht einmal die Namen dieser steinzeitlichen Baustrukturen sind den meisten Touristen bekannt: Talayotes, Taulas und Navetas. Kaum ein Reiseführer nennt sie, kaum eine Karte der Insel verzeichnet ihrer mehr als vier oder fünf.

Auch die Inselbevölkerung selbst zollte ihnen während historischer Zeiten keinen Respekt, was ein Zeichen dafür ist, dass auch sie nichts über Ursprung und Bedeutung der alten Bauwerke wusste und sie nicht als ihr ureigenes kulturelles Erbe betrachtete. Die weitaus meisten Vorzeitmonumente wurden geschleift, um der Landwirtschaft Platz zu machen oder um ihre klobigen Steine zum Bau von Schienenwegen und Fahrdämmen zu verwenden.

Mallorcas Talayotes

Was sind das für steinerne Konstrukte aus grauer Vorzeit, die wir auf den Balearen finden? Ihre zyklopenhafte Bauweise lässt in ihnen megalithische Monumente erkennen. Da sind zunächst einmal die Talayotes, gewaltige steinerne Türme, die entfernt an die Nuraghen Sardiniens erinnern. Von ihnen ist heute meist nicht viel mehr übrig als ein Stumpf, der allerdings noch immer 4, 5 oder mehr Meter aufragt. Manche Talayotes sind rund, andere haben einen quadratischen Querschnitt. Allen gemeinsam ist eine mächtige Mittelsäule aus schweren, unbehauenen Steinen, die vielleicht einmal das hölzerne oder steinerne Dach des Bauwerks getragen hat.

Die Standorte der Talayotes verraten nichts über ihren einstigen Zweck. Die riesigen Gemäuer kommen überall auf Mallorca vor, im kargen Flachland des Südens genauso wie im gebirgigen Norden. Die schönsten heute noch erhaltenen stehen in der Nähe von Santa Eulalia, Lluchmayor, Alcudia, Lloseta, Cala San Vincente, Son Jaumell und Artà – dort, wo der Boden am unfruchtbarsten und trockensten ist. In der Garriga, der dürren, steinigen Steppe im Südosten, haben die rätselhaften Türme die Jahrtausende am besten überdauert. Dort gibt es keine nennenswerte Landwirtschaft und damit auch keine Bauern, die sie als Steinbrüche missbrauchen konnten.

Der Talayot von Sa Canova im Südosten Mallorcas.

Zuweilen stehen die

Talayotes einzeln in der Landschaft, dann wieder ragen zwei in geringem Abstand voneinander aus dem dürren Grasland auf. Andere fügen sich wie Wachttürme in die Umfassungsmauern einer Vorzeitsiedlung. Aber handelte es sich wirklich um Späh- und Verteidigungsposten? Im Bronzezeitdorf Ses Pahisses nahe dem ostmallorquinischen Städtchen Artà stehen die Türme innerhalb der Befestigungsmauern, inmitten der Wohnhäuser. Waren es Grabstätten? Vielleicht, denn in manchen Talayotes entdeckten Archäologen menschliche Gebeine. Oder waren es Sonnentempel wie die Nuraghen Sardiniens? Die ungefügen mächtigen Mittelsäulen lassen jedenfalls darauf schließen, dass es keine Wohnbauten waren. Im täglichen Leben wären die gewaltigen Steine inmitten des Raumes hinderlich gewesen. Über den Talayotes Mallorcas liegt noch immer die Decke des Geheimnisvollen, des ungelösten Rätsels.

Tische für ein Riesengeschlecht

Die Taula von Trepucó bei Mahon ist eines von heute noch 18 derartigen Vorzeitdenkmalen auf Menorca.

Gäbe es eine Steigerung, was ungeklärte Rätsel betrifft, müsste man an die Taulas auf Menorca denken. Taulas – der Name bedeutet Tische – sind äußerst merkwürdige T-förmige Steinsetzungen von oft gigantischen Ausmaßen. Eine 6, 8 oder gar 10 Meter hohe, glatt bearbeitete, schlanke Steinplatte ragt senkrecht aus dem Erdboden. Obenauf liegt waagrecht eine ähnliche, kleinere Platte. Um die Taulas herum gruppiert sich ein Ring grob behauener Steinpfeiler. Und immer steht ein Talayot in der Nähe. Was bedeuten diese Anlagen, von denen noch 18 auf der kleinen Insel erhalten sind und die es außer auf Menorca nirgends auf der Welt gibt? Die schönsten Taulas sind die von Talati, San Augustin, Vell, Son Catlar, Torre d'en Gaumes und Trecupo.

Weil kein praktischer Verwendungszweck zu erkennen ist, liegt es nahe, in ihnen Kult- oder Opferstätten zu sehen. Aber was für ein Kult war das? Wem brachten die Erbauer ihre Opfer dar? Und wer waren die Erbauer?

Grabstätten in Schiffsgestalt

Dann haben wir noch die Navetas auf Menorca, deren schönste, D'es Tudens, nahe der Inselhauptstadt Ciudadela liegt. Der Name geht auf das spanische Wort für Schiff, nave, zurück; und in der Tat lässt sich in den Navetas mit etwas Fantasie die Form eines kieloben liegenden Bootes erkennen. In diesem Fall ist der Zweck bekannt: Die Navetas waren Grabstätten, was die Skelettfunde in ihrem Inneren beweisen. Eine einzige Naveta barg die Knochenreste von über 50 Menschen. Aber wer baute diese eigentümlichen Beinhäuser und warum ausgerechnet in der Form eines umgekehrten Schiffes? Gibt es Verbindungen zu den bronzezeitlichen Schiffssetzungen in Dänemark und Südskandinavien, die ja auch ausschließlich für die Toten bestimmt waren? Brachten am Ende die Seevölker den Gedanken bei ihrer Wanderung aus dem Norden in den Mittelmeerraum mit? – Spekulationen, nichts weiter!

Vielleicht werden die Archäologen die Vorzeitgeheimnisse der Balearen eines Tages enträtseln können, aber das setzt noch jahre- oder jahrzehntelange Arbeit voraus, von der sich vorab nicht einmal mit Sicherheit sagen lässt, ob sie überhaupt ein Ergebnis mit sich bringen wird, und an die sich offenbar aus genau diesem Grund niemand so recht heranwagt.

Die steinernen Menschen von Korsika

In einem düsteren Eichenhain nahe dem Örtchen Lorenzo im Nordosten Korsikas steht die kleine alte Kirche Santa Maria. Unmittelbar neben ihr ragt eine gut drei Meter hohe Steinsäule auf, deren Oberteil die grob gehauenen Züge eines menschlichen Gesichts erkennen lässt. Gleich mehrere Sagen ranken sich um die einfache Statue – Märchen ohne jeden historischen Hintergrund, die nichts über ihren wahren Ursprung verraten.

Die einheimische Landbevölkerung kennt die Geschichten noch heute. Eine Mär erzählt von einem Vampir, der vor langer Zeit sein nächtliches Unwesen in den Wäldern um Lorenzo trieb. Er lauerte jungen Mädchen auf, grub seine messerscharfen Zähne in ihren Hals oder in ihre Brüste und trank ihr Blut. Um diesem grausamen Treiben ein Ende zu setzen, beschlossen die Bewohner des Ortes, dem Untoten eine Falle zu stellen. Ein besonders hübsches und noch jungfräuliches Mädchen sollte den Vampir nachts im Wald anlocken und die in der Nähe versteckten Bauern würden ihn dann überfallen und pfählen. Doch leider ging der Plan nicht auf. In der Kirche, neben der das Mädchen auf den Vampir wartete, war während der Predigt am Vortag ein junger Bursche eingeschlafen. Nach dem Gottesdienst schloss ihn der Kirchendiener versehentlich in dem abgelegenen Gebäude ein. Als das junge Mädchen den Vampir durch lautes Rufen anlocken wollte, schöpfte der Bursche Hoffnung auf Befreiung. Laut rief er aus der Kirche um Hilfe und seine Stimme klang in dem steinernen Gewölbe wie ein klagender Ruf aus einer Gruft. Das Mädchen erstarrte vor Schreck zu einer Steinsäule – und steht bis auf den heutigen Tag neben der Kirche im Dunkel des Waldes.

Ein steinerner Besucher aus Korsikas Süden

Eine andere Erzählung zu demselben Menhir ist romantischerer Natur. Sie weiß von einem jungen Mädchen aus dem Dorf, das sich nachts in der Nähe der Kirche öfters mit einem jungen Mann zu Liebesabenteuern traf. Der Jüngling, den im Dorf niemand kannte, erzählte seiner Geliebten, er käme aus dem fernen Süden Korsikas, müsse aber vor dem Morgengrauen unbedingt immer wieder in seiner Heimatregion zurück sein. Als das Mädchen in ihn drang, erklärte er schließlich den Grund für sein merkwürdiges Verhalten. Er sei nur nachts ein lebendiger Mensch. Die Tage müsse er im Süden Korsikas in Gestalt einer Steinsäule verbringen. Würde er an einem anderen Ort zu Stein, könne er sich in Zukunft auch nachts nicht mehr in einen Menschen zurückverwandeln. Es kam, wie es kommen musste. Während eines nächtlichen Schäferstündchens verloren die verliebten jungen Menschen jedes Gefühl für Zeit. Der Morgen überraschte den verwunschenen Jüngling und er erstarrte im Wald von Lorenzo für immer zu Stein.

Derartige Märchen sind typisch für ländliche Gegenden, in denen man versucht, eine Begründung für das Unverstandene zu finden, zu dem jeglicher historische Kontakt abgerissen ist. Und doch hat zumindest die zweite Erzählung einen wahren Kern. Der nächtliche Besucher des jungen Mädchens hatte seiner Geliebten nämlich erzählt, dass es dort, wo er herkam, viele seinesgleichen gäbe. Irgendwo im Süden Korsikas, so wusste die Mär, müssten also zahlreiche steinerne Menschen zu finden sein. Aber lange Zeit wusste niemand von ihnen. Erst 1956 entdeckten französische Archäologen bei Filitosa in Südkorsika eine ausgedehnte Anlage aus grauer Vorzeit. Hier gibt es die Überreste eines primitiven Kastells, in dessen großem Umfeld Dutzende kleinerer und größerer menschenförmiger Menhire stehen. Datierungen ergaben, dass sie um 1200 v. Chr. entstanden sein müssen.

Es gibt aber auch weit ältere Menhire auf Korsika. Die ersten, noch unbehauenen, stammen aus der Zeit um 3000 v. Chr. und sehen nicht viel anders aus als die Menhire irgendwo sonst im Mittelmeerraum.

Schwierigkeiten der korsischen Menhirforschung

Über die Erforschung der korsischen Menhire schrieb um 1960 der Archäologe Roger Grosjean: »Seit 150 Jahren scheint ein böser Zauber auf den prähistorischen Forschungsarbeiten in Korsika zu liegen. In den Werken der 160 Titel umfassenden Bibliographie findet sich keine Stelle, die zu einer anderen passen würde. Im Gegenteil, man entdeckt der Wahrheit geradezu widersprechende Aussagen wie ›Es gibt nur wenige Megalithen auf Korsika‹.«

Nun könnte man meinen, dass eine nicht allzu große Insel relativ übersichtlich sei. Aber weit gefehlt. So schrieb der französische Literat und Vorzeitforscher Prosper Mérimée um 1850 von einem Menhir im äußersten Norden Korsikas, von dem er die genaue Position angab. Später suchten Generationen von Archäologen diese menschenförmige Steinsäule, konnten sie aber bis in die 1970er Jahre nicht finden. Den Grund dafür kann nur verstehen, wer die korsische Landschaft aus eigener Anschauung kennt. Große Landstriche sind völlig mit Macchia überwuchert, übermannshohem und undurchdringlichem Dornbusch, in dem selbst vom Sportflugzeug aus 3 Meter hohe Menhire nicht zu entdecken sind. So erklärt es sich auch, dass die große Ansammlung von Menhiren und das Kastell in der Nähe von Filitosa so lange völlig unentdeckt blieben.

Menhire mit Gesicht

Die Menhire Korsikas nehmen unter den Megalithen Europas eine Sonderstellung ein, die sie einem ganz eigenen Kulturkreis zuweisen. Angefangen hat es wie fast überall an den Küsten Europas und Nordafrikas um das Jahr 3000 v. Chr. mit Dolmen und Menhiren. Rund 1000 Jahre später begannen sich aber die korsischen Menhire langsam zu verändern. Aus den üblichen Steinsäulen wurden behauene Gebilde – unten schmaler und oben breiter, vorne flach und hinten rund gewölbt, als seien sie stark stilisierte menschliche Körper ohne Kopf und Gliedmaßen, mit breiten, eckigen Schultern, einer flachen Brust, einem flachen Bauch und einem gewölbten Rücken. Die Weiterentwicklung bestätigt diese Vermutung. Um 1500 v. Chr. bildeten sich, getragen von den steinernen Schultern, Köpfe heraus, zunächst noch als unbehauene Kugeln, Ovale und Zylinder. Wenig später lassen sich schwache Vertiefungen im Gesicht erkennen: die Augen und der Mund. Deutlich zeichnet sich das Kinn ab. Schließlich tritt noch eine ausgeprägte, oft fast knollige Nase hinzu. Die korsischen Megalithbildhauer hatten die ersten westeuropäischen Monumentalstatuen geschaffen, viele Jahrhunderte vor den rohen Standbildern der archaischen Epoche im alten Griechenland.

»Anthropomorph« – menschenförmig – nennen die Archäologen die Menhire Korsikas.

Aus steinernen Statuen werden Waffenträger

Doch dann ereignete sich etwas Merkwürdiges: Ab 1200 v. Chr. tragen die Menhirstatuen Waffen! Quer über ihrer steinernen Brust hängen Dolche, Degen und lange Schwerter. Gliederpanzer schützen ihre Brust und ihren Rücken. Runde Helme mit aufgebogenem Rand und mit ausgeprägtem Nackenschild bedecken ihre Köpfe, Helme, die offenbar einmal zwei Stierhörner getragen haben müssen. Deutlich lassen sie die Vertiefungen erkennen, in die der eigenartige kriegerische Kopfschmuck eingesetzt war.

Das alles ist deshalb so ungewöhnlich, weil Jahrtausende

hindurch die Megalithbauer ein ausgesprochen friedliches Volk waren, das Ackerbau und Kleintierzucht betrieb. Wenn sie jetzt plötzlich begannen, Krieger darzustellen, konnte das nur bedeuten, dass sie angegriffen wurden. Weil Korsika eine Insel ist, musste der Feind von der See her gekommen sein. Und in der Tat finden sich im Süden der Insel, ausgehend von der Bucht von Porto-Vecchio, noch andere Zeugnisse des kriegerischen Überfalls: Die Eindringlinge stürzten die alten Menhirstatuen um und zerschlugen oder begruben die Steinfiguren. Sie zerstörten die Siedlungen der einheimischen Megalithleute und errichteten befestigte turmartige Stützpunkte auf den Ruinen. Bei Filitosa im Südwesten der Insel und bei Cucuruzzu, hoch im südlichen Bergland, legten sie regelrechte Kastelle an.

Wer waren die Torrier?

Wer waren diese Krieger, die vom Meer kamen? Die Vorzeitforscher nennen sie Torrier – wegen der auffälligen steinernen Türme, die sie bauten. Aber das sagt nichts darüber aus, wer sie wirklichen waren und woher sie kamen. Hier helfen vielleicht die bewaffneten Menhirstatuen weiter. Die alteingesessene Bevölkerung Korsikas lebte zur Zeit des Angriffs noch in der Steinzeit. Sie kannte weder Bronze noch Eisen. Ihre Waffen waren Speere mit steinernen Spitzen. Als die Bildhauer jener Zeit auf einmal Statuen von Kriegern mit metallenen Dolchen, Degen und Schwertern schufen, konnten das nur Abbildungen ihrer Feinde sein. Der Grund für die Herstellung der Statuen ist umstritten. Vielleicht sollten die Heldentaten der Verstorbenen gerühmt werden, indem die Statuen der überwundenen Feinde um die Gräber der eigenen Krieger aufgestellt wurden, wie es früher auch in Südsibirien Brauch war?

Die rätselhaften Angreifer mussten jedenfalls die gleichen Waffen geführt haben, wie sie auf den Menhiren jener Zeit dargestellt sind, sie mussten wie diese metallene Panzer mit fünf tiefen Furchen auf Brust und Rücken getragen und einen runden Helm mit Nackenschild und Stierhörnern als Kopfschutz verwendet haben. Krieger, die so aussehen, zeigt ein großes Flachrelief an einer Wand des Tempels von Medinet Habu im 3000 Kilometer fernen Ägypten. Die Szene stellt eine Seeschlacht zwischen jenen rätselhaften Kriegern und der ägyptischen Flotte dar, die sich 1190 v. Chr. abgespielt hat. Kriegerische Horden derselben Volksstämme suchten zur gleichen Zeit weite Teile des Mittelmeers heim. Nur sie konnten es gewesen sein, die damals als »Torrier« auch Korsika überfielen.

Woher kamen die räuberischen Seefahrerscharen?

Die Altertumsforscher nennen die räuberischen Seefahrer, die vor rund 3200 Jahren das Mittelmeer unsicher machten, »Seevölker«. Sie unterscheiden sogar zwischen verschiedenen Gruppen, den Schardanen zum Beispiel oder den Philistern. Aber das sagt noch immer nichts darüber aus, wer diese Völker wirklich waren und woher sie kamen. Aus dem Mittelmeerraum konnten sie nicht stammen, denn kein Volk, so kriegerisch es auch sein mag, verwüstet seine eigene Heimat. Deshalb sind die Vermutungen mancher Histori-

Ein Relief am ägyptischen Tempel von Medinet Habu stellt die Krieger der Seevölker dar. Gleichartige Hörnerhelme und Brustpanzer zeigen die jüngeren korsischen Menhire.

ker, die Seevölker würden aus Palästina, von den ägäischen Inseln, aus Kreta, Griechenland, Thessalien oder Makedonien stammen, sicherlich falsch. Denn all diese Gebiete haben sie um 1200 v. Chr. angegriffen und zerstört. Wo aber lag die wirkliche Heimat dieser rätselhaften Völkerscharen?

Das große Flachrelief des ägyptischen Tempels von Medinet Habu zeigt deutlich die gewiss nicht alltägliche Ausrüstung der kriegerischen Seevölker: ihre langen Schwerter mit dem charakteristischen Griff, ihre gehörnten oder federkronenartigen Helme, ihre typischen Rundschilde und ihre Schiffe, deren Bug- und Achtersteven in einem langen Schwanenhals mit einem stilisierten Vogelkopf auslaufen und sehr an die Schiffe auf südskandinavischen Felsbildern erinnern. Ist die Ähnlichkeit Zufall?

Im Nationalmuseum von Kopenhagen liegen Schwerter aus der nordischen Bronzezeit, die in ihrer Form den Waffen der Seevölker ganz erstaunlich gleichen. Dort befindet sich auch ein bronzener Kamm, der als Kopf mit einer Feder- oder Strahlenkrone gearbeitet ist. Scheinbare Zufälle verdichten sich zur Vermutung einer möglichen Beziehung zwischen Nord und Süd.

Skandinavische Klimakatastrophe in grauer Vorzeit

Waren die Bewohner Südskandinaviens und Dänemarks also gegen 1200 v. Chr. in großen Scharen ausgezogen, um das Mittelmeer zu erobern? Die Inschrift im Tempel von Medinet Habu sagt:

»Kein Land konnte ihnen standhalten, Hatti (das Hethiterreich), Kode (ein Gebiet in Kleinasien), Karkemisch (am Euphrat), Yereth (Kreta?) und Yeres (Zypern) wurden in einem Zug zerstört. Sie schlugen ihre Lager im Amoriterland (eine ägyptische Provinz) auf und richteten Land und Leute zugrunde, als hätten sie nie existiert. Bei ihrer Ankunft war eine Flamme vor ihnen bereitet ... Sie legten ihre Hand bis an den Erdrand, ihre Herzen waren voll Zuversicht, und sie sprachen: ›Unsere Pläne werden gelingen!‹«

Es können ihrer also nicht wenige gewesen sein. Das heißt, wenn es wirklich die nordeuropäischen Völker waren, die damals ins Mittelmeer zogen, dann konnte es sich nicht um einzelne Eroberungstrupps gehandelt haben, sie mussten vielmehr in großen Scharen aus ihrer uralten Heimat ausgewandert sein. Und wirklich: Aus der Zeit nach der Mitte des 13. Jahrhunderts v. Chr. gibt es auf den dänischen Inseln und auf dem skandinavischen Festland kaum noch archäologische Funde. Hatten die alten Einwohner ihre Länder verlassen? Doch was hat sie zu dieser plötzlichen Flucht bewogen?

1911 berichtete der Klimaforscher E. Wildvang in seinem Buch *Eine prähistorische Katastrophe an der deutschen Nordseeküste*: »Mit der ihr eigenen ungestümen Gewalt ergoss sich die Nordsee zum ersten Mal ... bis an den Rand der Geest und führte durch den großen Salzreichtum ihrer Fluten die Vernichtung aller Vegetation herbei. Schon beim ersten Anprall scheinen die üppigen Baumbestände erlegen zu sein ... Durchweg sind die Kronen der Bäume nach Osten gerichtet, wodurch die Annahme, die Katastrophe sei durch einen aus westlicher Richtung hervorbrechenden Sturm verursacht worden, ihre Bestätigung finden mag.« Wildvang belegte seine Ausführungen durch die Ergebnisse unzähliger Bohrversuche beim Torfgraben und bei der Anlage von Kanälen und Schleusen in Norddeutschland. Die große Katastrophe muss sich im letzten Drittel des 2. vorchristlichen Jahrtausends abgespielt haben, in einer Zeit, als viele der mächtigen europäischen Vulkane gleichzeitig ausbrachen. Der Santorin warf mehr als 130 Kubikkilometer glühendes Gestein und heiße Asche aus, der Ätna wurde aktiv, und sehr wahrscheinlich ergossen sich auch aus den Vulkanen auf dem Sinai und auf Island gewaltige Lavaströme ins Meer. Seebeben trieben die Fluten der Meere auf das Festland und verwüsteten weite Landstriche. Die vernichtendste Tsunamikatastrophe betraf dabei die Länder um die Nordsee, was dem »Nordmeer« wahrscheinlich seinen alten keltischen Namen *Marimarusa* und seine griechischen Bezeichnungen *thalassa nekron* und *nekros pontos* eingetragen hat. Alle bedeuten sie »Meer der Toten«. Diese umfassende Katastrophe, verbunden mit einer darauf folgenden einschneidenden Klimaverschlechterung, kann ein triftiger Grund für die Bewohner des heutigen Jütland und Schleswig-Holstein gewesen sein, ihre verwüstete Heimat zu verlassen. Das würde ihr plötzliches Auftreten gegen 1220 v. Chr. im Mittelmeer und die verblüffende Ähnlichkeit ihrer Waffen, ihres Kopfschmucks und ihrer Schiffe mit denen der Seevölker erklären.

Waren die Seevölker »Atlanter«?

Manche Geschichtsforscher spekulieren auch über Zusammenhänge mit der Atlantissage. Der griechische Philosoph und Schriftsteller Platon hatte von einem mächtigen Imperium jenseits der »Säulen des Herkules« (Felsen von Gibraltar) gesprochen, einem Völkerbund von zehn Königreichen, dessen Zentrum die kleine Insel Basilaia im »Atlantischen Meer« gewesen sei. Außerdem sollen die Mächtigen dieses Reiches noch viele andere Inseln, Teile des Festlandes und auch die Küsten im Mittelmeerraum beherrscht haben – von Ägypten bis Italien. »Diese zusammengeballte Gesamtmacht«, berichteten die ägyptischen Priester dem Griechen Solon, »unternahmen nun einmal den Versuch, euer und unser Land und das gesamte Mittelmeergebiet in einem einzigen Kriegszug zu unterwerfen ...«

Es lässt sich darüber streiten, wann sich dieser Kriegszug, von dem Solon erfuhr, ereignet hat. Die ägyptischen Priester berichteten, das Reich der Atlanter sei schon vor 8000 bis 9000 Jahren versunken. Dem hielt bereits um 1700 ein Rektor der Universität Uppsala, Olaf Rudbeck, entgegen, dass die von Platon erwähnten 8000 Jahre in Wahrheit Monate gewesen sein müssen, denn die Ägypter rechneten zu Solons Zeiten mit einem Mondkalender. Danach hätte die Atlantiserzählung gegen Mitte des 13. vorchristlichen Jahrhunderts gespielt.

Waren die Seevölker also die legendären Atlanter und lag

ihre einstige Heimat Atlantis an den östlichen Gestaden des Atlantik? Nicht wenige Archäologen sind davon überzeugt. Andere tun diese Erklärung als reine Spekulation ab. Einer der Vorkämpfer des Gedankens, Atlantis habe im heutigen Dänemark und Schleswig-Holstein gelegen, war der Pastor und Prähistoriker Jürgen Spanuth, der seine Theorien dazu 1953 in einem Buch mit dem Titel *Das enträtselte Atlantis* veröffentlichte. Es löste seinerzeit heftige Diskussionen und einen Expertenstreit aus, der 1960 schließlich in einem Gerichtsverfahren endete, das Spanuth gegen seine Widersacher, zehn Geschichtsprofessoren, anstrengte. In den Gerichtsakten hieß es: »Wegen Unhaltbarkeit dieser Gegenthesen zogen nach einer Verhandlung vor dem Landgericht Flensburg die zehn Professoren ihre Schrift selbst zurück, ein wahrhaft nicht alltägliches Ereignis im Bereich der deutschen Wissenschaft!« Aber Spanuth hat unter den Gelehrten nicht nur Gegner, sondern auch eifrige Verfechter seiner Theorie, darunter den Vorgeschichtler Professor Stokar, der die Schmähschrift seiner Kollegen gegenüber Spanuth mit den Worten kritisierte: »Diese Broschüre ist keine sachliche Überlegung, sondern eine Blamage! Das sind alles keine wissenschaftlichen, gut fundierten Entgegnungen, sondern Palaver aufgeschreckter Hühner mit erschütternd tiefem Niveau! ... Ich bin entsetzt.«

Heute hat die Atlantisdiskussion vor allem in der Öffentlichkeit erschreckende neue Formen angenommen, besonders seit selbst ernannte »Experten« den blühenden Unsinn in die Welt setzen, die Atlanter seien Kosmonauten von fernen Planeten gewesen, die der Erde eine inzwischen untergegangene Hochkultur gebracht hätten. Wegen dieses publikumswirksamen Humbugs sind die meisten ernsthaften Wissenschaftler still geworden und befassen sich nur noch ungern mit dem Atlantisthema. Verständlich: Wer will schon in einen Topf mit populistischen Fantasten geworfen werden?

Als gelöst gelten das Problem der Seevölker und die Atlantisfrage auch unter ernsthaften Wissenschaftlern noch immer nicht. Zwar spricht viel für die Nordsee-Katastrophentheorie, aber es gibt auch Indizien dafür, dass die Seevölker zwar nordischen Ursprungs waren, doch schon lange vor ihrer kriegerischen Ausbreitung im Mittelmeergebiet in Libyen ansässig gewesen sein könnten und ihre Eroberungszüge von dort aus starteten. Dafür spricht, dass offenbar schon lange vor dem 13. Jahrhundert v. Chr. in Libyen Menschen mit heller Haut, blauen Augen und blonden oder roten Haaren lebten, von denen die alten Ägypter wussten. Sie hatten also das Aussehen von Nordeuropäern. Aber wann und in welchem Umfang sie in Libyen sesshaft wurden, darüber wissen wir nichts.

Wer also die Seevölkerkrieger wirklich waren, die uns auf dem Relief von Medinet Habu und in Gestalt der südkorsischen Menhire bildlich überliefert wurden, wird sich mit endgültiger Sicherheit wohl niemals klären lassen.

Sardiniens heilige Türme und Brunnentempel

»Ein fürchterlicher Mensch, dieser Maxia«, sagte der schottische Astronom und Prähistoriker Professor Alexander Thom von seinem sardischen Fachkollegen, »er wagte es, mich zu küssen!«. – Thom, der zusammen mit seinen Studenten Hunderte britischer Steinkreise vermessen und deren astronomische Bedeutung erkannt hatte, war zu Besuch in Cagliari gewesen, um sich mit Professor Carlo Maxia auszutauschen, der auf den Gedanken gekommen war, auch die sardischen Vorzeitbauwerke könnten mit der Beobachtung des gestirnten Himmels in Zusammenhang stehen. Auch er untersuchte die Prähistorie seiner Heimatinsel mit astronomischen Methoden. Beide Gelehrte waren einander auf Anhieb sympathisch und Maxia brachte das in seinem südländischen Temperament dem weitaus konventionelleren Schotten gegenüber dadurch zum Ausdruck, dass er diesen stürmisch umarmte und ihm einen freundschaftlichen Kuss gab.

Das Gespräch der beiden war indes überaus fruchtbar, denn es ergab nicht wenige gegenseitige Anregungen. Anders als Thom hatte es Maxia auf Sardinien nicht mit Steinkreisen und megalithischen Menhiren zu tun, sondern mit komplexeren Bauwerken einer weitaus späteren Steinzeitkultur. Nur die Wurzeln beider Kulturkreise waren gemeinsame: Auch in Sardinien begann es im 3. Jahrtausend v. Chr. mit Dolmengräbern, wobei die steinernen Tische noch viel kleiner waren als anderswo. Bald aber entwickelten sich daraus die typisch sardischen »tombe dei giganti«, die Gigantengräber, wie sie genannt werden. Sie stehen zwar wie die Dolmen frei in der Landschaft, sind aber aus dem massiven Gestein herausgearbeitet. Im Laufe der Jahrhunderte wurden sie von den »domos de jana« abgelöst. Das sind in senkrechte Felswände hineingearbeitete Grabhöhlen mit oft vielen einzelnen Kammern. Sie beherrschten dann bis ins 1. Jahrtausend v. Chr. den Totenkult auf Sardinien. Aber parallel zu diesen »domos de jana« entstanden auch andere Steinzeitbauwerke, deren Bedeutung bis heute umstritten ist. Manche Archäologen hielten sie zunächst für Bestattungsanlagen, aber das waren sie sicher nicht, denn zum einen gab es ja die »domos de jana«, zum anderen fanden sich in ihnen keine Überreste von Toten und keine Grabbeigaben.

Zwölftausend Türme

Was waren das für Bauwerke? Zunächst fallen noch heute in der sardischen Landschaft die Nuraghen auf, zyklopische steinerne Rundtürme von meist 4 bis 6 Meter Höhe und 10 und mehr Meter Durchmesser. Rund 7000 von ihnen stehen auch heute noch mehr oder weniger gut erhalten über weite Teile der Insel verstreut. Die Archäologen schätzen, dass es früher einmal über 12000 gewesen sein müssen. Zum anderen gibt es auf Sardinien rund sechs Dutzend sogenannter

Brunnentempel, von denen heute noch mehr als 30 gut erhalten sind.

Von beiden Architekturtypen, den Nuraghen und den Brunnentempeln, war das Alter lange umstritten. Erste Datierungsversuche für die Nuraghen reichten von »nach der Eiszeit« bis zur »Eisenzeit«. Auch heute ist ihr Alter nicht eindeutig geklärt, es scheint aber ziemlich sicher, dass die meisten von ihnen im 2. Jahrtausend v. Chr. entstanden, also 3000 bis 4000 Jahre vor unserer Zeit. Die Brunnentempel hielt man aufgrund ihrer äußerst präzise gearbeiteten steinernen Treppenstufen zunächst für weitaus jünger. Es erwies sich aber unterdessen, dass auch sie zwischen 2500 und 3000 Jahre alt sind.

Die Frage, wozu die Nuraghen dienten, hängt eng mit der Frage zusammen, warum es so viele von ihnen gab. Diesen nahe liegenden Gedanken übersahen die meisten Archäologen merkwürdigerweise lange Zeit. Sie vermuteten zunächst in den

Der Nuraghe Losa bei Abbasanta ist besonders gut erhalten.

wahrlich zyklopischen Türmen Kastelle. Sie hätten sicher Angriffen mit Pfeil und Bogen getrotzt, aber wozu hätte eine Insel 12 000 oder mehr Festungsanlagen gebraucht? Auf ihr lebte zur Zeit, als diese Türme entstanden, eine friedfertige, nicht allzu zahlreiche Bauernbevölkerung. Und auch als Sardinien um 1200 v. Chr. wie fast alle Inseln im Mittelmeer von den rätselhaften Seevölkern (s. S. 239) angegriffen wurde, wären 12 000 Wehrtürme vollkommen sinnlos gewesen. Wie hätten die verhältnismäßig wenigen Ackerbauern und Kleinviehzüchter innerhalb kürzester Zeit Abertausende derartiger Anlagen zu ihrer Verteidigung errichten können, die aus sorgfältig behauenen Steinen bestehen, deren größte viele Tonnen schwer sind?

Befestigungsanlagen waren die Nuraghen also sicher nicht. Aber was sonst? Die Architektur selbst liefert keine Anhaltspunkte für ihre Verwendung. Im fensterlosen Inneren der langen Korridore und der zentralen Kuppeltürme herrscht absolutes Dunkel. Insofern ist die Vermutung mancher Vorzeitforscher, die Nuraghen seien Wohngebäude gewesen, abwegig. Gegen diese Theorie spricht auch, dass es keine Luftlöcher gibt, aus denen etwa der Rauch eines Herdfeuers hätte entweichen können. Die mangelhafte Lüftung der feuchtkalten Innenräume wäre gesundheitlich bedenklich gewesen und die Bewohner hätten innerhalb kürzester Zeit unter Rheumatismus und Arthrose gelitten. Auch fanden sich keinerlei Spuren einer Nutzung als Wohngebäude – weder Überreste von Kochplätzen noch von Küchengeräten oder Speiseresten.

Auch als Gemeindehäuser wurden die Nuraghen gedeutet. Doch welcher Gemeinderat wollte seine Versammlungen in vollkommener Dunkelheit abhalten und warum sollten Gemeindehäuser derart massive Bauwerke sein? Wozu auch brauchten ein paar Dutzend Dörfer auf Sardinien mehr als 12 000 Gemeindehäuser?

Sollten die Nuraghen Tempel gewesen sein? Manches spricht dafür, dass hier Kulthandlungen ausgeübt wurden, zum Beispiel die Tatsache, dass sich in den Vorhöfen mancher Nuraghen so etwas wie flache Altar- oder Opfersteine finden lassen. Im Altarstein des Nuraghe San Antine ist beispielsweise auf der Oberseite ein tiefer Kreisring eingegraben. Wurden hier Flüssigkeitsopfer, etwa Milch- oder Blutopfer dargebracht? Aber genereller Brauch kann das auch nicht gewesen sein, denn solche Altartische sind eher die Ausnahme, und die große Zahl der Nuraghen spricht ebenfalls gegen die Tempelhypothese. Wer braucht schon auf einer Insel Abertausende derartiger Kultbauwerke?

Wer waren die Nuraghenbauer?

Auch die Frage, wer die Nuraghenbauer waren, ist völlig ungeklärt. Schon Aristoteles, der im 4. Jahrhundert v. Chr. lebte, kannte die Herkunft der sardischen Zyklopentürme nicht mehr und vermutete als Erbauer den Sohn des Ificles, eine mehr oder weniger mythologische Figur. Um 300 v. Chr. schrieb dann der Grieche Timaios die Nuraghen dem Baumeister Daidalos zu, jenem berühmten Ahnherrn des Kunsthandwerks, der der Legende nach im Auftrag von König Minos auch das berühmte unterirdische Labyrinth des Palasts von Knossos auf Kreta gebaut haben soll, in dem der wilde Minotaurus gefangen gehalten wurde (s. S. 141).

Wissenschaftler des 19. und frühen 20. Jahrhundert hielten dann immigrierte spanische Granden, eingewanderte Orientalen, Ägypter, Karthager, Etrusker, Phönizier und sogar Kelten für die Erbauer. Heute ist sich die Wissenschaft darüber einig, dass all diese Gruppen nicht infrage kommen. Aber wer die Menschen waren, die im 2. Jahrtausend v. Chr. auf Sardinien lebten und die unzähligen Kolossalgebäude errichteten, wissen wir nach wie vor nicht.

Sonnentempel oder Türme des Feuers?

Als Maxia um 1970 mit seinen Forschungsarbeiten begann, machte er sich zunächst einmal von allen älteren Hypothesen völlig frei, denn wirklich sinnvoll war keine einzige davon. »Die

Erforschung der Nuraghenkultur mit den Mitteln der klassischen Archäologie«, sagte er, »hat nicht nur keine Fortschritte in der Kenntnis dieser Kultur gebracht, sie hat auch ein vollkommen falsches Bild geliefert. Wie bei ähnlichen Megalithkulturen lässt sich das wahre Wesen der Nuraghenkultur nur mit den leistungsfähigen Hilfsmitteln der Astroarchäologie endgültig enträtseln.« Mit diesem Credo machte er sich an die Arbeit und nahm dann auch von Anfang an neben Archäologen vor allem Astronomen in sein Forschungsteam auf. Zusammen mit Professor Lello Fadda und anderen Wissenschaftlern der Universität Cagliari machte er sich an die Vermessung Hunderter von Nuraghen. Schon wenige Jahre später lagen erste Ergebnisse vor: Die meisten Nuraghen sind mit ihrem Eingang präzise nach Süden ausgerichtet und die Anordnung der inneren Gänge und Höfe lässt darauf schließen, dass die Anlagen der Forderung nach gezielten Sonnenbeobachtungen gerecht wurden. Einige Nuraghen wichen von diesem Schema ab. Bei manchen weist der Eingang anscheinend in die Richtung des Sonnenaufgangs zur Zeit der Wintersonnenwende, bei anderen auf den Ort des Aufgangs besonders heller Sterne, zum Beispiel des Rigil im Sternbild Kentaurus, des Sirius oder des Rigel im Orion.

Bleibt die Frage, warum sich die Nuraghenbauer nicht mit einigen wenigen Observatoriumstempeln zufrieden gaben, sondern über viele Jahrhunderte fortwährend neue anlegten. Maxia vermutet, dass der Vorgang des Erbauens selbst eine kultische Handlung war, ein Opfer an Gestirnsgottheiten. Die Bautätigkeit, so nimmt er an, stand möglicherweise in direktem Zusammenhang mit den Sonnen- und Mondfinsternissen, die sich von Sardinien aus in der Zeit zwischen 1200 und 200 v. Chr. beobachten ließen. Immer wenn sich eines der beiden großen Gestirne verfinsterte, haben seiner Meinung nach die alten Sarden der Sonnen- oder Mondgottheit einen oder mehrere neue Tempel geweiht, um sie versöhnlich zu stimmen – oder aus Angst, sie könnten einmal für immer den Himmel verlassen.

Natürlich ist das reine Spekulation, aber es ist nun einmal

ein übliches Werkzeug der Wissenschaftler, Hypothesen aufzustellen und sie jeweils durch neue, plausiblere zu ersetzen, wenn das möglich oder nötig wird. Bis heute gibt es nur zwei Hypothesen, die der immensen Anzahl der Nuraghen gerecht werden. Beide stammen sie von Maxia. Die eine, gerade erwähnte, besagt, dass es für den Bau jedes Nuraghe den konkreten Anlass himmlischer Finsternisse gab.

Maxia schließt aber nicht aus, dass die Nuraghen daneben noch einen praktischen Verwendungszweck hatten, der ebenfalls religiöser Natur war und mit dem Bestattungskult der Zeit zu tun hatte. In den Felsengräbern »domos de jana« wurden, wie Ausgrabungen zeigten, offenbar keine vollständigen Leichname beigesetzt, sondern lediglich deren Gebeine. Es muss also eine Technik gegeben haben, die Verstorbenen vor der Bestattung zu skelettieren. Aus dem alten Persien wissen wir, dass dort bis ins 20. Jahrhundert hinein die Farsen, also die Anhänger der von Zarathustra gestifteten Religion, ihre Verstorbenen auf die Dachplattformen hoher steinerner Rundtürme, der Dakhma oder Türme des Schweigens, legten. Dort wurde ihr Fleisch von Geiern gefressen. Diese Türme verbreiteten nachts ein gespenstisches mattes Leuchten und hießen deshalb gelegentlich auch Türme des Feuers. Das rührte von dem Phosphor her, der sich ansammelt, wenn die Leichenflüssigkeit zahlreicher Toter verdunstet. Konnten die Nuraghen eine ähnliche Funktion gehabt haben? Ihr seit alten Zeiten überlieferter Name ließe sich auf die phönizische Bezeichnung »nur-hag« (»Turm des Feuers«) zurückführen. Vielleicht, so mutmaßt Maxia, dienten die Sonnen- und Mondtempel also auch zum Skelettieren von Verstorbenen, bevor man ihre Gebeine in den »domos de jana« beisetzte. Doch auch das ist nur eine Annahme auf Grund von Indizien.

Mondbrunnen

Noch rätselhafter als die Nuraghen sind die prähistorischen sardischen Brunnentempel. Sie alle folgen demselben strengen

Bauschema, das heute vor allem die Anlage von Santa Cristina zwischen Macomer und Abbasanta noch besonders gut erkennen lässt. Eingefasst von zwei schräg aufeinander zulaufenden, nach oben stürzenden Wänden aus präzise bearbeiteten Steinen läuft eine Treppe rund sechs Meter hinab ins Halbdunkel. Wer sie hinuntersteigt, findet sich schließlich in einem hohen, schlanken Raum mit kreisrundem Querschnitt wieder, der wie ein gotischer Spitzbogen nach oben verjüngt zuläuft und zuletzt in einem kleinen, runden Loch an der Erdoberfläche endet. Am Boden dieses runden Raumes liegt ein in Stein eingefasstes Brunnenbecken mit auch heute noch kristallklarem Quellwasser. Früher gab es rund 70 derartige Anlagen auf Sardinien. Soweit sie jetzt noch erhalten sind, lassen natürlich auch sie sich exakt vermessen. Dabei zeigt sich, dass sie offenbar Mondheiligtümer waren. Der besonders präzise gearbeitete Brunnentempel von Santa Cristina aus der Zeit um 500 v. Chr. zeigt das Prinzip noch heute sehr gut. Einmal im Jahr fällt das Licht des Vollmonds exakt durch die kleine obere Öffnung der schlanken Kuppel und beleuchtet kurz nach Mitternacht für wenige Minuten das Brunnenwasser. Das ist ausgerechnet dann der Fall, wenn sich Mondfinsternisse ereignen können! Das kann kaum bloßer Zufall sein. Doch wenn die Anlage nach dieser astronomischen

Der Treppenabgang des Jahrtausende alten Brunnentempels von Santa Cristina wirkt, als hätten ihn Baumeister unserer Tage erst gestern fertiggestellt.

Erkenntnis geplant und erstellt wurde, setzt das bei den Vorzeitmenschen, die sie errichteten, nicht nur beachtliche astronomische Kenntnisse voraus, sondern auch ein erstaunliches messtechnisches und architektonisches Können. Wer also waren diese Menschen, die über solches Wissen und auch entsprechend hohe handwerkliche Fähigkeiten verfügten? Woher kamen sie und wo sind sie geblieben?

Maltas rätselhafte Vorzeitmonumente

Es scheint, als habe jede Mittelmeerinsel ihre besondere Vorzeitkultur gehabt, von der jeweils ganz spezielle Monumente zeugen. Auf Korsika sind es die menschenförmigen Menhire, auf Sardinien die Nuraghen. Mallorca hat seine Talayotes, Menorca seine Taulas und Navetas. Auf Kreta ziehen die überreichen Reste der minoischen Kultur jährlich Abertausende von Schaulustigen an.

Malta und das Nachbarinselchen Gozo reihen sich in diese Kette vorgeschichtsträchtiger Mittelmeerinseln würdig ein. Das ist aber auch das einzige Verbindende. Sonst ist auf Malta alles anders als auf Korsika, Sardinien oder den Balearen. Die mächtigen, fast erhabenen Vorzeitbauwerke der kleinen Insel waren schon anderthalb Jahrtausende alt, als auf Sardinien die ersten Nuraghen und auf Mallorca die ersten Talayotes entstanden. Sie reichen zurück bis in die Zeit, als die Menhire auf Korsika noch unbehauene Steine waren und keine menschlichen Züge besaßen.

Viereinhalb Jahrtausende alte Tempelstadt

Im 28. Jahrhundert v. Chr. waren Bronze und Eisen auf der Insel noch unbekannt. Wer Malta und Gozo damals bewohnte, wissen wir nicht. Aber dieses unbekannte Volk hat ohne

Metallwerkzeuge Monumente in Stein geschaffen, die uns noch heute staunen lassen. Eine der gewaltigsten dieser Anlagen ist der Tempel von Hagar Qim. Er erstreckt sich zwei Kilometer südwestlich des Ortes Qrendi in malerischer Lage auf einer Hügelgruppe hoch über dem Mittelmeer. Weit schweift der Blick von dem prächtigen Aussichtspunkt bis hinüber zu den steilen Klippen des Nachbareilands Filfla. Aus der rotbraunen Erde und dem Grün der duftenden Hartlaubgewächse ragen wie ein Labyrinth die massigen Gemäuer des viereinhalb Jahrtausende alten Tempels auf: aus einem einzigen, über zwei Meter hohen Felsbrocken gearbeitete Tore, ovale von doppelmannshohen Mauern eingefasste Höfe, Gänge und Nischen, einzelne Säulen und große tafelförmige Altäre aus Stein. An der Südseite, wo die salzhaltige Meerluft ungehindert Zutritt zu den senkrecht gefügten Platten aus weichem Globigerinenkalk hat, sind die steinernen Wände verwittert. Durchlöchert und bizarr ausgehöhlt wirken sie malerisch und zugleich zeitlos, denn gerade die Spuren der Zeit sind es, die dem heutigen Besucher das Alter von 45 Jahrhunderten so eindringlich bewusst werden lassen.

Die Tempelanlage von Hagar Qim ist viereinhalb Jahrtausende alt.

Opfertempel hoch über dem Meer

Von Hagar Qim führt ein schmaler, teilweise mit Platten belegter Weg hoch über der Mittelmeerküste leicht bergab, um nach einem knappen Kilometer Mnaidra zu erreichen. Hier ist die

Landschaft noch einsamer, noch großartiger, noch stimmungsvoller als bei Hagar Qim. Tief unten rollt die Brandung gegen die fast senkrechten Klippen, und ein endlos blauer Himmel spannt sich über Inseln und Meer und verschmilzt in der Ferne mit dem Horizont. Die Erde ist braunrot rissig, bestanden mit niederem graugrünen Gesträuch, das schwer und aromatisch nach hundert verschiedenen Gewürzen duftet. Mitten in dieser warmen prallen Kargheit stehen die Steine von Mnaidra, so, als stünden sie schon immer hier, als hätte sie ein launischer Gott vor undenklichen Zeiten zusammen mit diesem Land geschaffen, für das die Gesetze der Zeit nicht gelten. Es scheint unvorstellbar, dass zwischen diesen Mauern, vor diesen Altären und Kisten aus Stein, unter den flachen Gewölben, deren Ansätze sich noch heute gut erkennen lassen, einmal Menschen gelebt haben sollen, für die all diese Nischen und Apsiden, diese Opfertische mit ihren Punktornamenten eine Bedeutung gehabt haben. Und doch ist es so. Aber diese Zeit liegt schon 175 Generationen zurück und wir wissen nicht mehr, was diese Menschen fühlten. Wir kennen die Anliegen und Wünsche nicht, mit denen sie den Tempel von Mnaidra betraten. Oder war die Anlage wie jene von Hagar Qim gar kein Tempel, sondern ein Palast? Wer könnte es mit Gewissheit sagen?

Hagar Qim und Mnaidra sind nicht die einzigen Vorzeitmonumente Maltas. Im Nordwesten liegen die beiden Tempel von Ta' Hagrat Mgarr, die ältesten bekannten Megalithbauwerke der Insel. Experten datierten sie auf 2850 bis 2800 v. Chr. Der kleinere Bau gleicht in seinem Grundriss erstaunlich den alten Felsengräbern, die Archäologen bei Xemxija am Nordufer der Paul's Bay entdeckten. Vielleicht hatten die Erbauer in der Tat diese Gräber nachahmen wollen und vielleicht war auch der kleine »Tempel« von Ta' Hagart Mgarr eine letzte Ruhestätte für die Verstorbenen.

Prachtbauten der Jungsteinzeit

Nur 5 Kilometer von Maltas Hauptstadt La Valetta entfernt steht der Tempel von Tarxien, ganz nahe bei dem gleichnamigen kleinen Ort. Von den ursprünglich vier Gebäuden dieser Anlage ist eines fast vollkommen zerstört. Doch die restlichen drei sind wahre Prachtbauten der Jungsteinzeit! Wieder begegnet der Besucher einer verwirrenden Vielfalt von großen Mauern, Nischen, Einbuchtungen und Kammern. Wieder findet er einzelne Säulen und Altäre, diesmal mit reichem Ornamentschmuck. Das Grundmotiv der erhabenen Reliefs ist die Spirale, die in der Jungsteinzeit fast ganz Europas eine bedeutende Rolle gespielt hat. Aber auch Tiere haben die Vorzeitmenschen von Tarxien auf den Steinblöcken dargestellt: Rinder, Schafe, Schweine und Ziegen. Waren es Opfertiere, die sie hier ihrer Gottheit darbrachten? In der abgeschlossenen Nische eines Altars fand sich eine lange scharfe Feuersteinklinge – ein Opfermesser?

Ausgrabungen haben gezeigt, dass die ursprüngliche Tempelkultur von Tarxien gegen 2000 v. Chr. abrupt aufgehört hat. Ein feindliches Volk mit Kupferdolchen und Feuerstein-Pfeilspitzen überfiel die friedfertigen Tempelbauer und nahm für fünfeinhalb Jahrhunderte ihren Platz ein. Die Eindringlinge brachten neue Kultformen mit. Sie verbrannten ihre Toten und setzten sie im Tempel von Tarxien in Aschenurnen bei.

Zwei Tempel auf Gozo

Wenige Meilen nordwestlich von Malta liegt das Inselchen Gozo. Auch dieses kleine Eiland hat seinen Vorzeittempel: Ğgantija bei der Ortschaft Xagtra. Die beiden Gebäude dieser Anlage verkörpern – jedes für sich – den Urtyp der maltesischen Steinzeitarchitektur. Zwei ovale Höfe liegen Seite an Seite nebeneinander. Der Eingang führt durch die Breitseite in den ersten Hof, eine Verbindung leitet in den zweiten weiter, und an der gegenüberliegenden Breitseite des zweiten Hofes ist eine halbrunde Apsis angesetzt. Vor dem Eingang zum größeren der beiden Tempelgebäude liegt eine schwere Steinplatte, an der sechs halbkugelförmige Vertiefungen auffallen. Ganz in der Nähe fanden sich steinerne Kugeln, die genau in diese Vertiefungen passten. Vielleicht, mutmaßen einige Archäologen, haben die Tempelbaumeister die mächtige Platte auf diesem einfachen Kugellager herbeitransportiert; denn der Steinbruch, aus dem sie stammt, liegt rund fünf Kilometer weiter südlich in der Nähe der Küste.

Ein steinzeitliches Schienensystem

Die alten Bewohner der Malta-Inselgruppe scheinen überhaupt ein bemerkenswertes Transportsystem besessen zu haben. An vielen Stellen auf Malta und Gozo fallen tiefe schienenartige Furchen im felsigen Boden auf. Manchmal sind sie bis zu einem halben Meter tief in den Stein eingeschnitten. Immer verlaufen sie wie zwei Schienen parallel zueinander, genau im Abstand einer Wagenbreite. An einzelnen Punkten gibt es regelrechte Weichen, Abzweigstellen oder Ausweichgeleise. Weit ziehen sich die einzelnen Spurrillenpaare über das Land hin und bilden dabei ein richtiges Streckennetz. Die Prähistoriker halten die seltsamen Doppelfurchen im Fels in der Tat für vorgeschichtliche Verkehrswege. Sie glauben, dass die Wagen, die einmal auf diesen Schienen fuhren, eine Art Gleitschlitten gewesen sein könnten. Dass die eigentümlichen Verkehrswege tatsächlich aus der Jungsteinzeit oder der frühen Metallzeit stammen, ist einwandfrei erwiesen. Mancherorts verlaufen nämlich quer über die steinernen Schienen phönizische Gräber. Die Spuren im Fels müssen also älter sein. Besonders schöne Rillenpaare mit gut erhaltenen Ausweichstellen liegen in der Minsija, einer kargen Gegend nördlich der Straße von Birkirkara nach St. Julian's.

Ein Tempel – vollständig aus dem Fels gehauen

Wohl das prächtigste und beeindruckendste Vorzeitmonument Maltas ist das Hypogäum von Pawla, eine vollkommen aus dem gewachsenen Fels herausgearbeitete unterirdische Kult- und Tempelanlage, die sich im gesamten Mittelmeerraum höchstens mit den »domos de jana«, den alten Felsengräbern Sardiniens, vergleichen lässt. Zwar ist der Globigerinenkalk unter dem Städtchen Pawla recht weich, aber was die Menschen zwischen 2450 und 2400 v. Chr. hier ohne metallene Werkzeuge nur mit Steinkeilen oder Horn- und Geweihspitzen geschaffen haben, nötigt dem Besucher unserer Tage Staunen ab. Drei Stockwerke tief reichen die Treppen und Gelasse des Hypogäums unter die Erde. Die Halle in der obersten Ebene deuten manche Prähistoriker heute als Orakelraum: wegen der ungewöhnlichen Akustik, die jedes normal gesprochene Wort zu dröhnender Stimmgewalt verstärkt, und wegen zweier kleiner Tonfiguren, die sie hier fanden und die sie für Gläubige halten, die den Orakelspruch erwarten. Ein Stockwerk tiefer liegt das »Allerheiligste«, in dem einige Archäologen einen Kult- und Opferplatz sehen. Von dort führt eine enge Treppe noch tiefer hinab. Dicht an einer weiten Grube vorbei wendet sich der Gang scharf nach links und durch ein Felstor gelangt der Besucher in den untersten Raum des Heiligtums, der heute als Schatzkammer gedeutet wird, weil sein Zugang wegen der fallengleichen tiefen Grube gefährlich war.

Vollständig aus dem massiven Fels gehauen präsentiert sich das Hypogäum von Pawla auf Malta.

Die Deutungsversuche der einzelnen Räume des Hypogäums von Pawla durch die Archäologen klingen recht fantastisch und die Frage drängt sich auf, warum ihre Fachkollegen in aller Welt diese Auslegungen ohne allzu großen Widerspruch hinnehmen.

Was immer die unterirdischen Räume des maltesischen Hypogäums auch für eine Bedeutung gehabt haben mögen, eines scheint festzustehen: Irgendwann in ihrer Geschichte muss die Anlage eine Begräbnisstätte gewesen sein, denn bei ihrer Ausgrabung in den Jahren nach 1907 fanden die Forscher die Gebeine von etwa 7000 Menschen.

VOR KELTEN UND GERMANEN – UNBEKANNTES ALTEUROPA

Astronomen der Bronzezeit

Am 25. September 2002 fand im Städtchen Nebra in Sachsen-Anhalt eine Pressekonferenz statt. Eingeladen hatten der Innenminister Manfred Küchel, der Kultusminister Gerd Harms und der Landesarchäologe Harald Meller. Schon diese hochrangige Besetzung ließ Besonderes erwarten. Dabei handelte es sich lediglich um den Fund einer kreisförmigen Scheibe von rund 32 Zentimeter Durchmesser, 4,5 Millimeter Stärke in der Mitte und 1,7 Millimeter Stärke an ihren Rändern. Doch diese Scheibe hat es in sich.

Gefunden hatten die runde Scheibe schon drei Jahre zuvor Henry Westphal und Mario Renner, zwei sogenannte Raubgräber, die in einer bronzezeitlichen Wallanlage auf dem Gipfel des 252 Meter hohen Mittelbergs im Ziegelrodaer Forst unerlaubterweise nach archäologischen Schätzen suchten. Sie entdeckten die Scheibe zusammen mit anderen Objekten in einer mit Steinen vollgepackten Grube und hielten sie zuerst für den wertlosen Deckel eines größeren Blecheimers. Erst nachdem die beiden Männer die anhaftende Erde entfernt hatten, entpuppte sich der Fund als kunstvoll bearbeitet. Auf das durch Korrosion im Boden grün gefärbte Bronzeblech waren goldene Symbole aufgesetzt: ein Vollkreis, eine Art Mondsichel und zahlreiche kleinere Kreispunkte wie Sterne am Nachthimmel. Außerdem wies die Scheibe zwei schmale goldene Bögen auf. Ein dritter war schon vor langer Zeit abgefallen oder entfernt worden, aber eine Vertiefung im Blech ließ noch gut erkennen, wo er sich einst befunden haben musste.

Den Raubgräbern wurde – auch wegen der Begleitfunde – schnell bewusst, dass sie hier etwas Wertvolles in Händen hielten. Sie boten die Scheibe dem Kunst- und Antiquitätenhandel an, aber der wollte nicht anbeißen, denn per Gesetz gehörte das archäologische Fundstück dem Land Sachsen-Anhalt. Blieb nur der Schwarzmarkt, und der bescherte den beiden Raubgräbern für ihren Fund einen Geldsegen von 32 000 DM. Hehler verhökerten das gute Stück dann mehrfach weiter und schließlich wurde es unter der Hand für 700 000 DM angeboten. Doch davon hatte die Polizei Wind bekommen, die die beiden vorläufig letzten Scheibenbesitzer, eine Museumspädagogin und einen Lehrer, rasch dingfest machen konnten. Wenig später gingen ihr dann auch die beiden Raubgräber ins Netz, die inzwischen zu Bewährungsstrafen von einem Jahr beziehungsweise sechs Monaten verurteilt wurden.

Zweifel an der Echtheit

Die Odyssee der Scheibe ließ unter den Archäologen zunächst Zweifel aufkommen. Niemand hatte zuvor ein ähnliches Objekt gesehen, und so ließ sich die Scheibe zunächst auch keinem Kulturkreis zuordnen. Anhand des Fundorts wäre das wohl möglich gewesen, aber zu diesem gab es nur die Aussage der beiden Raubgräber, die stimmen konnte oder auch nicht. Deshalb schaltete das Archäologische Landesamt Experten der Kriminalpolizei ein, die mit wissenschaftlichen Methoden, darunter dem Vergleich von winzigen noch anhaftenden Erdpartikeln mit Bodenproben vom angeblichen Fundort, herausfanden, dass die Raubgräber die Wahrheit sagten.

Aber die jetzt eindeutige Zuordnung des Ausgrabungsplatzes garantierte noch lange nicht, dass die Scheibe auch wirklich alt war. Vielleicht hatte sie ja dort nur jemand vorübergehend vergraben. Vielleicht war das ganze Objekt eine geschickte Fälschung, denn schließlich ging es dabei ja um sehr viel Geld.

Bis heute gibt es kein wissenschaftlich exaktes Verfahren, das Alter von Metallgegenständen, denen kein organisches Material anhaftet, auf ein Jahrtausend genau zu bestimmen. Ein Verfahren zur Datierung von Bronze ist die Blei-210-Methode. Bleierz enthält einen bestimmten Prozentanteil des radioaktiven Isotops mit der Atomzahl 210 (der Atomkern besteht dabei aus insgesamt 210 Protonen und Neutronen). Dieses Isotop zerfällt von selbst, und zwar in 22,3 Jahren jeweils zur Hälfte. Lässt sich in einem bleihaltigen Bronzegegenstand nur noch der halbe Blei-210-Anteil feststellen, den Bleierz hat, dann ist das Objekt also 22,3 Jahre alt. In $4 \cdot 22{,}3 = 89{,}2$ Jahren ist nur noch ein Sechzehntel des ursprünglichen Blei-210-Anteils vorhanden. Mit dieser Methode lässt sich natürlich das Alter eines Objekts, das mehr als dreieinhalb Jahrtausende auf dem Buckel hat, nicht mehr bestimmen, denn nach einer derart langen Zeit ist kaum noch Blei-210 übrig. Wohl aber kann man feststellen, ob der Bronzegegenstand erst vor einigen Monaten oder Jahren gefälscht oder ob er älter als 100 Jahre ist. Für die Scheibe von Nebra ließ sich auf diese Weise eine moderne Fälschung ausschließen.

Die Sachsen-Anhaltiner Archäologen hielten also einen wirklich interessanten Fund in ihren Händen.

»Schlüsselfund der Archäoastronomie«

Die Grube innerhalb der Wallanlage, aus der die Scheibe stammt, ließ sich anhand anderer Funde durch Stilvergleich und Kohlenstoff-14-Messungen recht genau auf die Zeit von 1600 v. Chr. datieren. Es ist also mit einiger Sicherheit anzunehmen, dass die eigentümliche Scheibe entweder ebenso alt ist oder aus noch früherer Zeit stammt und dann um 1600 v. Chr. bei Nebra zusammen mit den Begleitobjekten vergraben wurde.

Zu dieser Zeit befand sich Mitteleuropa im Bronzezeitalter, was nach bisherigem Dafürhalten nicht gerade die Blütezeit der Mathematik und Astronomie war. Die Scheibe ist aber –

daran kann es keinen Zweifel geben – ein astronomisches Objekt. Sie zeigt einen goldenen Kreis, der die Sonne oder den Vollmond darstellen kann, eine Mondsichel und zahlreiche goldene Punkte, die Sterne bedeuten. Dass dem so ist, beweist eine Konstellation von sieben Sternen im rechten oberen Bereich der Scheibe, die der himmlischen Anordnung des »Siebengestirns«, der Plejaden, gleicht. Die Plejaden spielten während der Bronzezeit und auch schon früher eine sehr wichtige Rolle in der Mythologie besonders der Mittelmeervölker.

Es gab in der Tat im bronzezeitlichen Mitteleuropa Fernhandelswege, die zum Mittelmeerraum führten. Als sehr aufschlussreich erweisen sich in diesem Zusammenhang auch metallurgische Untersuchungen der Bronze des Scheibenkörpers und des Goldes der Applikationen. Aufgrund des Arsenanteils in der Bronze ließ sich nachweisen, dass das Kupfer (die Bronze ist eine Legierung aus etwa 97 Prozent Kupfer, 2,5 Prozent Zinn und anderen Bestandteilen), das in ihr enthalten ist, aus einer Mine am Hochkönig bei Mühlberg im Salzburger Land stammt. Das Gold dagegen kam mit an Sicherheit grenzender Wahrscheinlichkeit aus Minen in Siebenbürgen, also in Rumänien. Wo die Scheibe selbst gefertigt wurde, ist heute unklar. Zuerst vermuteten die Wissenschaftler, sie stamme von Handwerkern aus dem Bereich des Fundorts.

Die Scheibe ist also ein Gegenstand mit astronomischer Bedeutung, in dem wahrscheinlich überregionale Erkenntnisse ihren Niederschlag gefunden haben. Das war für jene Archäologen ein harter Schlag, die noch immer den Erkenntnissen der Astronomen nicht trauen wollten, dass die Europäer der Jungsteinzeit und der Bronzezeit über gute astronomische Kenntnisse verfügten und das zum Beispiel schon in Stonehenge und anderen Megalithanlagen zum Ausdruck brachten. Archäologen tun sich in der Regel schwer, astronomischen Berechungen und Wahrscheinlichkeitsrechnungen zu folgen und halten deren Aussagen für zutiefst suspekt. Angesichts der Scheibe von Nebra mussten sie aber zugeben, dass sich in

Europa vor mehr als dreieinhalb Jahrtausenden Menschen mit Himmelskunde befasst haben. Professor Wolfhard Schlosser von der Ruhr-Universität Bochum bezeichnet denn auch die Himmelsscheibe von Nebra als »Schlüsselfund der Archäoastronomie schlechthin«, wobei die Wortwahl (statt üblicherweise »Astroarchäologie«) offenbar auch ein Ausdruck der jeweiligen wissenschaftlichen Perspektive ist.

Vorschnelle Interpretationen

In unserer schnelllebigen Zeit macht überstürztes Handeln offenbar auch vor Wissenschaftlern nicht Halt. In Windeseile bastelten Harald Meller, Wolfhard Schlosser und vor allem Rahlf Hansen, Astronom am Planetarium Hamburg, ein Erklärungsmodell der Scheibe, mit dem sie vollmundig in einer umfangreichen Pressemitteilung vom 21. Februar 2006 an die Öffentlichkeit traten.

Danach zeigt die Scheibe einerseits die Plejaden, andererseits die Sonne oder den Vollmond und drittens die zunehmende Mondsichel. Sie stellt himmlische Konstellationen dar. Plejaden und Mondsichel standen in der Bronzezeit nach Meller und Schlosser am 10. März nebeneinander, Vollmond und Plejaden am 17. Oktober, und zwar jedes Mal am Westhimmel kurz vor dem Untergang der Plejaden. Nach Meinung der Wissenschaftler sollte die Scheibe also die bäuerliche Bevölkerung der Bronzezeit daran erinnern, wann sie im Frühjahr die Saat ausbringen und wann sie im Herbst die Erntearbeiten abschließen sollte. »Memogramm«, also Erinnerungshilfe, nennt sie Meller deshalb wissenschaftlich klingend.

Dieser Gedankengang widerspricht allerdings gleich mehrfach dem gesunden Menschenverstand. Eine einzige, kostbare Scheibe mit Goldapplikationen kann kaum eine Aussaat- und Erntehilfe für Bauern gewesen sein, denn wer von ihnen konnte schon Zugang zu ihr haben? Zum anderen hätte dieses »Memogramm« auch nicht viel geholfen, denn was wäre geschehen, wenn am 10. März oder am 17. Oktober der Abendhimmel bewölkt und die Konstellation gar nicht sichtbar gewesen wäre? Die armen Bauern hätten nicht weitergewusst! Und schließlich: Ein »Memogramm«, das an die Himmelsbeobachtung zu ganz bestimmten Tagen erinnern soll, setzt die Existenz eines tagesgenauen Kalenders voraus. Von einem solchen in der Bronzezeit ist aber nichts bekannt. Die Astronomen Manfred Feller und Johannes Koch wiesen auf diese und zahlreiche ähnliche Ungereimtheiten in den Arbeiten von Meller und Schlosser hin.

Der Hamburger Astronom Hansen ging in der Interpretation der Scheibe noch einen gehörigen Schritt weiter. Zunächst folgte er Meller und Schlosser. Dabei fiel ihm auf, dass die Scheibe ursprünglich insgesamt 32 Sterne aufwies, von denen später einer entfernt wurde, als man nachträglich die goldenen Segmentbögen anbrachte. Sieben der 32 Sterne stellen die Plejaden dar und lassen sich deshalb eindeutig am Himmel identifizieren. Die 25 anderen Sterne lassen keinerlei astronomische Konstellation erkennen. Aber auch dafür hat Hansen sofort eine Erklärung parat. Er spricht von einem »gebremsten Chaos«, mit dem der Urheber der Scheibe vorsätzlich jegliche Ähnlichkeit mit irgendwelchen Sternbildern vermeiden wollte, um bewusst auf die Plejaden als einzige Konstellation von Bedeutung im Zusammenhang mit der Funktion der Scheibe hinzuweisen. Wichtig sei dagegen die Anzahl der Sterne: Die 32 Zählpunkte und die Dicke der dargestellten Mondsichel sollten nach Hansen ein Signal zur Einschaltung eines Schalttages in den Kalender darstellen. In seiner Presseinformation schreibt er: »Es verstreichen dann von dem vorhergehenden Neulicht 32 Tage. Die 32 Punkte auf der Himmelsscheibe konnten so als die 32 Tage angesehen werden, die von dem Neulicht des vorhergehenden Monats verstrichen, bis der Mond im Frühlingsmonat bei den Plejaden steht. Diese 32 Tage sind ein gleichwertiges Schaltsignal zu der Dicke der Mondsichel.«

Feller und Koch verweisen mit Recht darauf, dass auch diese Interpretation aus mehreren Gründen reichlich sinnlos ist: Wieder ist ein existierender tagesgenauer Kalender Voraussetzung, der zudem ein Mondkalender sein musste, was in einer bäuerlichen Kultur äußerst unwahrscheinlich wäre. Ein bedeckter Himmel an einem der für die Schaltung infrage kommenden Tage hätte den Kalender wertlos gemacht. Und außerdem waren um 1600 v. Chr. die Plejaden in Mitteleuropa im Frühlingsmonat gar nicht immer am Himmel sichtbar, wie komplexe astronomische Berechnungen ergaben!

Hansen und Meller behaupten in ihrer Presseerklärung, die Plejadenschaltregel, auf die die Himmelsscheibe zurückgehe, stamme aus dem alten Orient, und zitieren alte Keilschrifttexte (*mul-apin*), um das zu belegen. Feller und Koch weisen nach, dass die zitierten Stellen von den Autoren der Presseerklärung erst durch Abänderungen stimmig gemacht wurden! Spielt hier wissenschaftliche Profilierungssucht eine Rolle? Die erwähnten Kritikpunkte an der Veröffentlichung sind übrigens nicht alles, was man den Autoren vorwerfen kann. Es gibt noch eine Reihe weiterer Ungereimtheiten.

Eine noch weiter gehende Interpretation der Himmelsscheibe lieferte Schlosser. Er wies darauf hin, dass die beiden rundlichen Goldbögen (der linke ist verloren gegangen, aber der Platz, an dem er sich befand, ist noch gut erkennbar) vom Scheibenmittelpunkt unter einem Winkel von jeweils 82 Grad erscheinen. Er sieht darin den gleichen Winkel, um den sich am Fundort der Sonnenaufgangspunkt und auch der Sonnenuntergangspunkt zwischen Winter- und Sommersonnenwende unterscheiden. Legte man die Scheibe horizontal so auf den Mittelberg (den Fundort), dass die gedachte Linie vom oberen Ende des linken Goldbogens über das untere Ende des rechten Goldbogens zum Gipfel des 80 Kilometer entfernten Brockens im Harz wies, konnte man am jeweiligen Sonnenuntergangspunkt am Scheibenrand das Kalenderdatum ablesen. Diese Verwendung ist aber unwahrscheinlich, weil dann der Hersteller der Scheibe mit ziemlicher Sicherheit am Scheibenrand eine zumindest grobe Skala angebracht hätte. Ein eingeschränkter

Gebrauch zur Bestimmung nur der Sonnenwenden wäre aber nach dieser Theorie immerhin theoretisch möglich gewesen, wenn, ja wenn die beiden Goldbögen an den Rändern der Scheibe tatsächlich gleich lang wären.

Die derzeit plausibelste Theorie

2006 widerspricht der Astronom Norbert Gasch der Theorie Schlossers, indem er mit Recht darauf hinweist, dass die beiden Goldbögen äußerst präzise gefertigt, aber unterschiedlich lang sind. Sie schließen deshalb keineswegs, vom Scheibenzentrum aus betrachtet, gleiche Winkel von etwa 82 Grad ein, wie Schlosser behauptet. Gasch betrachtet sie von der viel besser lokalisierbaren Mitte des »Sonnen-« oder besser Vollmondkreises aus und stellt dabei fest, dass dies wohl auch vom Hersteller der Scheibe beabsichtigt war, denn zieht man Linien vom Vollmondzentrum zu den Enden der Goldbögen, zeigt sich, dass die Endkanten dieser Bögen exakt zu dem Linienverlauf passen. Bei dieser Methode ergeben sich Öffnungswinkel von 109 Grad für den linken und 66 Grad für den rechten Goldbogen.

»Winkel dieser Größe kennt man auch aus Stonehenge«, schreibt Gasch, »dort markieren sie in einer Größe von 102 Grad und 61 Grad die Abstände der Mondauf- und -untergangspunkte zu den Zeiten der großen und kleinen Mondwenden. Stonehenge liegt auf 51,2 Grad nördlicher Breite; also konnten die auf der Himmelsscheibe enthaltenen Winkel auf einen Ort in etwas nördlicherer Lage weisen.« Die Mondwenden erklären sich dadurch, dass die Mondbahn ihre Ebene gegenüber der Äquatorebene der Erde im Rhythmus von 18,61 Jahren pendelnd verändert. Daraus ergibt sich, dass die Auf- und Untergangspunkte des Mondes im Jahresverlauf alle 18,61 Jahre einen besonders großen Winkel und alle 9,3 Jahre versetzt dazu einen besonders kleinen Winkel am Horizont überstreichen. Hat der Winkel ein Maximum oder ein Minimum erreicht, sprechen die Astronomen von Mondwenden. Die

Winkel bei der großen und der kleinen Mondwende korrespondieren nun nach Gasch genau mit den auf der Himmelsscheibe gemessenen Werten. Von Stonehenge wissen wir, dass sich die dort entdeckten Winkel mit hoher Sicherheit auf die Mondwenden beziehen. Warum sollte das bei der Scheibe von Nebra nicht der Fall sein?

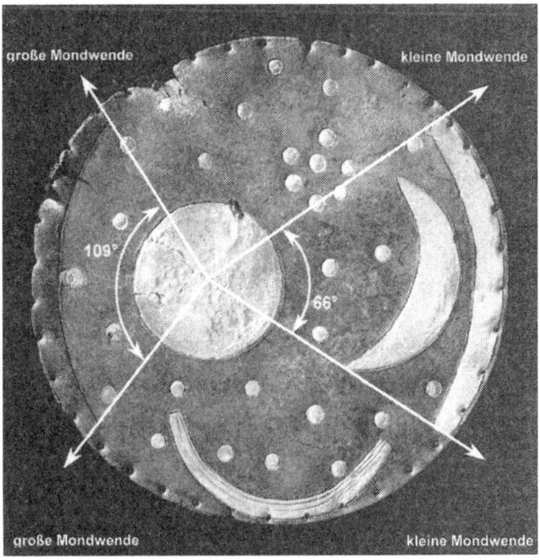

Gasch sieht in der Himmelsscheibe einen Indikator für die Mondwenden ...

Gasch kann seine Hypothese noch bekräftigen: Zum einen sind die beiden Goldbögen auf der Scheibe unterschiedlich lang und korrespondieren damit genau mit den verschiedenen Winkeln der Mondwenden. Das kann kein bloßer Zufall sein. Zum anderen lässt sich aus dem Winkel, den jeder Goldbogen darstellt, genau die geografische Breite des Ortes berechnen, an dem die Scheibe benutzt wurde, und beide Winkel führen bei dieser Rechnung auf exakt denselben Wert.

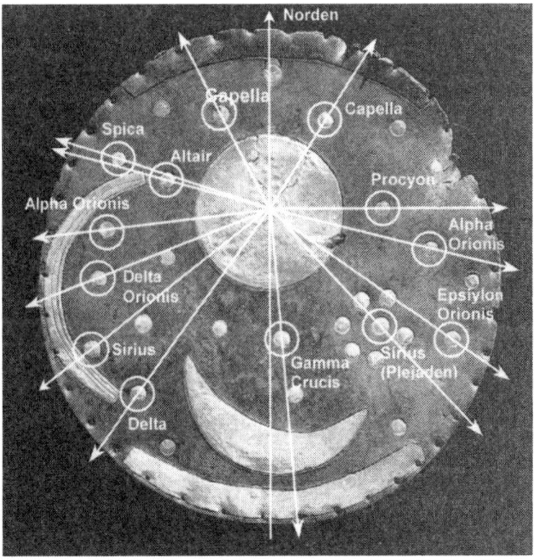

... und zugleich auch ein Gerät, das Sternenpeilungen erlaubt.

Gaschs Untersuchungen gehen aber noch wesentlich weiter.

Anders als Hansen sieht er in der Anordnung der Sterne auf der Scheibe alles andere als ein gewolltes »Chaos«. Ihm fiel auf, dass sie zum allergrößten Teil symmetrisch zu einer durch die Scheibe gedacht verlaufenden Mittellinie angeordnet sind. So etwas ist kein Chaos. Dahinter steckt Absicht. – Aber welche?

»Es ergibt sich sofort ein Verdacht«, schreibt Gasch, »wahrscheinlich sind die Punkte auf der Scheibe keine Sterne, sondern irdische Visurmarken für Auf- und Untergangspunkte in einer Beobachtungsanlage ... Damit ist das Ganze also keine Sternkarte im üblichen Sinne ... Der eigentliche informative Sinn liegt aber in den Azimutwerten der Punkte. Damit kann man arbeiten und versuchen, die Punkte auf der Scheibe mit Auf- und Untergangsazimuten von Sternen, bevorzugt den hellsten, in Übereinstimmung zu bringen ...«

Das machte Gasch denn auch und fand heraus, dass seine Vermutung mit sehr hoher Wahrscheinlichkeit richtig ist. Die Scheibe zeigt in der Tat die Auf- und Untergangsazimute der hellsten am Himmel sichtbaren Sterne an: Kapella und Sirius, Gamma Crucis, Gamma Eridani (oder der benachbarte Stern Alpha Arae) und andere. Auch die Position der Plejaden auf der Scheibe, die hier als eine einheitliche Gruppe zu betrachten sind, stimmt in diesem Zusammenhang genau. Sorgfältige Wahrscheinlichkeitsrechungen ergaben Fehlermöglichkeiten im Bereich von ungefähr eins zu einer Million für die Richtigkeit der Vermutung.

Wozu war die Scheibe von Nebra gut?

Treffen Gaschs Theorien zu, lässt sich wegen der Veränderung des Nachthimmels über die Jahrhunderte hinweg auch ziemlich genau sagen, wann die Scheibe gebaut wurde: nämlich um 2375 v. Chr. Eingesetzt wurde sie danach ursprünglich nicht im Fundgebiet, sondern bei rund 55 Grad nördlicher Breite, also irgendwo in Schottland, Dänemark, Südschweden oder im Baltikum. Ist es ein Zufall, dass einer der berühmtesten astroarchäologischen Funde, der Sonnenwagen von Trundholm, der ebenfalls aus der Bronzezeit stammt, bei 56 Grad Nord entdeckt wurde?

Im Gegensatz zu der vollmundigen Presseerklärung der ersten Interpreten der Himmelsscheibe schließt Gasch seine Arbeit mit einer Formulierung, wie sie einem exakten Wissenschaftler angemessen ist: »Grundsätzlich ist anzumerken, dass statistische Betrachtungen (auch diese) keinen Beweis für einen *physikalischen* Zusammenhang zwischen korrelierenden Daten (hier: die Punkte auf der Scheibe und die Sterne am Himmel) liefern. Man kann sie aber im Kontext als Indiz betrachten: Wenn auf der Sternenscheibe der Mond auftritt, dann können die kleinen, runden Punkte durchaus als Sterne interpretiert werden. Hier ergibt diese Betrachtung zusammen mit der der Mondwenden ein stimmiges Bild.«

Hunderttausende Felsbilder in den Alpen

Als Gegen Ende des Mittelalters Europa begann, aus seiner fast tausendjährigen Ära düsteren Aberglaubens und der Negation nahezu aller Wissenschaften herauszuwachsen, knüpfte es zunächst ausschließlich an Wissensinhalte an, die von den islamischen Ländern aus über Sizilien und Süditalien und vor allem über Südspanien auf den Kontinent gelangten. So ist es nicht verwunderlich, dass die erste Gelehrtensprache überall im nachmittelalterlichen Europa Arabisch war. Doktoren, Professoren und Forscher publizierten ihre Arbeiten in dieser Länder übergreifenden akademischen Lingua franca.

Das war dem Vatikan ein Dorn im Auge und es gelang ihm durch seinen immer noch übermächtigen Einfluss, in den meisten mitteleuropäischen Ländern für wissenschaftliche Arbeiten verpflichtend Latein als Arbeitssprache einzuführen und Publikationen in Arabisch unter Todesstrafe zu stellen.

Gegen den Willen der Gelehrten wurde so Latein für viele Jahrhunderte Europas Kultursprache. Im Grunde war das ein ziemlich ironischer Treppenwitz der Weltgeschichte, denn gerade das alte Rom hatte zwar als reiner Macht- und Militärapparat infrastrukturell vorübergehend viel Großes auf die Beine gebracht, aber kulturell allenfalls griechisches Wissen mehr schlecht als recht adaptiert, ohne selbst viel Neues dazu beizutragen. Welche antiken römischen Wissenschaftler hätte es gegeben, die sich mit den alten Griechen messen konnten?

Rom beging vielfachen Völkermord

Schlimmer noch: Rom förderte keine Kultur, sondern vernichtete sie und scheute dabei selbst vor systematischem Völkermord nicht zurück. Nicht nur die altgriechische Kultur fiel dem Römischen Reich zum Opfer. Dem Reich der Punier oder Karthager ging es nicht besser, und auch weite Gebiete des alten keltischen und germanischen Kulturkreises mussten daran glauben. Kein Wunder, dass nach dem Untergang des Römischen Reichs die noch Überlebenden der jahrhundertelangen großeuropäischen Unterjochung so schnell wie möglich die römische Infrastruktur, allem voran die Fernstraßennetze, gründlich zerstörten. Römische Kultur gab es nicht zu vernichten, denn dieses Reich hatte allenfalls Luxus und Prahlerei hervorgebracht. Dass sich die Kurie dennoch auf vorgebliche römische Kultur als eines der beiden großen Leitbilder der Renaissance einschwor, entbehrt aus heutiger Sicht zumindest sprachgeschichtlich nicht einer gewissen Komik. So sprechen unsere Naturwissenschaftler noch heute von den »lateinischen Namen« von Pflanzen und Tieren, doch in Wirklichkeit sind sie zum allergrößten Teil griechischen Ursprungs. Dies gilt auch für die meisten Fremdwörter in unserer Sprache.

Am schlimmsten und zugleich am nachhaltigsten litt unter den antiken Globalisierungsbestrebungen Roms der Alpenraum. Hier gab es vor dem Auftreten der römischen Soldateska kein widerstandsfähiges größeres Staatsgebilde, hier hatte sich in langen Zeiträumen eine Vielzahl kleiner und kleinster Völker und Stämme herausgebildet, da viele inneralpine Tal- und Beckenlandschaften durch hohe Berge voneinander getrennt sind und damit besonders im Winter die einzelnen Ethnien voneinander oft völlig isoliert lebten.

Als kurz vor Anbruch des 2. Jahrhunderts v. Chr. die ersten römischen Legionäre in die Alpentäler einmarschierten, lebten hier noch rund 50 verschiedene Völker. Und als dann im Jahre 6 v. Chr. Kaiser Augustus die Alpengebiete unterjocht hatte, baute man ihm, gleichsam als Hohn für die Besiegten, in den Seealpen, hoch über der Côte d'Azur bei La Turbie, ein gigantisches, festungsartiges Triumphmal. In diesem Monument erinnerte eine Gedenktafel an die »rühmlichen Taten« des Monarchen:

»Dem Kaiser, dem Sohn des göttlichen Augustus, Pontifex Maximus, Imperator XIIII, Tribun XVII, der Senat und das römische Volk, weil durch dessen Befehl und Führung alle Völker der Alpen vom oberen bis zum unteren Meer der Herrschaft des römischen Volks unterworfen wurden. Dies sind die besiegten Völker der Alpen: Triumpilini, Camuni, Vennotes, Vennonetes, Hisarci, Breuni, Naunes, Focunates, Vindelicorum Gentes IIII, Consuanetes, Virucinates, Livcates, Cattenates, Abisontes, Rugusci, Suanetes, Collucones, Brixentes, Lepontii, Viberi, Nantuates, Seduni, Varagri, Salassi, Acitavones, Medulli, Ucenni, Caturiges, Brigiani, Sontiontii, Ebroduntii, Nemaloni, Edennates, Esubiani, Veamini, Gallicae, Triulatti, Ectini, Vergunni, Eguituri, Nementuri, Oratelli, Verusi, Velnani, Suetri.«

Die Liste ist übrigens nicht komplett. Völker wie die Bernenses und die Lepontier fehlen in der Aufzählung.

So gründlich haben die römischen Legionen diese Bergvölker in ihrer Identität vernichtet, dass wir heute von den meisten nicht einmal wissen, wo sie überhaupt genau gelebt haben. Nur von einigen können wir das sagen. So siedelten die Vennotes im Vintschgau, die Vennenotes im Veltlin und die Consuanetes zwischen Inn und Isar. Nicht einmal die Eigennamen der alpinen Völker sind uns erhalten geblieben; lediglich die romanisierten Bezeichnungen kennen wir aufgrund eines Zitats von Plinius dem Älteren, das die Inschrift des Triumphbogens von La Turbie wiedergibt. Das Monument selbst wurde natürlich nach dem Untergang des Römischen Reichs geschleift. Heute erinnert an der viel befahrenen Aussichtsstraße Grande Corniche nur noch eine bescheidene Rekonstruktion daran.

Auch nach dem Zusammenbruch des Cäsarenreiches Ende des 5. Jahrhunderts konnten sich die Alpenvölker nicht mehr erholen. So kommt es, dass wir heute über die inneralpine Kulturgeschichte zwischen diesem Zeitpunkt und etwa 1200 kaum etwas wissen. Die Welt sank hier gleichsam in eine prähistorische Phase zurück. Die erste überlieferte Urkunde aus dem Alpenraum der nachrömischen Zeit stammt aus dem Jahre 1198 – ein Dokument, das Salzsiederechte in Hallein belegt.

Kaum Vorzeitforschung im Alpenraum

Vor der römischen Eroberung gab es keine reguläre Schriftkultur im Alpenraum. Lediglich einige wenige Felsgravierungen mit buchstabenähnlichen Symbolen, die sich als Vorgänger einer Schrift deuten lassen, liegen uns vor. Die Römer selbst überlieferten uns ebenfalls so gut wie nichts über die Kulturen der von ihnen niedergemachten alpinen Ethnien. Die frühe Kulturgeschichte des Alpenraumes blieb in der Forschung ein Stiefkind. Erst ab etwa 1960 begannen einige Forscher, sich um dieses Gebiet zu kümmern. Zumeist waren das in den verschiedenen Alpenregionen ansässige Lehrer, Historiker und andere Intellektuelle, die lokal begründetes Interesse zeigten. Fast immer stellte sich heraus, dass die einzigen in größerem Umfang verfügbaren authentischen Quellen Felsbilder sind. Bei deren Bearbeitung zeigen sich aber gleich vier erhebliche Probleme:

- Die Alpen waren, als die Felsbilder entstanden, alles andere als ein einheitlicher Kulturkreis. Entsprechend divergieren die Petroglyphen in Stil, Ausführung, topografischer Anbringung und natürlich in ihren Inhalten.

- Die meisten alpinen Felsbilder finden sich an heiligen Orten der Natur, etwa an Quellen, in engen Tälern und Schluchten, an einsamen Felswänden oder gar in Hochgebirgskaren. Sie lassen sich nicht unmittelbar mit Siedlungen in Verbindung bringen und deshalb nur in den seltensten Fällen sicher datieren.

- Stilvergleiche, die einer relativen Datierung (im Sinne von früher und später) dienlich wären, sind nur an einigen wenigen, sehr großen Felsbildstellen möglich, denn innerhalb der meisten in sich geschlossenen kleinen Fundstellen variiert der Stil gar nicht und untereinander lassen sich verschiedene Stellen nur dann vergleichen, wenn sie örtlich und damit kulturell nahe benachbart sind.

- Weil die Bilder durchweg sehr abstrakt und oft rein symbolhaft gehalten sind, ist es schwer, die Inhalte zu begreifen, zumal wir über die begleitenden Kulturen kaum etwas wissen.

Andererseits ist der Umfang des vor allem in den letzten Jahrzehnten entdeckten Felsbildinventars enorm. Wir können heute von Hunderttausenden ausgehen. Allein im Gebiet des Val Camonica in den Brescianer Alpen sind derzeit mehr als 100 000 einzelne Gravierungen bekannt. Und beinahe täglich werden neue entdeckt.

Es ist viel zu früh, ein Gesamtbild der Petroglyphen der Alpen zu zeichnen. Allenfalls eine Inventarliste ist derzeit möglich, die eine Übersicht darüber liefert, was es in dieser Hinsicht im Alpenraum gibt. Hier sei ein Versuch gewagt, etwas Ordnung in die Vielfalt zu bringen.

Das Vallée des Merveilles am Mont Bégo

»Heiliger Berg« nennen die Ligurer den oft schneebedeckten, fast 3000 Meter hohen Mont Bégo in den Seealpen zwischen Nizza und dem Col de Tende. Zu seinen Füßen, in einer unwirtlichen Landschaft aus rötlichen Felsblöcken und -platten, liegen das Vallée des Merveilles (»Tal der Wunder«) und ein paar Nachbartäler, flache Hochgebirgsmulden in einer durchschnittlichen Höhe von 2500 Metern. Seit dem 17. Jahrhundert sind hier Felsgravierungen aus grauer Vorzeit bekannt.

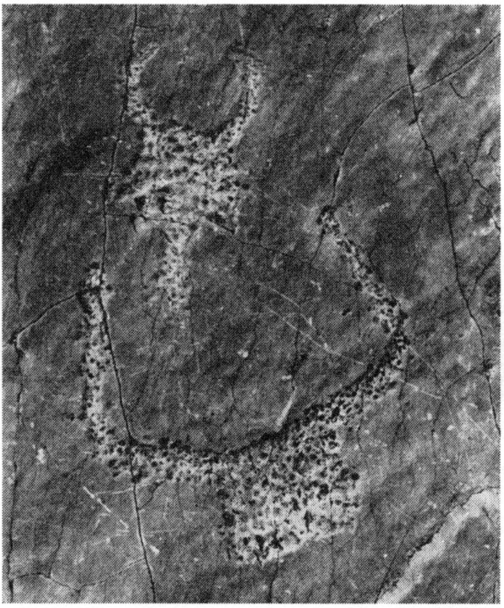

Das verbreitetste Motiv unter den Felsbildern am Mont Bégo sind die »Bukranien«, die Ochsenschädel. Sie zeigen gut den Übergang von der naturalistischen Form zum reinen Symbol, zum Zeichen.

Als erster Forscher widmete sich ihnen Anfang des 20. Jahrhunderts der Engländer Charles Bicknell. Während man um 1960 das Gesamtinventar auf 40 000 bis 60 000 Gravierungen schätzte, wissen wir heute, dass es im Umfeld des »Heiligen Berges« rund 200 000 Felsbilder gibt. Etwa die Hälfte davon sind »Bukranien«, stark stilisierte Ochsenschädel mit langen Hörnern. Andere Petroglyphen zeigen verschiedene Waffen, darunter dreieckige Dolche, netz- und schachbrettartige Strukturen und verschiedene auf das Wesentliche reduzierte Tiere. Nur wenige Darstellungen weichen von diesen Grundmotiven ab: ein pflügender Bauer, ein »Tänzer« und eine »Tänzerin«, ein streng geometrisches Gesicht, das als »Christus« bekannt wurde, mehrere Gestalten mit hellebardenartigen hoch erhobenen

Waffen. Am berühmtesten sind die suggestiv wirkende Fratze des »Zauberers« und eine abstrakte langgestreckte Figur, die die Wissenschaftler »Stammeschef« titulierten, die aber wohl einen Schamanen darstellt.

Die Felsbilder sind die einzigen prähistorischen Funde in der rauen, von Gletscherschliffen geprägten, imposanten Bergödnis. Weder Siedlungsreste noch Spuren der Werkzeuge, mit denen die Bilder in den Fels gepunzt wurden, lassen sich finden. Das spricht dafür, dass für die alten Ligurer, die hier wahrscheinlich während der Bronzezeit und bis zum Beginn der Eisenzeit die Felsbilder schufen, die hochalpine Wildnis zu Füßen des heiligen Berges ein reiner Kultplatz war, der nicht mit Alltäglichem verunreinigt werden durfte. Aber über den Inhalt der religiösen Handlungen, die hier vollzogen wurden, wissen wir nichts. Manche Bilder erinnern an die antiken Stierkulte von Kreta, aber selbst das ist nichts als eine vage Vermutung.

Val Camonica

Vom Fuß des Adamello-Hochgebirgsstocks zog sich während der Eiszeit eine lange Gletscherzunge hinab bis in die Poebene und schliff das anstehende Urgestein zu glatten Tafeln. Heute heißt das Tal »Val Camonica«. Hier lebte ab dem 2. Jahrtausend v. Chr. das Volk der Camuni und schuf »das großartigste ›Stadtarchiv‹ der Weltgeschichte«, wie es der österreichische Felsbildforscher Franz Wollenik einmal nannte. Die Camuni kannten keine Schrift und ritzten die Geschichten ihres Alltagslebens in Form von Symbolen in die glatten Felswände im großen Umfeld des heutigen Ortes Capo di Ponte.

Professor Emanuele Anati, der sich jahrzehntelang um die Erforschung und den Schutz der erst seit 1930 bekannten Petroglyphen kümmerte, sprach schon um 1970 von wenigstens 30 000 Bildern. Heute wissen wir, dass es wohl eher 100 000 sind.

Die Bilder zeigen Jäger auf der Pirsch und mit ihrer Beute, kämpfende Krieger und pflügende Bauern, Tierfallen, Waffen,

Hütten, Webstühle und Ochsenkarren und immer wieder Tiere und Menschen. Es fehlt aber auch nicht an sakralen Szenen und an geometrischen Symbolen, darunter Labyrinthe und Sonnenscheiben mit Strahlen (s. S. 304).

Die Petroglyphen des Val Camonica illustrieren vielfach das alltägliche Leben.

Zeitlich lassen sich vier verschiedene Stilepochen unterscheiden: Die älteste reicht bis etwa 2260 v. Chr. in die Jungsteinzeit zurück. Die jüngste endet mit der römischen Invasion im Jahre 16 v. Chr. Ab dem 6. Jahrhundert v. Chr. sind etruskische Einflüsse unverkennbar, was Schriftzeichen und die Abbildung etruskischer Krieger beweisen – die wegen ihrer den Archäologen seit Langem bekannten Rundhelme von Däniken sogleich zu außerirdischen Besuchern in Astronautenanzügen umfunktionierte.

Im Val Camonica vermochten die Römer übrigens die alten Traditionen nicht völlig auszulöschen, sodass nach ihrem Abzug die einheimische Bevölkerung das Felsbildgravieren in bescheidenem Umfang wieder aufnahm und noch bis ins Mittelalter hinein fortführte. Zeichnungen von Burgen, Kreuzen und Schlüsseln entstanden vereinzelt auf den Felsen. Aber endlich siegte die christliche Kirche über das Heidentum und das Val Camonica erhielt für lange Zeit den Beinamen »Tal der Ketzer«.

Auch heute noch gilt unverändert die Aussage Professor

Anatis: »Durch den realistischen Charakter der Figuren ist vorauszusehen, dass das Val Camonica Aufschluss geben kann über andere Gruppierungen von Felszeichnungen in Europa. Nach gründlichem Studium wird diese Zone sogar die Lösung für viele europäische Probleme der prähistorischen Zeit bringen.« Das Zitat stammt zwar schon aus den 1970er Jahren, die Erwartungen Anatis haben sich jedoch bis heute noch nicht erfüllt. Das Hoffen aber bleibt, denn noch längst sind die Forschungsarbeiten im Val Camonica nicht abgeschlossen.

Andere Felsbilder in den Südalpen

Neben den großen Petroglyphenzentren am Mont Bégo und im Val Camonica gibt es zahlreiche kleine Fundplätze mit jeweils nur einem oder nur wenigen Felsbildern. Nicht alle sind deshalb aber unbedeutend, denn viele von ihnen zeigen Figuren oder Symbole, die für diese Orte typisch und anderswo kaum zu finden sind, wie etwa die steinernen Landkarten im Valle Germanasca im Hochgebirge westlich des Aostatals (s. S. 118).

Auf einer vom früheren Eisackgletscher glatt polierten und rund 15 000 Quadratmeter großen Felsplatte auf der Tschötscher Heide oberhalb von Brixen finden sich rund zehn Gruppen einmaliger Felsgravierungen. Sie zeigen ausschließlich quadratische Formen wie das Mühlesymbol (s. S. 127). Aber die Symbole stehen nicht isoliert da, sondern bilden in ihrer Gesamtheit ein Szenario, das der heutige Besucher weit eher emotional als rational erfassen kann. Der Platz hat eine tiefe Ausstrahlung einer uns heute fernen Religiosität, die sich nur schwer in Worte fassen und schon gar nicht logisch beschreiben lässt.

Erst seit den späten 1970er Jahren bekannt ist die »Acropolis von Castelfeder« südlich von Bozen. Auf einem blank gescheuerten Quarzporphyrfelsen gibt es hier am Talrand gegenüber dem Weinort Tramin eine einzelne merkwürdige Felsgravierung, deren Patina darauf schließen lässt, dass sie einige Jahrtausende alt ist. Sie zeigt einen ovalen Doppelring, in dem ein stilisiertes Gesicht oder eine Maske eingegraben ist. Außerhalb des Ringes wollen französische Felsbildforscher zwei stark »reduzierte« Sexsymbole sehen, das eine in Form zweier kurzer paralleler Striche, das andere in Gestalt eines kleinen Andreaskreuzes. Hinsichtlich des Ursprungs und der Bedeutung dieser Figur tappen die Wissenschaftler aber noch völlig im Dunkeln.

Ein größerer heiliger Bezirk jungsteinzeitlicher Felskunst liegt oberhalb des Örtchens Algund bei Meran in steilem Felsgelände. Hier entdeckten einheimische Forscher nicht nur Petroglyphen an gewachsenen Felsen, sondern auch auf einigen Dutzend kleiner Menhire und Opfersteine. Sie zeigen Näpfchen (s. S. 114 ff.), Dolche, Äste, Kreuzzeichen, Kreise, Spiralen und andere Symbole. Das Gelände, über das sich die Funde erstrecken, veranlasste den Brixener Heimatforscher Hans Fink, von einer ganzen »Steinzeitstadt« zu sprechen.

Ein geradezu klassisches Repertoire steinzeitlicher Symbolformen findet sich in dem erst um 1980 entdeckten Felsbildrevier zwischen Malcesine und Garda am Ostufer des Gardasees zu Füßen des Monte Baldo. Die von Eiszeitgletschern polierten Felsen weisen eine große Vielfalt an Petroglyphen auf: Radkreuze, Dutzende von Mühlesymbolen, Hände, stark stilisierte Regenwolken, Strichmännchen und mit wenigen Strichen angedeutete Tiere, Schlangenlinien, Reiter, Sonnenscheiben, Labyrinthe und komplexere geometrische Muster.

Der Entdecker dieser Petroglyphen, M. Pasotti, nennt diese Bilder nach einem alten Namen des Gardasees (Lacus benacus) »benacenische Bilder« und sieht in ihnen eine »tausendjährige Manie des Menschen, etwas auszudrücken, eine Idee mitzuteilen, einen Gedanken, einen Geisteszustand, ein Beispiel zu geben.«

Eine der eigentümlichsten Felsbildstätten der gesamten Alpen entdeckte durch puren Zufall 1965 der Schweizer Forstingenieur Peter Brosi auf der Alm Carschenna unweit der Gemeinde Sils mitten im Kanton Graubünden unter Moos und

Humus, als er dort nach einem geeigneten Vermessungspunkt suchte. Auf zehn großen Felsplatten fand er komplexe Szenarien aus unzähligen Näpfchen, umgeben von jeweils zahlreichen konzentrischen Kreisen (s. S. 118). Das Frappierende daran ist ihre Verwandtschaft mit sehr ähnlichen Gruppierungen von konzentrischen Kreisfiguren bei Derrynablaha in Irland. Von den 16 festgestellten irischen Grundformen kommen nicht weniger als 13 auch in Carschenna vor! – Welche Darstellungen sind älter? Wo liegen die Wurzeln? Wir wissen es nicht.

Felsbilder der nordöstlichen Kalkalpen

In den letzten Jahrzehnten setzte, ausgehend von Felsbildforschern und Prähistorikern im österreichischen Hallein, eine wahre Flut neuer Entdeckungen von Petroglyphen auch in den nordöstlichen Kalkalpen ein, und zwar vorwiegend im Salzburger und Berchtesgadener Land. Glaubte man noch Mitte des 20. Jahrhunderts nur an die Existenz von einigen wenigen vor- und frühgeschichtlichen Felsbildern in dieser Region, so gilt sie heute neben dem Mont-Bégo-Gebiet und dem Val Camonica als drittes bedeutendes Petroglyphen-Zentrum der Alpen. Die Bilder verteilen sich hier auf über ein Dutzend Fundstellen in verschiedenen Gebirgsmassiven und finden sich an den senkrechten Wänden enger Schluchten ebenso wie auf flachen Platten in Hochalmregionen und immer wieder in der Nähe von Quellen.

Vor allem die letzten drei Jahrzehnte haben leider gezeigt, dass es nicht ratsam ist, einem größeren Publikum die genauen Orte dieser Bilder mitzuteilen, denn alle Fundstellen, für die das geschah, sind heute teils gravierend dem Vandalismus von Touristen zum Opfer gefallen. Dass Figuren mit Kreide nachgezeichnet wurden, um sie besser fotografieren zu können, ist noch das geringste Übel. Vielerorts aber wurden die Bilder einfach übermalt, mit zusätzlichen primitiven Bildchen ergänzt oder auch mit Initialen, den Herzzeichen Verliebter und anderen Dokumenten von Kulturbanausentum verziert. Ich werde deshalb die Standorte nur grob angeben:

- die Kienbachklamm bei Ischl im Salzkammergut,
- die Notgasse am Großen Dachstein,
- das Mausabendloch bei Gröbning im Ennstal,
- die Helmut-Adler-Felsen bei Lofer,
- die Lenzenschlucht in der Nähe von Lofer,
- die Osterhorn-Gebirgsgruppe an der Ostseite des Salzachtals,
- die Höll im Toten Gebirge,
- die Schneidwand im Lattengebirge,
- das Hagengebirge zwischen Königssee und Bluntautal mit mehreren Fundstellen,
- der Speckstein bei Ruhpolding.

Von allen alpinen Felsbildern sind zweifellos jene der nordöstlichen Kalkalpen die jüngsten. Ihre frühesten reichen gerade mal in die Zeit der Hallstatt-Kultur zurück, in jene Epoche zwischen 700 und 450 v. Chr. also, in der die Kelten der jüngeren Eisenzeit das Salz der Berge abbauten. Die Illyrer, wie man diese Volksgruppe nennt, kamen wahrscheinlich vom Balkan her in das Salzburger Land. Aber es ist durchaus noch nicht sicher, ob sie auch die Felsbilder ritzten, denn man hat im nordöstlichen Alpenraum auch etruskische Inschriften gefunden.

Manche Felsritzungen in dieser Region zeigen aber auch Ähnlichkeiten mit geometrischen Vasenmalereien der schon einige Jahrhunderte älteren Urnenfelderkultur aus der Ära der großen Völkerwanderung.

Aber nicht nur vorgeschichtliche Gravierungen gibt es im bayerisch-salzburgischen Raum. Die Tradition des Felsenritzens hörte hier um die Zeitwende nicht auf, sondern lebte durch das ganze Mittelalter hindurch fort und erhielt sich mancherorts sogar noch bis ins 16. Jahrhundert.

Natürlich änderten sich dabei die Motive kontinuierlich. Es

begann mit den uralten heiligen geometrischen Zeichen: Kreuzen und Radkreuzen, konzentrischen Kreisen, Spiralen, einfachen Schalen, Leitern und Mühlebrettern. Später gesellten sich Hakenkreuze und Pentagramme hinzu, dann christliche Kreuze und mehr und mehr figürliche Abbildungen von Tieren, Menschen, Reitern, Soldaten mit langen Lanzen und Harnischen. Hier und da finden sich Inschriften in etruskischen Lettern, die von Opfergaben an Quellheiligtümern berichten.

»In der Höll« heißt ein Felsbildplatz im Toten Gebirge. Hier haben die Petroglyphen magischen, beschwörenden Charakter.

Es ist ein Freilandgeschichtsbuch, das in den Nordalpen insgesamt mehr als zwei Jahrtausende umfasst, und es ist deshalb so faszinierend, weil es sich dabei um jene Periode zwischen etwa 700 v. Chr. und 1600 n. Chr. handelt, die anderenorts in Europa durch Felsbilder nicht abgedeckt wird. Was bleibt, ist die große Herausforderung und die mühselige Arbeit, dieses Geschichtsbuch zuerst als Ganzes zu erfassen und danach Schritt für Schritt zu enträtseln.

Geister verunsichern Südeuropa

Anfang des 17. Jahrhunderts verfasste der berühmte spanische Theaterdichter Lope de Vega die Komödie *Las Batuecas del Duque de Alba*. In diesem Bühnenwerk ist von abstrakten Bildern die Rede, die sich irgendwo in der Landschaft Südostspaniens an Felswänden finden. Doch es sollte noch eine ganze Weile dauern, bis man sich auf die Suche nach ihnen begab.

Abbé Breuil reist in die Sierra Morena

Der junge französische Abbé Henri Breuil, der ab 1902 begann, sich mit den altsteinzeitlichen Bildern in der spanischen Höhle Altamira und in den Folgejahren auch mit Bilderhöhlen in seinem Heimatland zu befassen, entwickelte sich schnell zum Felsbildexperten. 1912 besuchte Breuil zusammen mit seinem französischen Kollegen Louis Siret und dem spanischen Felsbildforscher Aguiló Juan Cabré eine Aufführung von Lope de Vegas Theaterstück und erfuhr dabei, dass es offenbar auch in Südspanien prähistorische Felskunst gibt und das sogar unter freiem Himmel. Bisher kannte man überhaupt nur Höhlenbilder aus der Steinzeit. Die drei Forscher reisten noch im selben Jahr in die Sierra Morena und fanden mithilfe von Hinweisen durch die einheimische Landbevölkerung auch ohne Schwierigkeiten die Felsbilder von Fuencaliente, Ciudad Real.

Eine zweite Reise im selben Jahr, bei der die Experten Hugo Obermaier und Paul Wernert Breuil begleiteten, ergab eine Fülle neuer Bilderfunde in der Sierra Morena. Jahr für Jahr kam Breuil wieder nach Südspanien und jedes Mal war die Ausbeute reich. Schon bald wussten die Wissenschaftler von Felsbildern in den Provinzen Albacete, Alicante, Valencia, Burgos, Oviedo, Malaga und Granada. Bald beschäftigten sich auch spanische Forscher mit dem Thema und die erfolgreiche Suche setzte sich bis in die 1960er Jahre fort.

Die ersten abstrakten Bilder der Weltgeschichte

Die Bilder unterscheiden sich ganz erheblich von den vor 1912 bekannten Höhlenmalereien und -gravierungen aus der Eiszeit. Jene waren im Großen und Ganzen naturalistische Tierdarstellungen. Die südspanischen Bilder hingegen präsentieren sich nicht nur in offener Landschaft, sie sind auch in einem völlig anderen Duktus gemalt. Sie geben sich stark stilisiert und oft auch vollkommen abstrakt. Und auch die Motive der Malereien sind grundlegend andere. Zwar sind auf diesen Felsbildern hin und wieder auch noch Tiere zu sehen, aber sie werden nicht mehr statisch präsentiert, sondern rennen oder fliehen in großen Sätzen, verfolgt von Gruppen leichtfüßiger Jäger mit Speeren oder mit Pfeil und Bogen. Vereinzelt sind auch andere Alltagsszenen dargestellt, etwa Frauen, die aus einem bienenumschwärmten Loch Honig herausgreifen.

Neben stark stilisierten Szenen aus dem Leben der Jäger und Sammler zeigen die levantinischen Felsbilder Spaniens vielfach völlig abstrakte Zeichen wie hier in der Cueva de Los Letreros in Andalusien. Viele davon symbolisieren Menschen und Geister.

Die weitaus meisten südspanischen Bilder aber sind abstrakte Darstellungen von Menschen, die manchmal bis auf minimale geometrische Zeichen reduziert sind. Daneben tauchen immer wieder Geistergestalten auf, bedrohliche Wesen ohne Kopf oder mit langen Hörnern und Sicheln in beiden Händen, Strichfiguren mit mehreren Armpaaren oder nicht einzuordnende Wesen mit einer Fülle stark stilisierter magischer Utensilien.

Gemalt sind die Bilder in Rot-, Braun-, Ocker- und Gelbtönen und manchmal auch völlig weiß, sie sind aber niemals bunt, sondern immer einfarbig. Die gelegentlich recht feinen Linien im Verbund mit dem generell eher plakativen Farbauftrag zeigen, dass die Künstler dieser Zeit Pinsel verwendet haben müssen. Die Farben selbst sind mineralische Pigmente, angerührt mit tierischem Fett oder Öl. Ganz unbeschadet haben sie die Jahrtausende allerdings größtenteils nicht überdauert.

Zeitgenossen der Dolmen und Ganggräber

Wegen der organischen Farbbindemittel ließen sich manche der Felsbilder recht zuverlässig mit der Kohlenstoff-14-Methode datieren. Ihre Entstehung umspannt viele Jahrhunderte. Die frühesten reichen offenbar in den Beginn des 5. vorchristlichen Jahrtausends zurück. Die jüngsten stammen aus der Zeit um 1350 v. Chr. und entstanden also etwa zeitgleich mit den Megalithbauten, vor allem den Dolmen und Ganggräbern in Spanien. Es muss auch tatsächlich eine Verbindung zwischen beiden gegeben haben, denn manche Megalithen weisen ähnliche Bilder auf wie die bemalten Felswände. Vor allem das Ganggrab Dolmen de Soto bei Huelva zeigt an seinen Tragsteinen stilistisch mit den Felsbildern nahe verwandte Geisterdarstellungen.

Die Petroglyphen sprechen eine äußerst beredte Sprache. Sie verdeutlichen, dass sich die Menschen, die sie malten, weitaus stärker mit metaphysischen Fragen auseinandersetzten als die Jäger der Altsteinzeit vor ihnen. Aber woher kam das neue Gedankengut? Einer der Ersten, der versuchte, darauf eine schlüssige Antwort zu geben, war in den 1970er Jahren der bedeutende Felsbildexperte Herbert Kühn. Er stützte sich auf die folgenden Fakten:

- Ausgrabungen der Megalithzeit und damit zugleich der Felsbilder in Spanien ergaben eine Vielzahl kleiner steinerner Idolfiguren, die durchaus in das Stilempfinden dieser Epoche passten. Es sind menschenförmige Statuetten, die aber ganz und gar nicht naturalistisch gestaltet sind, sondern stark abstrahiert. Man könnte sie fast kubistisch nennen. Sie haben flache, rechteckige Körper ohne Gliedmaßen und einen ohne Hals aufgesetzten ebenfalls rechteckigen Kopf, der manchmal höher als breit, manchmal breiter als hoch und manchmal völlig quadratisch ausfällt. Eingeritzt sind in diese Figurinen geometrische Zeichen, etwa Linien oder Reihen von Dreiecken. Das Gesicht beschränkt sich manchmal nur auf zwei kreisförmige Augen oder es zeigt zusätzlich noch eine T-förmige Struktur, die Augenbrauen und Nase zusammenfasst.

Sehr ähnliche abstrakte Idolfiguren erscheinen in der Zeit zwischen 2500 und 1200 v. Chr. auch im östlichen Mittelmeerraum, besonders in Troja. Wahrscheinlich hatten sie ihrerseits ältere Vorbilder in Kleinasien oder Mesopotamien.

- In der spanischen Bronzezeit, der Epoche der sogenannten Alcalá-Kultur, gab es in zwei zeitlich getrennten Abschnitten einen lebhaften Handel mit den mesopotamischen Reichen. Schon zwischen 4000 und 2350 v. Chr. gelangten Kupfergegenstände aus Spanien in den Vorderen Orient. Dann eroberte Sargon I. von Akkad das alte Sumerische Reich und der Kupfer- und Zinnbergbau in Spanien verfiel vorübergehend. Das änderte sich wieder, als um 2200 v. Chr. das neue Sumerische Reich erblühte. In diese zweite Epoche fallen die wichtigsten südspanischen Felsbilder. Im Vorderen Orient gelangten zeitgleich die vier großen Reiche von Mitanni, Ägypten, Babylonien und Assyrien zu Macht und Einfluss. Erst Mitte des 14. Jahrhunderts v. Chr. brach der Handel zwischen Spanien und dem östlichen Mittelmeerraum wieder ab.

Wie selbstverständlich ging Kühn davon aus, dass die neuen religiösen Gedanken aus dem Orient in das zuvor noch altsteinzeitlich orientierte Spanien getragen wurden und mit ihnen die Megalithkultur und der abstrakte Stil der Felskunst. Er vertrat die Auffassung, dass der orientalische Jenseits- und Geisterglaube die alten schamanisch geprägten Jägergesellschaften in Spanien abgelöst habe.

Zunächst scheint das plausibel. Aber bei näherem Hinsehen stellt sich eine Reihe wichtiger Fragen. Wenn sich im südlichen Spanien in den Grabungshorizonten der Bronzezeit Idolfiguren finden lassen, die denen in Troja, Kleinasien und Mesopotamien ähneln, dann kann es natürlich sein, dass sie auf dem Handelsweg nach Spanien gelangten und gar nicht in Spanien selbst produziert wurden. Sie gelten allerdings als stilistisch verwandt mit manchen Bildern auf Megalithbauwerken. Während aber Kühn noch die Meinung vertrat, die Megalithkultur sei aus dem östlichen Mittelmeerraum nach Europa gekommen, gilt dies heute ganz und gar nicht mehr als gesicherte Erkenntnis. Manche Experten sehen die Wurzeln der Großsteinkultur auf den Britischen Inseln, viele im westlichen Spanien und in Portugal.

Woher kamen die Geister?

Aber noch eine Frage ist gravierend: Wenn die Bronzezeitspanier religiöse Vorstellungen aus dem Vorderen Orient übernommen haben sollten, warum bildeten sie dann keine ägyptischen oder sumerischen Gottheiten ab, sondern Geisterfiguren, die sich in dieser Form nirgendwo im Mittleren Osten nachweisen lassen?

Die Hypothese Kühns, die noch heute in den meisten Werken über die Felsbilder des südspanischen Raumes vorherrscht, ist infrage zu stellen, was wiederum den Isolationisten entgegenkommt, jenen Prähistorikern, die davon ausgehen, dass sich Kulturen immer an Ort und Stelle entwickeln und nicht durch Übertragung von Kulturgut aus anderen Kulturen geprägt werden. Im

Magisch mutet dieser Zug von Jägern mit Pfeilen und Bögen an einer Felswand der Gasullaschlucht bei Castellón an.

Kapitel »Diffusion kontra Isolation« (s. S. 171 ff.) ist davon ausführlich die Rede.

Nicht wenige Felsbildforscher unserer Tage sehen deshalb in den spanischen »pinturas rupestres« eine eigenständige, lokale Entwicklung. Das führt aber zu neuen Problemen, denn wenn das in der spanischen Bronzezeit völlig neu entstandene religiöse Weltbild nicht von irgendwoher importiert oder zumindest inspiriert wurde, wie und warum hat es sich dann überhaupt entwickelt? Wir haben bisher darauf keine Antwort.

Man könnte das Geschehen allerdings in einem größeren Zusammenhang sehen, denn etwa zur gleichen Zeit tauchen auch in Südfrankreich (Mont Bégo) und an vielen Stellen der norditalienischen Alpen stilisierte und abstrakte Felsbilder und auch zum Teil solche mit Geisterbildern auf, die sich allerdings stilistisch deutlich von den spanischen unterscheiden.

Allenfalls über den emotionalen Hintergrund der spanischen Felsbilder lässt sich einiges sagen. Die Bilder lassen eine tiefe Verunsicherung der Menschen erkennen, die sie an die Felswände pinselten. Die Bilder zeigen Geister, Schreckgestalten und Dämonen. Der abstrakte Stil beweist, dass man sich in seiner alltäglichen Umwelt nicht mehr so recht wohlfühlte. Hinter der rein naturalistischen Fassade steckt mehr: Manisches, Geheimnisvolles, Bedrohliches.

Dieses neue Weltbild lässt sich mit dem Übergang vom Jäger und Sammler zum sesshaft gewordenen Ackerbauern allein nicht erklären, denn dieser Wandel vollzog sich schon früher in der Jungsteinzeit und fand seinen Ausdruck allenfalls in den ältesten südspanischen Bildern, die stark stilisierte Tiere zeigen, aber noch keine abstrakten Figuren.

Was letztlich wirklich zum neuen kulturellen und religiösen Selbstverständnis der spanischen Levantine-Künstler führte, ist eine heute wieder offene Frage.

Eine altsteinzeitliche Bildergalerie und ein Regierungsskandal

Offene Fragen resultieren nicht immer nur daraus, dass es schwer ist, sie zu beantworten. Es kommt auch vor, dass die Fragen noch zu jung sind und die Zeit bisher nicht gereicht hat, sie wissenschaftlich eingehend zu untersuchen. Um einen solchen Fall handelt es sich bei Felsbildern im Norden Portugals.

Angefangen hat die ganze Geschichte eigentlich schon 1949, als die Kraftwerksgesellschaft Hidroeléctrica do Côa der portugiesischen Regierung einen Plan zur Erschließung des Côa-Flussbeckens vorlegte. Die Mühlen der Behörden mahlen langsam, aber zehn Jahre später liegt der lokalen Gesellschaft ein Papier vor, das ihr die Rechte zur Wasserkraftnutzung in der gesamten Region einräumt. Zu dieser Zeit will das kleine Unternehmen sie aber gar nicht mehr selbst wahrnehmen, sondern verkauft sie an die überregionale Gesellschaft Hidroeléctrica do Douro. Die erstellt umgehend einen weiteren Erschließungsplan des Côa-Tales zur Nutzung der Wasserkraft. Und wieder mahlen die Mühlen der Behörden langsam. 1977, 1986 und schließlich 1988 kommt es zu Änderungen des Plans. Auch die Hidroeléctrica do Douro verliert schließlich das Interesse und verkauft die Ausbeutungsrechte an die nationale Großgesellschaft EDP, Electricidade de Portugal. Die beschließt 1991, mit dem Bau eines Staudamms zu beginnen, der das malerische Flusstal des Côa in einen künstlichen See verwandeln soll.

Ein Stausee bedroht prähistorische Kunstschätze

Dem allerdings, so will es das Gesetz, muss eine Unbedenklichkeitsstudie bezüglich der Umwelt vorausgehen. Interessanterweise sind daran nicht nur Ökologen und Biologen beteiligt, sondern mit Professor Francisco Sande Lemos auch ein Archäologe. Lemos, der an der Universität von Minho arbeitet, meldet Bedenken an: »Die Wasser des Stausees werden ein ganzes Universum von Strukturen überfluten, die die aufeinander folgenden Abschnitte der regionalen Besiedlung dokumentieren.« Der Professor schlägt deshalb eine minutiöse Untersuchung des betroffenen Talabschnitts auf etwaige Siedlungsspuren hin vor. Das scheint ihm nicht zuletzt deshalb wichtig, weil bereits 1982 in der näheren Umgebung sechs Plätze mit prähistorischen Felsbildern entdeckt worden waren, vier davon mit Malereien und zwei mit Felsgravierungen. Ihre wissenschaftliche Bedeutung ist nicht überragend, denn sie stammen teils aus der Jungsteinzeit und teils aus noch späteren Epochen, und dergleichen Bilder gibt es sehr viele auf der Iberischen Halbinsel.

Die EDP hat also nicht viel zu befürchten und gibt sich in einer öffentlichen Anhörung am 11. November 1991 generös. Sie habe die Verpflichtung, archäologische Zeugnisse zu bewahren, verkündet ein Sprecher, und falls im Überflutungsbereich solche gefunden würden, werde man sie gewissenhaft dokumentieren oder die wichtigsten davon auch bergen und anderenorts aufstellen.

So nimmt denn die Geländeuntersuchung der kaum bekannten Region ihren Lauf. Wie wenig ernst auch Regierungsstellen und selbst das IPPAR, das portugiesische Institut für vaterländische Architektur und Archäologie, die ganze Angelegenheit nehmen, geht schon daraus hervor, dass dieses Institut nur einen einzigen Mitarbeiter mit der Durchführung der Inspektion beauftragt. Doch dieser noch junge Archäologe, Nelson Rebanda, beweist fachliches Format und zugleich persönliche Stärke und Durchsetzungsvermögen. Erst läuft seine Arbeit zwar langsam an, doch als er im Tal dos Moinhos, eines ebenfalls vom Staudammprojekt betroffenen Nebenflüsschens des Côa, altsteinzeitliche Gravierungen von Tieren entdeckt, ist er überzeugt, dass prähistorische Kunstwerke von unschätzbarem Wert bedroht sind. Im Sommer 1994 kommt ihm ein Glücksfall zur Hilfe: Als der Côa sehr niedriges Wasser führt, werden vier Felsen mit weiteren altsteinzeitlichen

Gravierungen frei. Umgehend teilt er seine Funde dem IPPAR und auch der EDP mit und verlangt wiederholt, dass die Kraftwerksgesellschaft den Spiegel des schon existierenden Stausees von Pocinho absenkt, um herauszufinden, ob es noch weitere überflutete Felsbilder gibt. Doch die Gesellschaft weigert sich jedes Mal. Noch im Oktober 1994 wird an dem neuen Staudamm von Foz-Côa fleißig weitergebaut.

Die Schlacht von Côa

Im November entdeckt Rebanda bei Vale de Videiro, Vale de Figueiro und Ribeiro dos Piscos weitere Felsgravierungen. Nachdem das weder die EDP noch die portugiesische Regierung dazu veranlasst, das zerstörerische Projekt wenigstens vorläufig zu stoppen, wendet sich Rebanda an Mila Simões Abreu, ein Mitglied des internationalen Felskunstkomitees und Repräsentantin des Dachverbandes der internationalen Felskunstorganisation. Diese Wissenschaftlerin wiederum informiert die nationale und internationale Fachwelt über die Entdeckungen. Außerdem macht Frau Abreu die Presse mobil. Bald berichten die bedeutendsten Tageszeitungen der Welt, darunter *The Sunday Times*, *The New York Times* und *The Herald International Tribune* über den wissenschaftlichen Skandal in Portugal.

In Lissabon beschäftigt sich jetzt das Parlament mit »der Schlacht von Côa«. Ergebnis: Die Bauarbeiten sollen fortgesetzt werden. Verzweifelt wenden sich die Archäologen an die UNESCO. Der zuständige Repräsentant dieser Weltkulturorganisation, Jean Clottes, bestätigt zwar, dass es sich um »die größte Fundstelle altsteinzeitliche Kunst unter freiem Himmel in ganz Europa, wenn nicht in der ganzen Welt« handelt, ist aber durchaus mit der Überflutung dieser einmaligen archäologischen Dokumente einverstanden. So werden die Felsgravierungen wenigstens vor Vandalismus bewahrt, argumentiert er. Das Klima wird gereizt. Der portugiesische Archäologe Cláudio Torres wirft Clottes vor, dieser vergleiche Portugal mit Burundi oder anderen Entwicklungsländern. Im Januar 1995 fordert das IPPAR eindringlich, die Bauarbeiten am Staudamm wenigstens vorübergehend einzustellen. Die EDP sieht dafür jedoch keinen Anlass und schlägt allenfalls das Verbringen der Bilderfelsen in einen archäologischen Park vor. Das wiederum lehnen die Archäologen ab, denn die Felsbilder ließen sich dann nicht mehr in ihrem topografischen Kontext studieren.

Das Thema eskaliert zum nationalen Skandal, als zahlreiche Studentengruppen mehrere Protestorganisationen gründen und in Demonstrationen für die Felsbilder auf die Straße gehen. Der Slogan »Die Gravierungen können nicht schwimmen« macht die Runde. Das ruft den Präsidenten der Republik, Mário Soares, höchstpersönlich auf den Plan. Er spricht sich für die Erhaltung der Felsbilder, also für einen generellen Baustopp aus. Doch der industriefreundliche Regierungschef Aníbal Cavaco Silva sieht das anders. Er will zumindest vor den Neuwahlen im Oktober 1995 keine Entscheidung treffen. Also gehen die Bauarbeiten zunächst noch ein dreiviertel Jahr weiter. Erst als nach den Wahlen António Guterres das Amt des Premierministers übernimmt, beschert dessen neue Regierung dem Staudammprojekt das endgültige Aus. Die Zukunft der Felsbilder ist sichergestellt.

Die Wurzeln der Eiszeitkunst

Warum sind die Gravierungen im Côa-Tal so bedeutend? – Die Frage lässt sich in einem einzigen Satz beantworten: Die Bilder werfen die gesamten Vorstellungen, die wir uns bisher von der altsteinzeitlichen Kunst und deren Begründung machten, über den Haufen. Völlig neue Denkansätze werden erforderlich.

Um das zu verstehen, müssen wir uns die Geschichte der Erforschung altsteinzeitlicher Kunst vergegenwärtigen. Als 1879 das vierjährige Töchterchen des spanischen Grafen Don Marcelino de Sautuola in einer Höhle in der Nähe von Santillana del Mar bei Torrelavega Malereien von Stieren, Bisons, Pferden und einer Hirschkuh entdeckte, machte das Kind einen der bedeutendsten kunsthistorischen Funde überhaupt. Es entdeckte nicht mehr und nicht weniger als die Bildkunst der Altsteinzeit. Der Graf ließ die in Rot und Ockerfarben gehaltenen und teilweise in die Höhlenwände eingepunzten Bilder von einem befreundeten Geologen, Professor Vilanova, untersuchen, und der stellte fest, dass sie aus der Eiszeit stammen mussten! Die archäologische Fachwelt hüllte sich indes in eisiges Schweigen. Ihrer Meinung nach standen die Menschen der Altsteinzeit kaum über dem Entwicklungsniveau von Tieren. Solche Kunstwerke konnten sie einfach nicht geschaffen haben. Die Vorstellung, es könnte viele Jahrtausende vor der römischen und griechischen Klassik schon vollendete Kunst gegeben haben, war damals ebenso unfassbar wie Galileis Lehre, dass die Erde um die Sonne kreise, zu einer Zeit, in der alle Welt davon überzeugt war, die Erde sei der Mittelpunkt des Universums.

Als dann in den folgenden Jahren Höhlenforscher und Archäologen in Frankreich noch vier weitere Höhlen mit Malereien und Gravierungen aus der Eiszeit fanden, hatte keiner von ihnen mehr den Mut, sich durch eine Veröffentlichung lächerlich zu machen. So blieben die Höhlen Teyjat (entdeckt 1889), La Mouthe (entdeckt 1895), Pair-non-Pair (entdeckt 1896) und Marsoulas (entdeckt 1897), von denen mindestens die zweite und die dritte zu den bedeutendsten Kunstschätzen Europas zählen, der Öffentlichkeit bis nach der Jahrhundertwende unbekannt.

Erst mit der Entdeckung der Bilderhöhle Font-de-Gaume, deren Bilder stellenweise von bis 2 Zentimeter dicken Tropfsteinversinterungen überzogen sind, konnte die archäologische Fachwelt das hohe Alter der Malereien nicht mehr leugnen.

Heute kennen wir in ganz Westeuropa rund 280 Höhlen mit altsteinzeitlichen Malereien und Gravierungen und die Entstehungszeiten der Bilder sind fast durchweg recht gut bekannt. Die Experten unterscheiden verschiedene Stilepochen: das Aurignacien von ca. 32000 v. Chr. bis etwa 18000 v. Chr., das anschließende Solutréen bis etwa 15000 v. Chr. und danach das Magdalénien bis etwa 9000 v. Chr. Danach geht die

Alt- in die Mittelsteinzeit über. Die Bilder des Aurignacien sind linear und bestehen fast nur aus Umrisslinien. Im Solutréen werden die Darstellungen malerisch und plastisch. Im Magdalénien herrschen dann wieder lineare Konturen vor, doch sind sie gewandter ausgeführt als die noch steifen Formen des Aurignacien. Der Felsbildforscher Herbert Kühn sprach einmal von einem »schwingenden Stil«. Heute ist es oft schon anhand von Stilvergleichen möglich, neu gefundene Altsteinzeitbilder wenigstens grob zeitlich einzuordnen.

Bilderhöhlen als mystische Gesamtkunstwerke

Bis Mitte des 20. Jahrhunderts beschränkte man sich mehr oder weniger darauf, Höhlenbilder zu katalogisieren und in verschiedene Stilepochen einzuteilen. Um 1950 wurde dann – zunächst vorsichtig – die Frage nach der Begründung der Felskunst gestellt. Einige Autoren vermuteten, dass es sich dabei nicht nur um Kunst um der Kunst willen (»l'art pour l'art«) handelte, sondern dass die frühen Bilder einen magischen Hintergrund haben könnten. Einen Durchbruch schaffte dann in den 1960er Jahren der Franzose André Leroi-Gourhan, der als Erster untersuchte, ob sich generelle Gesichtspunkte finden lassen, nach denen bestimmte Themen malerisch an bestimmten Orten von Höhlen dargestellt sind. Er fand heraus, dass es in dieser Hinsicht signifikante Unterschiede zwischen typisch weiblichen und typisch männlichen Themen gibt und sprach von einer »binären Thematik«. Leroi-Gourhan vermutet aber noch mehr. Er geht von einem der Höhlenmalerei zugrunde liegenden komplexen symbolischen System aus und davon, dass die einzelnen Bilderhöhen als in sich geschlossene, wohl strukturierte Heiligtümer angelegt wurden.

Auch das Vorgehen und Denken dieses Wissenschaftlers geht – wie das der gesamten Fachwelt – fest davon aus, die altsteinzeitliche Kunst sei eine reine Höhlenkunst. Das sie bestimmende Element ist der heilige Ort, ist die vom Alltag abgeschiedene Kulthöhle.

An dieser Grundauffassung der altsteinzeitlichen Kunst änderte sich auch dann nichts, als Archäologen nach 1980 vier Orte mit einzelnen Bildern aus dieser Epoche entdeckten, die sich an Felswänden unter freiem Himmel befinden: Mazouco in Portugal, Fornols-Haut in Frankreich sowie Domingo Garcia und Siega Verde in Spanien. Alle vier zeigen jeweils nur ein einziges Motiv. Sie galten als seltene Ausnahmen und vielleicht auch nur Übungsobjekte für die große Höhlenkunst.

Warum die Bilder von Côa so bedeutend sind

Mit der Entdeckung der Gravierungen im Côa-Tal ändert sich schlagartig das Gesamtbild der altsteinzeitlichen Kunst. Bis heute sind hier nicht weniger als 14 einzelne Bilderfelsen oder Felsengruppen bekannt, die zusammen Hunderte, wenn nicht sogar Tausende von Tierfiguren aufweisen. Meist handelt es sich dabei um Pferde und um Wildrinder (Auerochsen), gelegentlich auch um andere Tiere. Außerdem sind eine menschliche und eine abstrakte Figur abgebildet. Die 14 Bildstellen erstrecken sich rund 10 Kilometer weit durch das Tal. Manche Gravierungen stehen einzeln, dann wieder

Rund 20 000 Jahre alt sind diese Gravierungen von Tieren im Côa-Tal. Wie das vielfache Übereinander der Konturen beweist, kam es den Künstlern nicht auf das fertige Bild an. Der Akt der Herstellung war für sie wichtig.

sind zahlreiche Abbildungen übereinander angebracht, sodass sich ihre Linien vielfältig überkreuzen und gegenseitig durchdringen. Das Alter der Figuren wurde zunächst heruntergespielt, um das Stauseeprojekt nicht zu gefährden. Heute gilt aber als gesichert, dass die Côa-Bilder dem frühen und mittleren Solutréen zuzuordnen sind, also vor rund 20 000 Jahren entstanden.

Zwar haben physikalische Datierungsversuche mit Verfahren wie der Chlor-36-Methode oder der Untersuchung von Mikroerosion ein weit geringeres Alter ergeben, wonach die Bilder mittel- oder sogar jungsteinzeitlichen Ursprungs sein müssten, doch sind diese Messungen unzuverlässig. Zum einen divergieren die gefundenen Werte untereinander stark, zum anderen gelten die Verfahren heute generell noch nicht als vertrauenswürdig für den anvisierten Zeitraum von einigen Jahrzehntausenden. Zuverlässig in diesem Bereich ist bisher nur die Kohlenstoff-14-Datierung, aber für diese fehlt es im Côa-Tal an dem notwendigen organischen Material aus der Zeit der Bilder. Was am deutlichsten für das Solutréen spricht, ist der unverwechselbare Stil dieser Epoche.

Ein neues wissenschaftliches Bild von der Altsteinzeit

Heute, kaum zwei Jahrzehnte nach den ersten Funden im Côa-Tal, ist es noch zu früh, eine in sich geschlossene Bewertung der Bildergalerie aus grauer Vorzeit zu präsentieren. Bisher ist noch so gut wie nichts darüber bekannt, nach welchen Gesichtspunkten die Figuren an welchen Stellen des Tales geritzt wurden. Wir wissen nur, dass die meisten nach Osten hin ausgerichtet sind. Steckt dahinter ein System oder handelt es sich lediglich um einen Zufall, vielleicht begünstigt durch die geografische Lage der Bildfelsen? Interessant ist auch, dass sich viele der Bilder an schwer zugänglichen Felswänden befinden. Schwer zugänglich deshalb, weil sie unmittelbar aus dem Wasser des Flusses aufragen.

Das Wichtigste aber ist, dass wir generell hinsichtlich der Steinzeitkunst umdenken müssen: Sie ist durchaus nicht an die

Höhle als Heiligtum gebunden. Schon gibt es in der Fachwelt Spekulationen, ob es nicht vielleicht ursprünglich weit mehr Freiluftfelsbilder aus dieser uralten Ära gab als Höhlenmalereien und ob die Bilder tief im Erdinneren sich nicht nur einfach besser über die Jahrzehntausende erhalten haben. Im Côa-Tal, das vor Witterungsextremen geschützt ist, kann eventuell eine besonders gute Konservation der Altsteinzeitkunst gegeben sein. Doch das alles sind bisher Spekulationen. Heute heißt es erst einmal: Umdenken und mit gründlicher, vermutlich langwieriger neuer Forschungsarbeit beginnen.

Wie alt sind die nordischen Götter?

Wer mit dem Auto in Dänemark oder Schweden unterwegs ist, trifft nicht selten auf Hinweise, die ihn zu sehenswerten Fundstellen aus der Vorzeit Skandinaviens führen. Dafür gibt es ein eigenes Verkehrsschild. Es zeigt ein Quadrat, dessen vier Ecken in Kreisschlingen übergehen. Daneben kann man lesen, um was für eine Art von prähistorischem oder historischem Monument es sich handelt. Oft sieht man das Wort »hällristning«. Im Schwedischen und Dänischen steht »häll« für einen flachen Stein und »ristning« bedeutet etwas, was in diesen Stein eingehauen oder eingekerbt ist. Gemeint sind Felsgravierungen oder Petroglyphen, wie sie der Fachmann nennt.

Schweden, Dänemark und auch Norwegen sind überreich an solchen Petroglyphen. 16 Plätze sind in Dänemark, 49 in Schweden und 81 in Norwegen bekannt. Doch während die norwegischen fast alle aus der Steinzeit und meist sogar aus der Altsteinzeit stammen, sind die südskandinavischen zum allergrößten Teil viel jüngeren Datums. Sie gehen auf die Bronzezeit zurück, genauer gesagt auf die Zeitspanne zwischen etwa 1500 und 500 (oder 400) v. Chr. Und sie unterscheiden sich deutlich von den alten norwegischen Felsbildern. Dort ritzten, wie schon seit Jahrtausenden üblich, die Schamanen von Jägervölkern potenzielle Beutetiere in den Stein und betrieben damit Jagdzauber im weitesten Sinne.

Die südskandinavischen Bilder zeigen dagegen nur wenige Tiere, und wenn, dann sind es meist Hunde und Pferde, also sicher kein jagdbares Wild. Neben abstrakten Zeichen wie Näpfchen und konzentrischen Kreisen (s. S. 114 ff.) kommen vor allem menschliche und menschenähnliche Figuren, Schiffe, verschiedenartige Rad- oder Sonnensymbole und gelegentlich Fußspuren vor.

Das bedeutendste Zentrum dieser südskandinavischen Felskunst liegt in Südschweden in der Provinz Bohuslän und dort wiederum an verschiedenen Stellen im Umfeld der Gemeinde Tanum.

Schon 1627 entdeckt

Als die rund tausendjährige Praxis des Felsbildergravierens gegen Ende der Bronzezeit unterging, überwucherte Moos die Bilderfelsen und versteckte die mystischen Kunstwerke weit über anderthalb Jahrtausende lang. Erst 1627 entdeckte zufällig ein Lektor aus Norwegen, Peder Alfsön, der durch Bohuslän reiste, einige davon. Er schenkte ihnen aber weiter keine Beachtung, denn er hielt sie für das Werk gelangweilter Kinder oder die Übungen von Steinmetzgesellen.

Erst knapp zwei Jahrhunderte nach Alfsön, im Jahre 1815, erregten die Petroglyphen rund um Tanum wirklich Aufsehen. Carl Georg Brunius, der Sohn des Pfarrers von Tanumshede (das nahe bei Tanum liegt) und zugleich Professor für Altgriechisch an der Universität von Lund, suchte in seinen Ferien nach vorgeschichtlichen Stätten in seiner Heimat. Es fehlt dort nämlich nicht an steinzeitlichen Dolmen, Menhiren und bronzezeitlichen Grabstätten in Form riesiger steinerner Schiffe. Als er auf die lokalen Felsbilder stieß, von denen sich die meisten direkt in der Pfarrgemeinde seines Vaters befanden, informierte er natürlich die Fachwelt darüber. Bald begann eine gezielte Suche und 1848 lag dann das erste größere Werk über skandinavische Felszeichnungen vor, Axel Emanuel Holmbergs Buch *Skandinaviens Hällristningar*, in dem ein Teil der Petroglyphen vom heute berühmten Vitlycke im Gebiet von Tanum abgebildet sind. In den Jahren 1881–1890 und 1891–1908 verfasste dann der dänische Grafiker Lauritz Baltzer eine bedeutende zweibändige Monografie speziell über die *Hällristningar från Bohuslän*, in der er 248 der rund 400 heute bekannten Bilder wiedergab.

Seither sind fast 100 Jahre vergangen. Unzählige Arbeiten wurden inzwischen über die Felsbilder von Bohuslän geschrieben, doch außer Spekulationen, was die dargestellten Figuren bedeuten könnten, enthält keine von ihnen viel mehr als die Aussage, dass die Bilder existieren und wie alt sie sind.

Spekulative Hypothesen

Nach den 1970er Jahren ist es weitgehend still um die Bilder geworden, die heute mehr die Touristenbranche als die Vorzeitforscher beschäftigen. Vornehmlich dem Touristenstrom, der die Bilder gefährdete, ist es zu verdanken, dass sie kürzlich von der UNESCO zum Weltkulturerbe erklärt wurden und jetzt Mittel zu ihrem Schutz zur Verfügung stehen.

Theorien, die sich mit den Hällristningar befassen, können im Grunde nur von zwei Gegebenheiten ausgehen: von dem, was die Bilder zeigen, und von dem, was wir über die Menschen wissen, die sie in den Stein punzten.

Das Fatale ist, dass wir über die bronzezeitlichen Bewohner Südskandinaviens keinerlei direkte Kenntnis haben. Es gibt keine schriftlichen Überlieferungen und nur vergleichsweise wenige Artefakte. So sind wir auf die spärlichen Berichte angewiesen, die uns römische Geschichtsschreiber wie Tacitus lieferten. Die aber waren alles andere als Insider. Befremdet standen sie einem Kulturkreis gegenüber, den sie für primitiv hielten. Über die Religion und spirituellen Kulte dieser Menschen erfuhren sie selbst kaum etwas, und wenn, dann beschrieben sie es aus ihrer höchst persönlichen Sicht und nicht als objektive Historiker. Zudem waren sie keine Zeitgenossen der Felsbildkünstler, sondern hatten erst Jahrhunderte später Kontakt zu deren Nachfahren.

Im Großen und Ganzen bleiben wir also auf spekulative Interpretationen der Felsbilder selbst angewiesen. Hier war sich die Mehrzahl der Prähistoriker bis etwa 1970 einig, dass die Bilder alte heidnische Rituale zeigen, also Brauchtum im Rahmen einer frühen Religion. Die dargestellten Figuren hielten sie durchweg für Menschen, meist Zeremonienmeister oder Priester in bestimmten Funktionen. In den Tieren sahen sie in erster Linie Opfertiere. Nur wenige Experten hielten die in den Fels gemeißelten Gestalten für Götter.

Manche Prähistoriker interpretieren diese Szene als Segnen eines Brautpaares durch einen Priester mit der Kultaxt im Sinne einer Fruchtbarkeitssymbolik. Herbert Kühn sieht in der großen Figur den hammerschwingenden Gott Thor.

Eine der verbreitetsten Theorien geht davon aus, dass die Bronzezeitgesellschaft, die diese Bilder hervorbrachte, einem ausgeprägten Jahreszeitenkult anhing, was für eine bäuerliche Gesellschaft denn auch naheliegt. Die Vertreter dieser Theorie meinen, die verschiedenen Einzeldarstellungen und Szenen symbolisieren ein »mimisches Jahresdrama«, mit dem das immer wiederkehrende Geschick einer Fruchtbarkeitsgottheit gezeichnet wird. Die Szene einer Hochzeit, bei der ein übergroß dargestellter Priester offenbar ein junges Paar mit einer hoch erhobenen Kultaxt segnet, wird als symbolhaftes landwirtschaftliches Fruchtbarkeitsritual gedeutet, das im Grunde für nichts anderes steht als für die Aussaat im Frühling. Szenen, in denen Bogenschützen oder Lanzenträger in Reih und Glied auftreten, gelten als Ausdruck der Kraft des Sommers. Und Todesszenen werden als das Beweinen des absterbenden Fruchtbarkeitsgottes im Herbst und Winter gedeutet, der dann freilich im kommenden Frühjahr wieder neu ersteht.

Vertreter dieser Hypothese sehen in den zahlreichen Schiffsdarstellungen mit ihren vielen Menschen an Bord nichts anderes als Wagen in einer Art Karnevalszug, der natürlich wiederum nichts als ein Fruchtbarkeitsritual ist. Ihre suggestive Frage ist: Könnte nicht sogar das lateinische »carrus navalis« (»Schiffswagen«) die Wurzel unseres Wortes »Karneval« sein und könnten nicht auch unsere Karnevalsumzüge nichts anderes als Überbleibsel dieser alten nordischen Fruchtbarkeitsumzüge darstellen?

Ein alter Sonnenkult?

Ein anderes Lager von Felsbildforschern knüpft an die vielen, zum Teil recht merkwürdigen Kreisdarstellungen in Bohuslän an. Es gibt hier vierspeichige Radkreuze, Darstellungen mit konzentrischen Kreisen, die wie die Zielscheiben eines Schützenvereins aussehen, vor allem aber immer wieder kreisrunde Scheiben ohne Innenstruktur, die an ihren Rändern von mehreren Menschen gehalten werden oder aus denen peripher merkwürdige Gebilde herauszuwachsen scheinen. Eine dieser runden Scheiben scheint auf einer Art Wagen zu stehen, der von zwei Tieren gezogen wird, eine andere liegt möglicherweise auf einem Schiff. Auch hier deuten nach Meinung dieser Interpreten die Symbole auf einen alten Sonnenkult hin.

Weil aber die Sonne als religiöses Objekt früher nordischer Kulturen kaum bekannt ist, suchten die Interpreten anderenorts und wurden auch fündig. Im alten Ägypten gab es einen Sonnenkult. Nach den Vorstellungen der Menschen am Nil durchlief die Sonne während der Tagesstunden ihre Bahn über das Himmelsrund, während sie nachts unter der Erde in einem Wagen oder in einem Boot zum Ort des nächsten Sonnenaufgangs gezogen wurde. Weil es zur Bronzezeit Fernhandelswege durch ganz Europa und auch bis ins Mittelmeer gab, müssen die alten Südskandinavier ihre religiösen Sonnenkultmotive ganz gewiss aus Ägypten übernommen haben. Wem das unglaubwürdig erscheint, dem bieten die Hypothetiker eines Sonnenkults gleichsam noch ein Bonbon an. Es gibt unter den Bohusläner Felsbildern eine recht unregelmäßige Wellenlinie, neben der ein Strichmännchen mit erhobenen Armen zu sehen ist. Erhobene Arme deuten viele Interpreten der südskandinavischen Petroglyphen als Zeichen der Anbetung. Das Strichmännchen ist also ein »Adorant«, der eine Schlange verehrt (sehr schlangenförmig sieht die Wellenlinie allerdings nicht aus). Aber Schlangen waren doch auch heilige Tiere im alten Ägypten! – Wenn das kein Beweis für die Sonnenkulthypothese ist!

Leider sehen die »Sonnen« auf den Felsbildern nach allem möglichen aus, nur nicht nach dem leuchtenden Tagesgestirn. Vierspeichige Räder waren eigentlich noch niemals Sonnensymbole, ebenso wenig wie Gruppen konzentrischer Kreise (s. S. 118). Und komplett ausgefüllte runde Scheiben auf Felsbildern gelten in machen Kulturkreisen sogar als Symbole für die Finsternis!

Schamanenszenarien oder Alltagsszenen?

Unter den Felsbildforschern der letzten beiden Jahrzehnte greift langsam aber sicher der Gedanke Raum, es könne sich um spirituelle Darstellungen aus schamanischen Erlebnisebenen handeln (s. S. 106), und so vermuten sie zunehmend auch bei den Bildern von Bohuslän einen schamanischen Hintergrund. Hier zeigt sich einmal mehr ein gravierender Mangel fachübergreifenden Wissens. Schamanismuskenner werden zwar an vielen Felsbildstellen der Welt ziemlich eindeutig Motive aus dem Formen- und Gestaltenrepertoire von Schamanen finden, ganz sicher aber nicht in Bohuslän. Darstellungen von beinlosen Lanzenreitern mit großen Tafeln oder Spiegeln in der Hand, Bilder von Speerträgern, übermäßig bemannten Schiffen, hammer- und beilschwingenden Hünen und Gestalten mit kreisförmiger Leibesmitte sind keine schamanischen Archetypen. Es sind religiöse Figuren.

Interessanterweise erkennen nur sehr wenige Felsbildforscher in den Hällristningar von Bohuslän Götter oder Rituale einer Hochreligion. Das hat zwei Gründe. Zum einen stellen sich Religionshistoriker ungern vor, dass eine Kultur, die soeben dem Steinzeitmilieu entwachsen ist, bereits personifizierte Götter kennt und verehrt. Hier kann man es ganz einfach nur mit einer animistischen Religion zu tun haben, die Ehrfurcht vor Naturgewalten wie Donner und Blitz, Sturm, Regen und Hagel kennt und diesen göttliche Eigenschaften zuspricht. Zum zweiten lassen sich personifizierte – und schließlich namentlich bekannte – Götter in Skandinavien erst rund 2000 Jahre nach den südschwedischen Felsbildern belegen. Wir kennen sie aus der *Edda*, deren älteste Texte nur auf die Zeit um 1220 n. Chr. zurückgehen. Gewiss, die Edda hatte Vorläufer, etwa die *Egilssaga* um 934, in der die alten Skandinavier auch bereits das Götterdreigestirn Thor, Freya und Odin kannten. Aber das ist auch kein schlüssiger Beweis.

Bevor wir uns den Götter zuwenden, sei aber noch die Frage beantwortet, ob viele der Szenen auf den südskandinavischen Felsbildern nicht einfach Geschehnisse aus dem Alltag darstellen könnten. Menschen in einem Schiff, Männer mit Pfeil und Bogen, eine kniende Frau oder beilschwingende Gestalten sind doch im Grunde nichts Ungewöhnliches, könnte man meinen. Und doch ist das alles für bloßes Alltagsgeschehen nicht stimmig. Ein Schiff, in dem dicht gedrängt Menschen nebeneinander stehen, manchmal alle mit gebeugten Knien und hoch erhobenen Armen, ein Schiff, in dem Männer langschäftige Äxte oder Hämmer hoch über ihrem Haupt in die Luft strecken, ist kein alltägliches Schiff. Auch haben Archäologen bei Ausgrabungen in der Nähe der Felsbilder ganz ähnlich aussehende Äxte gefunden. Aber mit ihnen konnte man weder Feinde bekriegen noch Bäume fällen, denn die schweren, klobigen Köpfe dieser Äxte bestanden noch aus Stein, oft genug aus Sandstein! Eine Haue aus Sandstein ist kein brauchbares Alltagswerkzeug. Diese Objekte waren Ritualäxte und -hämmer. Manche Forscher wollen in ihnen Verkörperungen von Naturkräften sehen, also etwa Symbole für Blitz und Donner; ebenso wie in den anderen dargestellten Waffen, also den Lanzen, Speeren und Pfeil und Bogen.

Vorläufer von Thor und Wotan

Alltagsszenen sind also auszuschließen. Um schamanische Bilder handelt es sich ebenso wenig. Der ägyptische Sonnenkult will im bronzezeitlichen Skandinavien auch nicht recht überzeugen. Und die Vorstellung mancher Experten, das ganze Bilderrepertoire beschreibe einen Totenkult, ist ebenfalls durch nichts wirklich begründet. Wenn man sich also nicht zu Jahreszeitenritualen und vorgeschichtlichen Karnevalszügen durchringen kann, bleibt eigentlich nur noch eine hoch religiöse Deutung.

Eine solche hat als einer der ersten prominenten Felsbildforscher um 1970 Herbert Kühn vorgeschlagen. Er weist auf die in den Felsbildern immer wiederkehrenden Symbole hin, die direkt mit den Figuren verbunden sind. Da gibt es Gestalten mit einem Rad als Körper und einem mächtigen Speer. Kühn identifiziert sie mit dem gewaltigen Gott Wotan oder, wie er früher hieß, Ziu oder Tyr. Es kann kein anderer sein, sagt Kühn, denn die altnordische Sagensammlung, die *Edda*, schildert ihn genauso, wie er auf den Felsbildern erscheint. Gungnir heißt der berühmte Speer des alten germanischen Gottes. Auch das verrät die *Edda*.

Die göttliche Figur mit den Symbolen Weltenrad, Hammer und Bockskopf kennt die Edda als Thor. Rechts im Bild sind Kultschiffe zu sehen, links oben eine Scheibe, die gelegentlich als »Sonnenrad« interpretiert wird.

Und dann ist da Thor, der mächtigste Gott der Germanen. Seine Symbole sind das viergeteilte Weltenrad und der Hammer, sein heiliges Tier ist der Bock. Genauso zeigen ihn die Felsbilder von Tanum: Sein Körper ist das vierspeichige Rad, hoch über seinem Kopf schwingt er den Hammer und sein Kopf ist nicht selten der Kopf eines Bockes. Mjölnir, den Zermalmer, nennt die *Edda* den Hammer des Gottes Thor.

Skeptiker werfen Kühn natürlich vor, dass die berühmte Sagensammlung *Edda* zwei Jahrtausende jünger sei als die Bilder. Aber mit Recht widerlegt Kühn diesen Einwand mit der Bemerkung: »Große Religionsvorstellungen leben aber durch Jahrtausende. Unsere Kirchen bringen die Bilder von Christus, von der Madonna. Sie haben gelebt vor 2000 Jahren.«

Wen das nicht überzeugt, der mag sich dessen bewusst werden, dass viele der urgermanischen Vorstellungen, Symbole und Bräuche noch heute leben und dass er selbst beinahe täglich so manchen der alten Götternamen gebraucht, nämlich in den Wochentagen. Nicht nur der bronzezeitliche Maibaum hat sich in einigen Gegenden Europas bis in unsere Zeit erhalten. Mit dem alten heiligen Hammer weihen Zimmerleute mancherorts nach wie vor das Haus und bei Versteigerungen schlägt der Auktionator symbolisch mit ihm zu. Der Schmied im schottischen Gretna Green schloss mit diesem göttlichen Werkzeug bis 1969 noch Ehen, ganz so, wie das ein Felsbild von Tanum zeigt. Das heilige Tier des Gottes Wotan findet sich noch heute im Wappen der Stadt Hannover und so manches andere Stadtwappen zeigt das alte Weltrad des Thor. Auch die Bourbonenlilie geht auf die nordischen Götter zurück: Sie war die Lanzenspitze von Wotans heiligem Speer.

Natürlich ist auch die Meinung von Kühn und seiner Anhängerschaft nichts anderes als eine Hypothese und keine bewiesene Gewissheit. Aber sie scheint angesichts des noch immer anhaltenden großen Rätselratens um die südskandinavischen Felsbilder und ihre geistigen Wurzeln die wahrscheinlichste.

Wer besiedelte die »Glücklichen Inseln«?

Dass die historische und vor allem die prähistorische Erforschung der Kanarischen Inseln heute vorwiegend in der Hand österreichischer Wissenschaftler liegt, geht wohl in erster Linie darauf zurück, dass bereits der erste Archäologe und Felsbildforscher, der sich um die Wurzeln dieses alten kulturellen Raumes kümmerte, ein Österreicher war: der 1963 verstorbene Dominik Josef Wölfel, dessen fundamentales Werk *Die Spuren der Altkanarier* noch heute das wichtigste Buch auf diesem Gebiet ist.

Die Kanarischen Inseln, die »Glücklichen Inseln«, wie sie

antike Dichter nannten, oder auch die paradiesischen, die »Elysäischen Gefilde«, wie Homer sie apostrophierte, sind im Grunde so paradiesisch nicht. »Stein gewordenes Unwetter« titulierte ein unbekannter spanischer Dichter einmal die wilde Landschaft im Tal von Tejada im Herzen Gran Canarias. Und diesen Titel könnte man getrost auch dem Landesinneren Teneriffas, Lanzarotes und der anderen Kanaren verleihen. Soweit das Auge reicht, drängen sich hier bizarre Bergkulissen, zerklüftet von »Barrancos«, tiefen Schluchten mit ausgewaschenen, zerfurchten Wänden. Hie und da trotzen kniehohe fettstämmige Wolfsmilchstauden den atlantischen Stürmen, die graue Wolkenfetzen um die Gipfel der höchsten Berge peitschen. Von mächtigen Kegelstümpfen aus graubraunem Erosionsschutt aber ragen wie unnahbare Götterthrone Felsnadeln und steinerne Türme auf, massige Zylinder oder ovale Basaltsäulen. Die Landschaften sehen aus wie die Szenarien eines mythologischen Epos.

Kultstätten in erhabener Felswildnis

Und wirklich: Hier lebte die Mythologie. Die Felsnadeln *waren* Göttersitze! Auf vielen Bergkuppen gibt es Spuren uralter Opferplätze und ritueller Kultstätten. Um den 1 300 Meter hohen Roque Bentaiga im Herzen Gran Canarias windet sich, in den Fels gehauen, ein verfallener Klettersteig, den seit Jahrhunderten kaum mehr ein menschlicher Fuß betreten hat. Er führt auf die Höhe des wuchtigen Basaltstocks, zu einem Altar, auf dem die Ureinwohner einst Milch- und Honigopfer darbrachten. Am Fuße des Felszylinders steht ein zweiter Altar und in der Nähe befinden sich alte, heilige Höhlen.

Auch die anderen steinernen Säulen, die wie überdimensionale natürliche Menhire auf den Berggipfeln stehen, waren Sanktuarien der alten Kanarier. Am Roque de Fortaleza, am Roque Palmés Narices und am weithin sichtbaren Roque Nublo, dem »Umwölkten«, waren die Ureinwohner der Insel ihrem Gott ebenso nahe wie am Felszylinder der Bentaiga.

Wiesen nicht die hoch aufragenden Steine direkt zu den leuchtenden Verkörperungen Gottes am Himmel empor?

Die Urkanarier verehrten die Gestirne, wie es noch heute manche Beduinenstämme Arabiens tun, die glauben, dass die Sonne alles Leben auf der Erde geschaffen hat und dass der Mond die Pflanzen wachsen lässt. An den Felsen der alten heiligen Stätten und auf den bauchigen Tongefäßen der Kanarier finden sich immer wieder Ritzzeichen von Sonne, Mond und Sternen.

Vorgeschichtliche Kultur bis ins 15. Jahrhundert

Obwohl Forscher des in Hallein in Österreich ansässigen Institutum Canarium und ihre spanischen Kollegen schon seit einigen Jahrzehnten Jahr für Jahr immer neue Funde archäologischer Stätten und prähistorischer Bilderfelsen auf den Kanaren entdecken und in ihren dickleibigen Annalen, genannt *Almogaren*, veröffentlichen, wissen wir noch immer nicht, wer die Ureinwohner der Kanarischen Inseln waren und woher sie kamen.

Reiseführer und populärwissenschaftliche Literatur über den Archipel nennen sie oft Guanchen. Aber das ist unrichtig. Die Guanchen waren nur ein einzelner Stamm im Norden Teneriffas. Fest steht, dass die Ureinwohner noch auf den großen und kleinen Kanarischen Inseln zu Hause waren, als spanische Eroberer sie im 15. Jahrhundert unterwarfen. Und fest steht auch, dass die »heidnischen Barbaren«, um deren Kultur sich die Eindringlinge einige Jahrhunderte lang ganz und gar nicht kümmerten, ein überreiches Erbe vorgeschichtlicher mittelmeerischer Tradition bis in jene Zeit hinein gewahrt und gepflegt hatten, als in Europa schon das Mittelalter seinem Ende entgegenging.

Die Urkanarier, das ist heute sicher, gehörten keiner einheitlichen Rasse an. Sie müssen die Inseln in verschiedenen Epochen besiedelt haben. Vermutlich schon in der Jungsteinzeit waren die ersten von ihnen auf dem Archipel gelandet, mit Schiffen, die Meeresströmungen und vielleicht auch der Wind an die Gestade der Eilande im Atlantik getrieben haben. Ein Zurück gab es sehr wahrscheinlich nicht; denn gegen den Kanarenstrom, der längs der nordwestafrikanischen Küste nach Südwesten fließt, konnten die Seefahrer von einst wohl kaum ankämpfen. So müssen immer wieder während der Vorzeit, bis hinein in die klassische Periode, einzelne Gruppen, vom Mittelmeerraum durch die Straße von Gibraltar oder über Nordwestafrika kommend, an den Ufern der »Glücklichen Inseln« gelandet sein. Sie alle brachten als Mitgift ihren eigenen kulturellen Beitrag mit. Und weil es kein Zurück gab und deshalb keine Teilhabe an der Weiterentwicklung der Mittelmeerkulturen, erhielt sich das geistige Erbe der kanarischen Einwanderer über Jahrhunderte und Jahrtausende beinahe unverändert. Inseln sind zu klein, um große eigene Fortschritte zuzulassen. Es fehlt an den vielen kreativen Geistern, über die eine Festlandbevölkerung mit ihrer weitaus größeren Kopfzahl verfügt, und es fehlt am Gedankenaustausch mit anderen Ländern. Auch das günstige Klima hatte sicher einen Einfluss. Die Bewohner hatten es nicht nötig, sich ständig umzustellen und fortzuentwickeln, sie waren konservativ.

Die Forschung steckt noch in den Kinderschuhen

All diese Umstände machten die Kanarischen Inseln zu einem wahren Museum der Mittelmeervorzeit, zu einer Fundgrube, in der man auf Schritt und Tritt den Spuren steinzeitlicher Kultur begegnet. Dicke Bücher ließen sich über die vorspanische Geschichte der Inseln schreiben, und manche noch ungelöste Rätsel um die alten Völker im Mittelmeer und in Nordafrika fänden eine Antwort, wenn die archäologischen Arbeiten auf den Kanaren nicht auch heute noch, nach rund fünf Jahrzehnten intensiver Forschung, weitgehend in den Kinderschuhen steckten.

Heute bemühen sich, noch immer dem Vorbild Wölfels folgend, die Wissenschaftler des Institutum Canarium intensiv darum, die unermesslichen Vorzeitschätze der Kanaren zu heben. Aber sie arbeiten zum allergrößten Teil ehrenamtlich und oft genug nur während ihrer Ferien vor Ort. Dennoch entdecken sie Jahr für Jahr neue faszinierende Kultstätten, stoßen auf bisher unbekannte Wohnhöhlen oder graben Keramiken und Statuetten auf den Inseln aus. Doch noch ist vermutlich erst ein Teil der wichtigen Stätten entdeckt, noch hat das Rätselraten um die kulturellen Beziehungen zum alten Mittelmeer erst wenige Ergebnisse gebracht.

Eine magische Welt

Die Welt der Urkanarier, so viel steht heute fest, war eine magische Welt. Ihr Gott, den sie Alcorac oder Alcoran nannten, offenbarte sich in den Gestirnen. Als Papst Clemens VI. im frühen 14. Jahrhundert, also schon vor der eigentlichen Eroberung der Inseln durch die Spanier, Missionare zu den Inseln schickte, bereitete er die Sendboten auf »Götzen anbetende, heidnische Leute vor, deren einer Teil die Sonne und deren anderer den Mond verehrt«.

Ihrem Gestirnsgott weihten die Urkanarier Anbetungsstätten auf den Bergen, die sie Tagóror und Almogaren nannten.

Der Cenobio de Valeron auf Gran Canaria ist ein alter Tempelberg mit 365 Wohnzellen.

Dort brachten sie der Gottheit mystische Trankopfer dar. Diese Zeremonien führte der Facan, der Großpriester an und Vestalinnen oder Priesterinnen unterstützten ihn dabei. Im Norden Gran Canarias, östlich von Guía, liegt der Cenobio de Valeron, ein Tempelberg mit 365 aus dem weichen Fels herausgearbeiteten Zellen. Das waren Wohnhöhlen der Vestalinnen. Auf der Bergkuppe über der wabenartigen Anlage liegt ein Tagóror.

Neben den luftigen Bet- und Versammlungsplätzen im Freien legten die Urkanarier Orakelhöhlen an, in denen die Archäologen scheibenförmige Kohlenbecken und Räucherpfannen entdeckten. An bestimmten Tagen des Jahres besuchten die Alten diese unterirdischen Räume, um im Rauch des rituellen Feuers die Zukunft zu erkennen. Überhaupt war der magische Glaube bei den Insulanern stark ausgeprägt. Aus gebranntem Ton stellten sie kleine Tierfigurinen her, zottige Hunde, Schweine, Puten und Hühner, die als Verkörperung böser Geister galten. Den Urahnen sollen diese unseligen Wesen nachts erschienen sein.

Einflüsse der Megalithkultur

Die Art des Kultes, die Verehrung der Gestirne, das alles weist auf megalithische Elemente hin. Doch fehlt auf den Kanarischen Inseln ein Hauptmerkmal der Megalithkultur: die Dolmen. Aber das ist einzusehen. Dolmen waren im Grunde künstlich gefertigte Grabhöhlen. Auf dem Archipel fehlte es aber nicht an natürlichen Grotten, und wo es keine gab, ließ sich das weiche Gestein leicht bearbeiten. Dolmen wären auch für die Inseln eine äußerst ungünstige Bauform gewesen; denn es gab keine großen Steinplatten, die sich als Decksteine geeignet hätten. Dafür erinnern andere Steinsetzungen an megalithisches Brauchtum: kleine Menhire und Kegelstumpftürmchen von 1,2 bis 1,6 Meter Höhe, sorgsam aus ockerfarbenen schmalen Steinplättchen aufgeschichtet. In beiden wohnten die Seelen der Ahnen und besonders der verstorbenen Stammesoberhäupter.

Noch eine andere Spur weist eindeutig auf die megalithischen Wurzeln der frühen Kanarenkultur. Auf den Menhiren und an den Felsen der Heiligtümer finden sich hin und wieder Ritzzeichnungen von konzentrischen Kreisen (s. S. 115 f.) und Spiralen, typische megalithische Ornamente also. Besonders reich an derartigem Symbolschmuck sind die Felswände um die Grotte des Fuente de la Zarza, des »Dornbuschbrunnens«, einer heiligen Quelle im Nordwesten der kleinen Kanareninsel La Palma unweit des Dorfes Llano del Negro. Sie erinnern stark an die Wandgravuren im Inneren des megalithischen Tumulusgrabes von Gavr'inis in der Bretagne.

Hieroglyphen aus Kreta?

Der Anklang an das megalithische Kulturgut des Kontinents ist nicht das Einzige, was die Glücklichen Inseln im Atlantik den Vorzeitforschern bieten. In den Bergen der Insel gibt es die Tarhas, aus einfachen symbolhaften Buchstaben oder Silbenzeichen zusammengesetzte Inschriften, die Kenner der alten Schriften des Mittelmeerraumes so stark an die Siegel- und Hieroglyphenschriften des frühgeschichtlichen Kreta erinnern, dass sie eine Verwandtschaft nicht ausschließen. Ein anderer kanarischer Schrifttyp weist auf Beziehungen zwischen den Inseln und dem nordafrikanischen Festland hin. Die Buchstaben gleichen in vielem denen der Berber.

Auch Felsbilder fehlen nicht

Zu Beginn der 1960er Jahre berichtete der spanische Kanarenforscher Sebastian Jimenez Sanchez erstmals über Funde von Felsmalereien auf den Inseln. Zuvor waren nur eingeritzte megalithische Symbole und die ebenfalls eingekerbten Schriftzeichen bekannt geworden. Sanchez entdeckte bei Majada Alta und in der Höhle von Moro auf Gran Canaria stark stilisierte gemalte Menschenfiguren, die erstaunliche Ähnlichkeit mit Darstellungen aus dem Hoggargebirge in Südalgerien und mit anderen Malereien in Nordafrika und auch auf der Iberischen

Halbinsel besitzen. Inzwischen haben Forscher des Institutum Canarium rund ein Dutzend weiterer Felsbildstellen mit ähnlichen Darstellungen gefunden. Die Bilder erregen derzeit in Fachkreisen größtes Aufsehen, lassen sie doch auf weitere mögliche Brücken zwischen dem Mittelmeerraum und dem spanischen Archipel schließen.

Als äußerste Vorposten vorzeitlicher europäischer Kultur bleiben die Kanarischen Inseln auch in Zukunft ein wichtiges Forschungsgebiet, hat sich hier doch vieles in Reinkultur erhalten, was in Kontinentaleuropa und in Nordafrika immer wieder durch die fortschreitende kulturelle Entwicklung überdeckt wurde. Andererseits stellt die Vorgeschichtsforschung auf den Kanaren auch eine große Herausforderung dar, denn die Inseln sind ein Schmelztiegel von verschiedenen Strömungen, die über die westlichen Gestade Europas hinausgetragen wurden und für die es dann kein Zurück mehr gab.

ZEITTAFEL

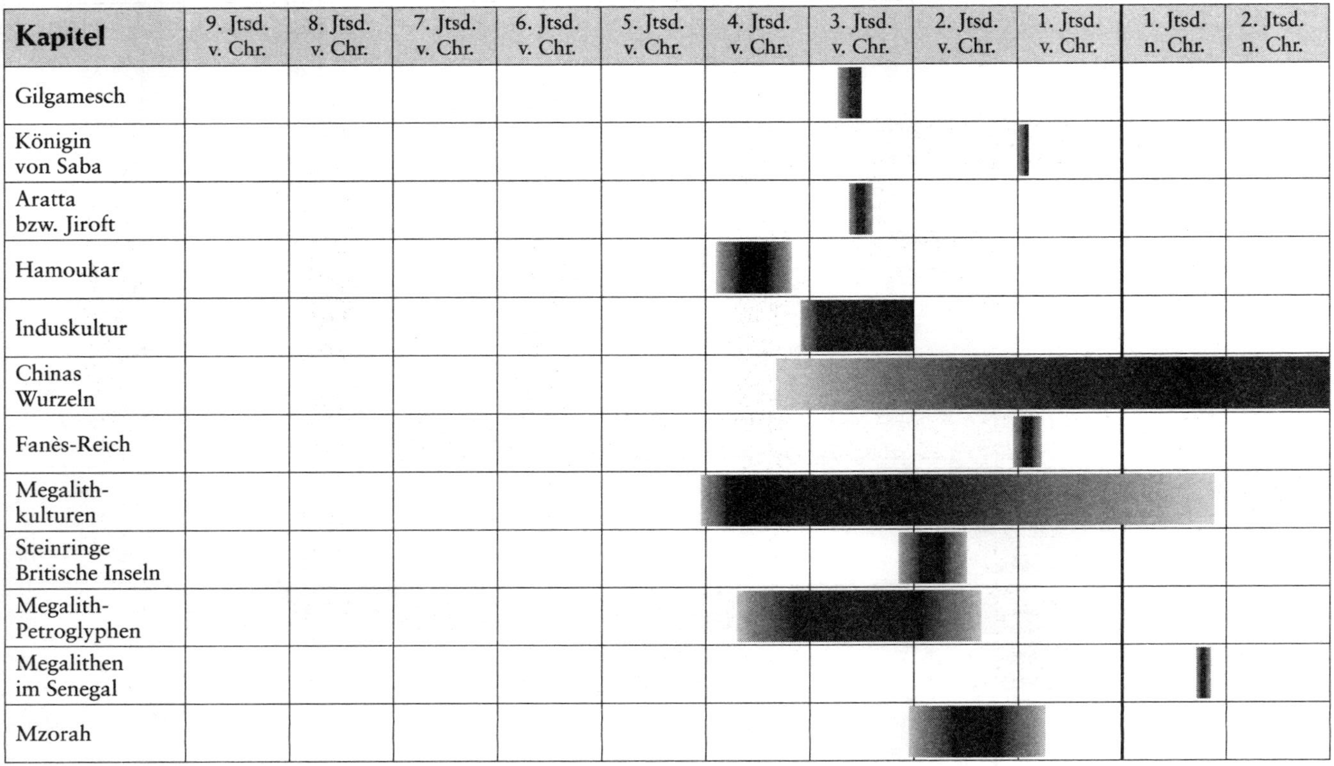
Kapitel
9. Jtsd. v. Chr.
8. Jtsd. v. Chr.
7. Jtsd. v. Chr.
6. Jtsd. v. Chr.
5. Jtsd. v. Chr.
4. Jtsd. v. Chr.
3. Jtsd. v. Chr.
2. Jtsd. v. Chr.
1. Jtsd. v. Chr.
1. Jtsd. n. Chr.
2. Jtsd. n. Chr.
Gilgamesch
Königin von Saba
Aratta bzw. Jiroft
Hamoukar
Induskultur
Chinas Wurzeln
Fanès-Reich
Megalith-kulturen
Steinringe Britische Inseln
Megalith-Petroglyphen
Megalithen im Senegal
Mzorah

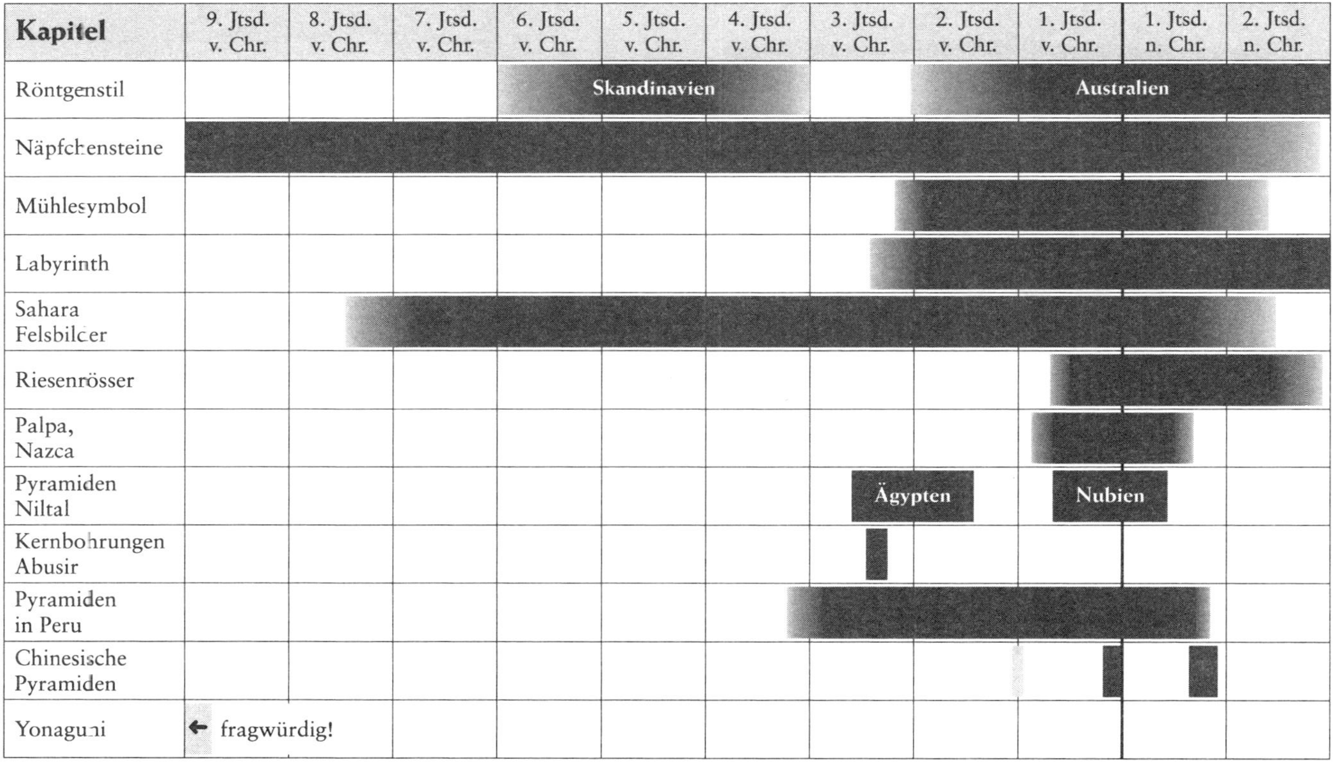
Kapitel
9. Jtsd. v. Chr.
8. Jtsd. v. Chr.
7. Jtsd. v. Chr.
6. Jtsd. v. Chr.
5. Jtsd. v. Chr.
4. Jtsd. v. Chr.
3. Jtsd. v. Chr.
2. Jtsd. v. Chr.
1. Jtsd. v. Chr.
1. Jtsd. n. Chr.
2. Jtsd. n. Chr.
Röntgenstil
Skandinavien
Australien
Näpfchensteine
Mühlesymbol
Labyrinth
Sahara Felsbilder
Riesenrösser
Palpa, Nazca
Pyramiden Niltal
Ägypten
Nubien
Kernbohrungen Abusir
Pyramiden in Peru
Chinesische Pyramiden
Yonaguni
fragwürdig!

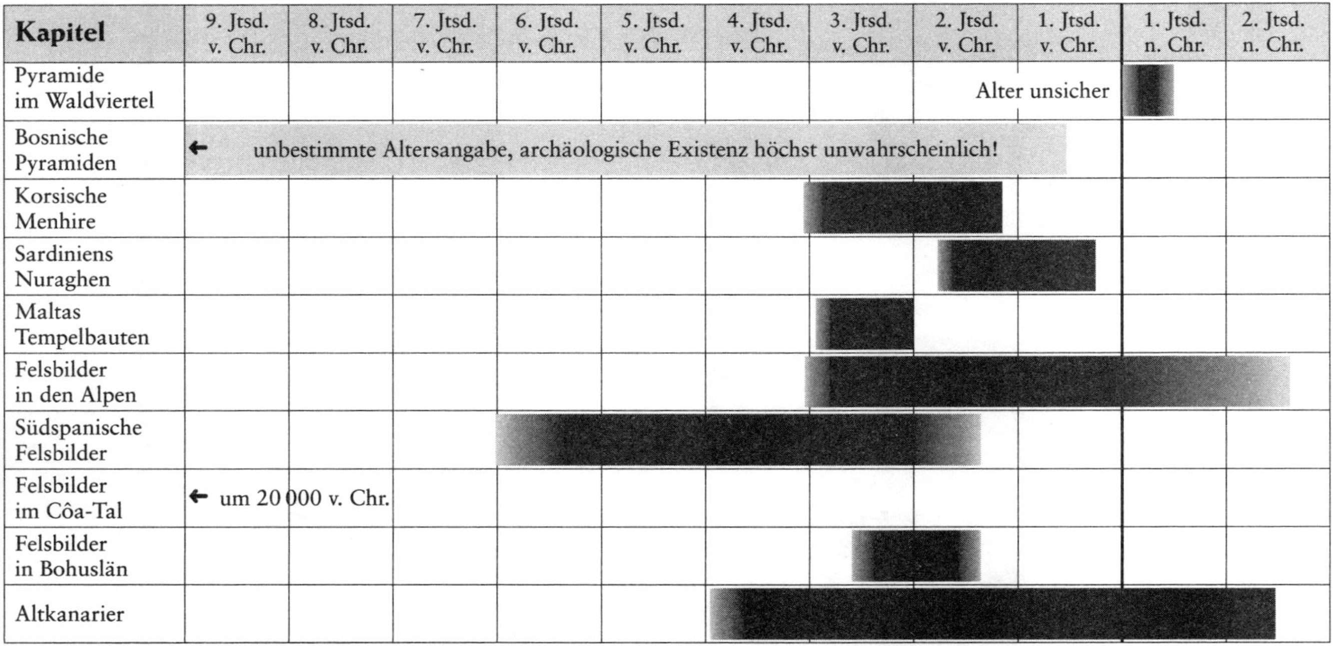

Kapitel
9. Jtsd. v. Chr.
8. Jtsd. v. Chr.
7. Jtsd. v. Chr.
6. Jtsd. v. Chr.
5. Jtsd. v. Chr.
4. Jtsd. v. Chr.
3. Jtsd. v. Chr.
2. Jtsd. v. Chr.
1. Jtsd. v. Chr.
1. Jtsd. n. Chr.
2. Jtsd. n. Chr.
Pyramide im Waldviertel
Alter unsicher
Bosnische Pyramiden
unbestimmte Altersangabe, archäologische Existenz höchst unwahrscheinlich!
Korsische Menhire
Sardiniens Nuraghen
Maltas Tempelbauten
Felsbilder in den Alpen
Südspanische Felsbilder
Felsbilder im Côa-Tal
um 20 000 v. Chr.
Felsbilder in Bohuslän
Altkanarier

LITERATUR

Gilgamesch – Mythischer Halbgott oder Despot?

»Gilgamesch – Epos«, http://www.lyrik.ch/lyrik/spur1/gilgame/gilgam01.htm
»Gilgamesch – Epos und Erläuterungen«, http://www.pinselpark.org/-geschichte/einzel/a05_3000_orient/gilga/geschichtliches.html
Deutsches Archäologisches Institut: »Stadtforschung in der Metropole des legendären König Gilgamesch (5. Jt. v. Chr. – 4. Jh. n. Chr.)«, http://www.dainst.org/ index_2895_de.html

Wer war die Königin von Saba?

Beyer, Rolf: *Die Königin von Saba*, Bergisch Gladbach 1987
Kissel, Theodor: »Die Königin von Saba« in: *Abenteuer Archäologie*, Heidelberg März 2006, S. 16–21
Nebes, Norbert: »Königin Makeda – Entstehung der Legende«, undatiertes Vorlesungsmanuskript der Friedrich-Schiller-Universität Jena
Pritschard, James G., *Salomo and Sheba*, London 1974
Deutsches Archäologisches Institut: »Deutsche Archäologen erforschen das Reich von Saba«, http://www.dainst.org/medien/de/pr_sirwah.pdf

Lag die Wiege der Kultur nicht in Mesopotamien?

Black, J. A., Cunningham, G., Robson, E. und Zólyomi, G.: »Enmerkar and the Lord of Aratta«, in: »The Electronic Text Corpus of Sumerian Literature«, Oxford 1998
Covington, Richard: »What Was Jiroft?«, in: »Saudi Aramco World«, Bd. 55, Nr. 5, Sept./Okt. 2004
Muscarella, Oscar White: »Jiroft and ›Jiroft-Aratta‹, A Review Article of Yousef Madjidzadeh, Jiroft: The Earliest Oriental Civilization«, http://www.bulletinasiainstitute.org/Muscarella_BAI15.pdf
Vanstiphout, Herman: *Epics of Sumerian Kings – The Matter of Aratta*, Atlanta USA 2003

Vor 5500 Jahren: Krieg in Nahost

Gibson, McGuire: »Tell Hamoukar: early city in northeastern Syria«, in: Antiquity, Bd. 74, Nr. 285 S. 477–478, York 2000
Ur, Jason A.: *Settlement and Landscape in Northern Mesopotamia: The Tell Hamoukar Survey 2000-2001*, University of Chicago 2002
Rothman, M. (Hrsg.): *Uruk Mesopotamia & Its Neighbors: Cross-Cultural Interactions in the Era of State Formation*, Santa Fe und Oxford 2001
Stein, G.: *Rethinking World Systems: Diasporas, Colonies, and Interactions in Uruk Mesopotamia*, Tucson 1999

Bronzezeitdemokratie am Sarasvati?

Chengappa, Raj: »The Indus Riddle«, http://www.india-today.com/itoday/ 26011998/indus.html
Gupta, S.P.: *The Indus-Saraswati Civilization: Origins, Problems and Issues*, ohne Ortsangabe 1996
»Lothal«, http://www.ahmedabadcity.com/tourism/html/lothal.html
Maitra, Ramtanu: »Sensationeller Fund im Golf von Cambay: Fragment einer untergegangenen Zivilisation«, http://www.solidaritaet.com/fusion/2002/4/cambay.htm
Tripathi, Jayant K., Bock, Barbara, Rajamani, V. und Eisenhauer, A.: »Is River Ghaggar, Saraswati? – Geochemical constraints« in: »Current Science«, Bd. 87, Nr. 8, S. 1141-1145, Oktober 2004

Chinas Suche nach seiner Vergangenheit

China Daily: »Digging for Clues of Nation's Origin«, http://www.china.org.cn/english/2001/Jan/6432.htm
Keenan, Douglas J.: »Astro-historiographic chronologies of early China are unfounded« in: »East Asian History«, Bd. 23, S. 61–68, 2002
Lee, Yun Kuen: »Building the chronology of early Chinese history« in: »Asian Perspectives: the Journal of Archaeology for Asia and the Pacific«, Bd. 41/1, 2002
Ni, Maoshing: *Der Gelbe Kaiser*, Bern-München-Wien 1998
Nivison, David S.: »The Chinese Xia-Shan-Zhou Chronology Project: Two Approaches to Dating« in: »Journal of Early Modern History«, Bd. 4, Nr. 1, S. 359-366, Juni 2002
Ming, Qi: »The Chinese Xia-Shan-Zhou Chronology Project: Two Approaches to Dating« in: »Journal of Early Modern History«, Bd. 4, Nr. 1, Juni 2002
Wright, David Curtis: »The history of China«, Westport 2001

Das Hochgebirgsreich der Fanès-Leute

Innerebner, Georg: »Vorgeschichtliche Höhensiedlungen in Südtirol«, in: »Jahrbuch des Österreichischen Alpenvereins«, Wien 1954
Kübler, Peter: *Fanès*, Bozen 1989
Lukan, Karl: *Alpenwanderungen in die Vorzeit*, Wien-München 1965
Wolff, Karl Felix: *Dolomitensagen*, Brixen 1911

Megalithen – Wo liegen die Wurzeln?

Forde-Johnson, J.: *Prehistoric Britain and Ireland*, London 1976
Hülle, Werner: *Steinmale der Bretagne*, Ludwigsburg 1976
Kühn, Herbert: *Vorgeschichte der Menschheit*, Bd. 1 bis 3, Köln 1962, 1963, 1966
Patton, Mark: *Statements in stone: monuments and society in Neolithic Brittany*, London 1993 von Reden, Sibylle: *Die Megalithkulturen*, Köln 1982
Deut. Arch. Inst. Madrid: *Probleme der Megalithgräberforschung*, Madrid 1990

Astronomische Observatorien auf den Britischen Inseln

Hawkins, Gerald S.: *Stonehenge Decoded*, New York 1965
Müller, Rolf: *Der Himmel über dem Menschen der Steinzeit*, Berlin 1970
Thom, Alexander: *Megalithic Sites in Britain*, Oxford 1967
Thom, Alexander: *Megalithic Lunar Observatories*, Oxford 1971

Krummstäbe und andere rätselhafte Ornamente

Biedermann, Hans: *Bildsymbole der Vorzeit*, Graz 1977
Doaré, Jos le: *Menhirs et Dolmens*, Chateaulin ohne Datum
Le Rouzic, Z. und Keller, Charles: *Locmariaquer, la Table des Marchands, les Signes sculptés et ceux de la Pierre gravée du Dolmen Mane-er-H'Roek*, Nantes 1936

Verspätete Megalithen im Senegal

Becker, Charles und Victor, Martin: »Essai sur l'histoire du Saaloum«, in: »Revue sénégalaise d'Histoire« 1981, 2/1, S. 3-24, Dakar 1981
Mindt, Heinz R.: »Megalithen im Senegal«, in: »Almogaren VII«, S. 133-141, Hallein 1976

Pichel, Walter J.: »Steinsetzungen in Westafrika«, in: »Almogaren IV«, S. 151-160, Hallein 1973
Portères, Roland: *West Africa before the Europeans*, Paris ohne Datum

Geometer und Astronomen im Maghrib?

Mavor, jr., James W.: »The Riddle of Mzorah«, in: »Almogaren VII«, S. 89-121, Hallein 1976
Ponsich, Michel: *Recherches Archéologiques à Tanger et dans sa Région*, Paris 1970
Tarradell, Miguel M.: »El tumulo de Mezora (Marruecos)« in: *Archivo de Prehistoria Levantina*, Bd. III, Valencia 1952

Röntgenbilder aus der Steinzeit

Chaloupka, George: *Journey in Time: The World's Longest Continuing Art Tradition: The 50,000 Year Story of the Australian Aboriginal Rock Art of Arnhem Land*, Chatswood N.S.W. 1993.
Hagen, Anders: *Rock Carvings in Norway*, Oslo 1965
Kühn, Herbert: *Die Felsbilder Europas*, Stuttgart 1971
Layton, Robert: *Australian Rock Art: A New Synthesis*, Cambridge 1992.
Annette Bültmann, in: http://g-a-l-e-r-i-e.de/virtual-museum/magazin/30/steinzeit/ kunst.html

Näpfchensteine, Wellenkreise und Spiralen

Biedermann, Hans und Schwarz-Winklhofer, I.: *Das Buch der Zeichen und Symbole*, Graz 1972
Borgna, Cesare Giulio: »La mappa litica di Rocio Clapier« in: »L'Universo XLIX«, 1969
Hadingham, Evan: *Ancient Carvings in Britain: A Mystery*, London 1974
Morris, Ronald W. B.: »The Cup-and-Ring Marks and Similar Sculptures of Scotland«, in: »Proceedings of the Society of Antiquaries of Scotland«, Bd. 100, 1967-1968
Morris, Ronald W. B.: »The Petroglyphs of Achnabreck, Argyll« in: »Proceedings of the Society of Antiquaries of Scotland«, Bd. 103, 1970-1971

Schamanische Kosmologie – Das Mühlesymbol

Berger, Friedrich: »Die Herkunft des Wortes ›Mühle‹ im Mühlespiel«, in: »Almogaren XXXIV«, S. 161/162, Wien 2003
Wollenik, Franz: »Überlegungen zum Mühlespiel«, in: »Almogaren XXI/1«, S. 109-124, Hallein 1990

Der uralte Tanz der Wandlung

Bellas, Jaqueline (Hrsg.): »Lectures au labyrinthe«, in: »Litérature«, Toulouse 1977
Candolini, Gernot: *Die Faszination der Labyrinthe*, München 2004
Kern, Hermann: *Labyrinthe*, München 1983
Saward, Jeff: *Labyrinthe und Irrgärten*, Aarau-München 2003

Bildergalerie in der Sahara

Frobenius, Leo: *Ekade Ektab. Die Felsbilder Fezzans*, Leipzig 1937
Lhote, Henri: *Die Felsbilder der Sahara. Entdeckung einer 8000-jährigen Kultur*, Würzburg-Wien 1958
Lhote, Henri: *Les gravures rupestres du Nord-Ouest de l'Aïr*, Paris 1972
Lhote, Henri: »Les gravures rupestres de L'Oued Djerat (Tassili-n-Ajjer)«, 1.2. Mémoires du CRAPE, 16, 1970
Mindt, Heinz R.: »Guermessa, ein altes Heiligtum in Südtunesien«, in: »Almogaren VII«, S. 230-232, Hallein 1976
Nowak, Herbert, Ortner, Sigrid und Dieter: *Feldbilder der Spanischen Sahara*, Graz 1975
Striedter, Karl Heinz: *Felsbilder der Sahara*, München 1984

Giganten und Riesenrösser auf den Britischen Inseln

Bord, Janet und Colin: *Mysterious Britain*, London 1973
Dyer, J.: *Discovering Prehistoric England*, Shire 2001
»Wiltshire White Horses«, http://wiltshirewhitehorses.org.uk/uffington.html

Nazca – Neue Funde liefern neue Erkenntnisse

Kroeber, A. L., Collier, D. und Carmichael, P. H.: *The Archeology and Pottery of Nazca, Peru: Alfred L. Kroeber's 1926 Expedition*, Thousand Oaks, California 1999
Reiche, Maria: *Geheimnis der Wüste*, Hohenpeißenberg 1980

Reindel, Markus, Isla, Johny und Lambers, Karsten: »Die Arbeiten des Archäologischen Projektes Nasca-Palpa, Peru, im Jahre 2002«, http://www.photogrammetry.ethz.ch/general/persons/karsten/paper/slsa2002.pdf

Reindel, Markus, Lambers, Karsten und Grün, A.: »Photogrammetrische Dokumentation und archäologische Analyse der vorspanischen Bodenzeichnungen von Palpa, Süd-Peru«, in: »Beiträge zur Allgemeinen und Vergleichenden Archäologie«, Bd. 23, S. 183-207, 2003

Reindel, Markus: *Wüstenzeichnungen und Wasserkulte: Geoglyphen und Siedlungsgeschichte in Palpa*, Bonn 2004

Diffusion kontra Isolation

Asante, Molefi Kete: *Culture and Customs of Egypt*, Westport USA 2002

Edwards, David: »Meroë and Sudanic Kingdoms«, in: »Journal of African History«, 1998

Diop, Cheikh Anta: *The African Origin of Civilization*, Chicago 1974

Morkot, Robert G.: *The Black Pharaohs*, Edmonton 2000

Smith, Kelly: »The Nubian Pyramids«, http://www.touregypt.net/featurestories/nubiapyramids.htm

Kernbohrungen in Abusir – Ein Rätsel, das keines ist

Arnold, Dieter: *Building in Egypt. Pharaonic Stone Masonry,* New York-Oxford 1991

Gassmann, Horst-Detlef: »Die geschichtliche Entwicklung zum handwerklich genutzten Diamantkernbohren von Beton«, in: *Schleifen & Trennen* Bd. 113, S. 8-12, 1987

Klemm, Rosemarie und Dietrich: *Steine und Steinbrüche im Alten Ägypten*, Berlin 1992

Ogden, Jack: »Metals«, in: Nicholson, Paul T. und Shaw, Ian (Hrsg.): *Ancient Egyptian Materials and Technology*, S. 148-176, Cambridge 2000

Richter, Klaus: »Kernbohrungen im Alten Ägypten«, in: *Skeptiker* 02/04, S. 52-58, http://de.geocities.com/kw.richter/bohrung.htm

Stocks, Denys: »Stone Vessels and Bead Making«, in: Bard, Kathryn (Hrsg.): *Encyclopedia of the Archaeology of Ancient Egypt*, S. 749-751, London 1999

Lorenz, Rainer: »Kernbohrungen im Alten Ägypten«, http://www.benben.de/Kern/ Kern1.html

Amerikas älteste Pyramiden

BBC: »The Lost Pyramids of Caral«,http://www.bbc.co.uk/science/horizon/2001/caral.shtml

Fuchs, Peter: *Informe del Proyecto Arqueológico Sechín Bajo, Casma*, Lima 2000

Pringle, Heather: »First Urban Center in the Americas« in: »Science« Bd. 292, S. 621f, April 2001

Solis, Ruth Shady, Haas, Jonathan und Creamer, Winifred: »Dating Caral, a preceramic site in the Supe Valley on the central coast of Peru« in: »Science« Bd. 292, S. 723-726, April 2001

Tavera, Lizardo: »Séchin«, http://www.antropologia.com.ar/peru/sechin.htm

Tavera, Lizardo: »Caral«, http://www.arqueologia.com.ar/peru/caral.htm

Chinas Pyramiden – Gerüchte und Fakten

Coppens, Philip: »China's Great Pyramid Controversy«, http://blog.360.yahoo.com/ blog-653EnwYhYrSkZuRS7wyjY-GOXtJOU8t09x5E-?cq=1&p=268

Dendl, Jörg: »Die Pyramiden von Xian – Chinas rätselhafte Kaisergräber«, http://www.dendlon.de/Xian.html

Yonaguni – Wunschdenken schafft Wunderwelten

»Exclusive Morien Institute Interview with Professor Masaaki Kimura«, http://www.morien-institute.org/interview1_MK.html

Schoch, Robert M. und McNally, Robert Aquinas: *Voices of the Rocks: A Scientist Looks at Catastrophes and Ancient Civilizations*, New York 1999

Wichmann, Wolf: »Yonaguni/ Hiseki Point – die Reste des sagenhaften Lemurien oder einfach ›nur‹ ein Naturwunder?«, http://www.geoberg.de/text/geology/ 07010301.php

Zwei rätselhafte Stufenpyramiden im Herzen Europas

Leutgeb, Rupert: *Mystische Stätten des Waldviertels*, Zwettl 1998

Maurer, Hermann: »Zur ältesten Geschichte des p.B. Gmünd«, in: »Das Waldviertel« 27(38), S. 153 ff, 1978

Maurer, Hermann: »Abriss der Ur- und Frühgeschichte des Waldviertels«, in: »Mannus« 51, S. 276 ff., 1985

Sonnenpyramide oder Erosionshügel?

Rose, Mark: »The Bosnia-Atlantis Connection«, http://www.archaeology.org/online/features/osmanagic/
Rose, Mark: »More on Bosnian ›Pyramids‹«, http://www.archaeology.org/online/features/osmanagic/update.html
Stop Osmanagich NOW! – Zaustavimo Osmanagica SADA!, http://www.ipetitions.com/petition/NoPyramidsInBosnia/
Wieninternational: »Exklusiv-Interview mit ›Pyramiden Entdecker‹ Semir Osmanagic«, http://www.wieninternational.at/de/node/958

Talayotes, Taulas und Navetas

Aramburzu-Zabala, J.: »Talayots de Mallorca« in: »Revista de Arqueología«, Nr. 173, Madrid 1995
Fernández Miranda, M.: »Taulas de Menorca« in: »Revista de Arqueología«, Madrid 1981
Ibáñez Orts, V. und Farrar Ribes, F.: »Taulas de Menorca. Análisis geométrico« in: »Revista de Arqueología« Nr. 209, S. 12-20, Madrid 1998
Pericot, L.: »Las Islas Baleares en los tiempos prehistóricos«, Barcelona 1975

Die steinernen Menschen von Korsika

Grosjean, Roger: *La Corse avant l'Histoire*, Paris 1966
Grosjean, Roger: *Filitosa, haut lieu de la Corse préhistorique*, Korsika 1973
Grosjean, Roger: *Les alignements de Pagliaiu*, Issoudun 1972
Grosjean, Roger: *Classification descriptive du Mégalithique Corse*, Issoudun 1967

Sardiniens heilige Türme und Brunnentempel

Atzene, Enrico: *Nuovi idoli della Sardegna prenuragica*, Sassari 1975
Lilliu, Giovanni: *La Civiltà dei Sardi dal Neolitico all'Età dei Nuraghi*, Turin 1972
Maxia, Carlo: *La civiltà megalitica nuragica rilevata con l'astroarcheologica*, Florenz 1973
Stacul, Giorgio: *Arte de la Sardegna Nuragica*, Mailand 1971

Maltas rätselhafte Vorzeitmonumente

Freeden, Joachim von: *Malta und die Baukunst seiner Megalith-Tempel*, Darmstadt 1993

Zaglitsch, Hans und O'Bryan, Linda: *Malta – Kunst und Kultur*, Stuttgart-Zürich 2002

Astronomen der Bronzezeit

Feller, Manfred und Koch, Johannes: »Geheimnis der Himmelsscheibe doch nicht gelöst? – Warum die angebliche Entschlüsselung der Himmelsscheibe durch R. Hansen und H. Meller falsch ist.«, http://home.arcor.de/manfred_feller/Himmelsscheibe

Gasch, Norbert: »Eine vollständige astronomische Interpretation«, http://www.science-at-home.de/referate/guests/nebra_01.php

Haase, G.: »Himmelsscheibe von Nebra«, http://www.g-haase.de/ch_nebra.htm

Kaufholz, Ute: *Sonne, Mond und Sterne. Das Geheimnis der Himmelsscheibe*, Anderbeck 2004

Landesamt für Denkmalpflege und Archäologie Sachsen-Anhalt: »Die Himmelsscheibe von Nebra – eine astronomische Uhr«, Pressemitteilung vom 21. 2. 2006, http://www.planetarium-hamburg.de/media/standard/060220nebrahansenplanetarium.pdf

Meller, Harald (Hrsg.): »Der geschmiedete Himmel. Die weite Welt im Herzen Europas vor 3600 Jahren«, Ausstellungskatalog, Stuttgart 2004

Meller, Harald: »Die Himmelsscheibe von Nebra – ein frühbronzezeitlicher Fund von außergewöhnlicher Bedeutung« in: »Archäologie in Sachsen-Anhalt« 1/2002

Schlosser, Wolfhard.: »Astronomische Deutung der Himmelsscheibe von Nebra« in: »Sterne und Weltraum 40« Nr.12, S. 34ff, 2003

Hunderttausende Felsbilder in den Alpen

Anati, Emmanuel: »Camuna Forschung 1«, Capo di Ponte 1974

Anati, Emmanuel: »Evolutione e Stile nell'Arte Rupestre Camuna«, Capo di Ponte 1975

Ebers, Edith und Wollenik, Franz: *Felsbilder der Alpen*, Hallein 1980

Hirigoyen, Robert: *La Pierre et la Pensée*, Lausanne-Paris 1978

Isetti, M. Louis G.: *Les gravures préhistoriques du Mont Bégo*, Cuneo 1974

Lukan, Karl: *Alpenwanderungen in die Vorzeit*, Wien und München 1965

Nowak, Herbert und Wollenik, Franz: *Salzburger Felsbilder – der Tennengau, Band I*, Hallein 1986

Paschetta, Vincent: *Merveilles-Tende-Gordolasque*, Grenoble 1974
Pauli, Ludwig: *Die Geschichte der Alpen*, München 1980
Süss, Emanuele: *Rock Carvings in the Valcamonica*, Mailand 1954
Wollenik, Franz: *Abwehrhand und Drudenfuß – Felsbilder in Bayern*, Hallein 1982
Zindel, Christian: »Zu den Felsbildern von Carschenna« in: »Jahresbericht 1967 der Historisch-Antiquarischen Gesellschaft von Graubünden«

Geister verunsichern Südeuropa

Kühn, Herbert: *Die Felsbilder Europas*, Stuttgart, 1971
Kühn, Herbert: *Vorgeschichte der Menschheit*, Bd. 1 bis 3, Köln 1962, 1963, 1966
Sainz, González: »Paleolithic rock art in the Iberian Peninsula«, http://www.muse.or.jp/spain/eng/caveart4.html

Eine altsteinzeitliche Bildergalerie und ein Regierungsskandal

Jorge, V. O .: »Côa: Cosmos ou Caos?«, in: »Boletim da Universidade do Porto Nr. 25, Jg. 5 / Juni 1995«, Porto 1995
Marques da Silva, António José: *La Bataille du Côa*, Coimbra 1995
Marques da Silva, António José: »As gravuras paleoliticas do vale do Côa«, http://www.uc.pt/fozcoa/fr.gravuras.html
Melo, F.: »Côa, uma viagem no tempo«, in: »Visão Cultura n° 143«, Lissabon 1995

Wie alt sind die nordischen Götter?

Christensen, Peter Saas und Rostholm, Hans: *Vitlycke – Felszeichnungen*, Vitlycke 1968
Milstreu, Gerhard: *Die Felszeichnungen von Tanum*, Tanum ohne Datum
Simek, Rudolf: *Religion und Mythologie der Germanen*, Darmstadt 2003
Stange, Manfred (Hrsg.): *Die Edda. Götterlieder, Heldenlieder und Spruchweisheiten der Germanen*, Augsburg 1995

Wer besiedelte die »Glücklichen Inseln«?

Biedermann, Hans: *Die Spur der Altkanarier*, Hallein 1983
Comte, R.: »Eléments d'une chronologie dans l'archéologie canarienne« in: »Almogaren IX-X«, S. 47-52, Hallein 1978-1979
Mercer, J.: *The canary Islanders. Their prehistory, conquest and survival*, London 1980
Pellicer, M.: »Panorama und Perspektiven der kanarischen Archäologie« in: »Almogaren II«, S. 83-95, Hallein 1971
Wölfel, D. J.: »Die Kanarischen Inseln, die westafrikanischen Hochkulturen und das Mittelmeer« in: »Paideuma« Bd. IV, Bamberg 1950

REGISTER

BILDNACHWEISE

Seite 20, 22, 55, 61, 64, 66, 74, 75, 83, 84, 85, 89, 90, 98, 109 (nach Herbert Kühn), 116, 118, 127, 133, 136, 139, 155, 158, 181, 216, 231, 232, 237, 239, 246, 251, 253, 257, 274, 276, 281, 283, 286, 299, 304, 309: Archiv Paturi

30: Gamma/Laif Agency

35: Hamouka Expedition, Oriental Institute, University of Chicago

99: nach James W. Mavor jr.

110: Thomas Helms, Berlin

137: Giorgio Bürgi

143: Daniel Vanek, Wien

146, 149: Fliegel Jezerniczky

168: Prof. A. Gruen, ETH Zürich

177: David Haberlah, Adelaide

193: Grupo Wayra Campamentos y Excursiones, Lima, Peru

195: Maarten van Hoek

201: NASA Satellitenbild

208: Open Coast Travel, Japan

218: www.world66.com

267: Landesamt für Denkmalpflege und Archäologie Sachsen-Anhalt, Fotograf: Juraj Lipták

294: Instituto Portugues de Arqueologia